Gestionar sin estar

Coordinación
de la serie Martha Alles
Gabriela Scalamandré

Diseño de tapa
Juan Pablo Olivieri

MARTHA ALICIA ALLES

Gestionar sin estar

Desafíos en tiempos de *home office*

GRANICA

ARGENTINA - ESPAÑA - MÉXICO - CHILE - URUGUAY

ARGENTINA
Ediciones Granica S.A.
Lavalle 1634 - 3º G / C1048AAN Buenos Aires, Argentina
Tel.: +54(11) 4374-1456 Fax: +54(11) 4373-0669
granica.ar@granicaeditor.com
atencionaempresas@granicaeditor.com

MÉXICO
Ediciones Granica México S.A. de C.V.
Valle de Bravo Nº 21 El Mirador Naucalpan Edo. de Méx.
53050 Estado de México - México
Tel.: +5255-5360-1010 Fax: +5255-5360-1100
granica.mx@granicaeditor.com

URUGUAY
Ediciones Granica S.A.
Scoseria 2639 Bis
11300 Montevideo, Uruguay
Tel: +59 (82) 712 4857 / +59 (82) 712 4858
granica.uy@granicaeditor.com

CHILE
granica.cl@granicaeditor.com
Tel.: +56 2 8107455

ESPAÑA
granica.es@granicaeditor.com
Tel.: +34 (93) 635 4120

www.granicaeditor.com

ISBN 978-987-8358-27-7

Hecho el depósito que marca la ley 11.723

Impreso en Argentina. *Printed in Argentina*

Alles, Martha Alicia
  Gestionar sin estar: desafíos en tiempos de home office / Martha Alicia
Alles. - 1ª ed. - Ciudad Autónoma de Buenos Aires: Granica, 2020.
  272 p.; 23 x 17 cm.

  ISBN 978-987-8358-27-7

  1. Recursos Humanos. I. Título.
  CDD 658.3123

Índice

Presentación

**Desafíos en tiempo de *home office*.
Gestionar sin estar**

Comenzaré la presentación de la obra con una anécdota del domingo de Pascuas de 2020. Luego de un intercambio de saludos por la festividad religiosa, le comenté a Claudio Iannini, gerente general de la editorial que publica mis libros, que esa mañana había impartido una clase a distancia. Me preguntó: "¿En domingo de Pascuas?". Ante mi afirmación, luego de un breve silencio, reflexionó: "Deberíamos escribir algo sobre *home office*". Le comenté que ya teníamos algo publicado al respecto, escrito hace un tiempo y en otro contexto social…

No obstante, luego de esa conversación seguí pensando. Retomé la conversación al día siguiente y, absolutamente convencida de la necesidad, le propuse a Claudio este título: *Gestionar sin estar*, y el enfoque general del trabajo a realizar.

¿Qué pasaba en abril de 2020? El mundo estaba sumido en una situación nunca vista, nunca experimentada, no al menos con esas características.

En ese momento, en muchos países alrededor del mundo los habitantes estaban viviendo, tratando de llevar a cabo diversas actividades, bajo un nuevo esquema regulatorio, dentro de lo que fue denominado "aislamiento social", con distintos niveles de obligatoriedad. En unos casos se llamó aislamiento, en otros, confinamiento. Más allá de las denominaciones y del grado de severidad de las medidas restrictivas, la economía mundial fue afectada por enormes pérdidas: quiebra de empresas y negocios, pérdida de puestos de trabajo, caída en la oferta de productos, entre otras situaciones sumamente complejas, además de la cuestión más grave de todas: cómo esta pandemia afectó la salud de las personas.

Cuando esto comenzó, muchas organizaciones ya habían incorporado, de algún modo, esquemas para trabajar a distancia, tal vez algunos días, solo algunos puestos de trabajo, etc. Otras no habían incursionado en esa modalidad. Por lo cual, cuando se estableció el confinamiento/aislamiento social por la Pandemia 2020, obligatorio o sugerido según los distintos países y las diversas fases de la situación, muchas organizaciones y muchos trabajadores tuvieron que improvisar. En algunas actividades fue posible. En otras, no.

Un gran número de empresas, cuyas actividades no fueron consideradas esenciales, tuvieron que cerrar sus puertas. Quizá continuaron trabajando de algún modo, pero muy lejos del ritmo habitual.

En un restaurante, bar o café, la base del negocio es la gente que concurre al local. Con frecuencia, son puntos de reunión. Debieron cerrar sus puertas al público. En algunos casos, habilitaron la venta de sus productos a través de la entrega a domicilio. Quizá ya lo hacían, de una manera complementaria o incipiente, y lo incrementaron en ese período. No obstante, las ventas de ese tipo de negocios cayó en promedio un 90 por ciento. Para muchas actividades, como en este ejemplo, la alternativa de *home office* no fue una solución viable. Idéntica situación se vivió en un sinnúmero de actividades y servicios.

Aquel domingo de Pascuas tuvo lugar el comienzo, la idea, el puntapié inicial de este trabajo que hoy tiene usted en sus manos.

¿Por qué "gestionar"?

Al pensar en un eje temático, ubiqué este trabajo entre mis libros de la serie "Liderazgo".

¿La razón? En días previos a la anécdota relatada y a través de las redes sociales habíamos realizado un intercambio "en vivo" con lectores, clientes y seguidores, y detectado preocupación, inquietud y, de alguna manera, intriga, dudas, no tanto sobre el teletrabajo en sí, sino en relación con otros aspectos, tales como los relativos a la conducción de personas, a cómo la distancia modifica la manera de orientar el trabajo de las personas. Entre otros aspectos, cómo supervisar "sin ver", cómo controlar de una forma efectiva la realización de las tareas, la falta de confianza que se generaba, etcétera.

Algunos de nuestros ya clásicos libros, como *Rol del jefe* y otros de la serie "Liderazgo", brindan muchas pistas de lo que habría que hacer en cuanto a la conducción de equipos, tanto de manera presencial como a distancia. Me referiré aquí también a los jefes y sus roles, que son fundamentales.

A raíz del intercambio mencionado, comprendí que había un gran interés, mucha preocupación, desde distintas miradas: la de los colaboradores respecto de sus jefes y, en el sentido más tradicional −ya mencionado−, la de los jefes respecto de sus colaboradores. También por parte de los especialistas de Recursos Humanos.

A renglón seguido, di una mirada de 360 grados sobre mi propio entorno. Cómo estaban transcurriendo esos días en mi casa, junto con mi esposo, y en sus respectivos domicilios mis afectos más cercanos, mis hijos, mis amigos, mi familia. Todos y cada uno modificamos costumbres. Todos y cada uno, de algún modo, cambiamos comportamientos.

Por lo antedicho elegí enfocar este trabajo en la tarea de "gestionar". Que es mucho más que trabajar… A esta orientación se debe el título de la obra.

La Real Academia[1] nos ofrece tres acepciones del término "gestionar" y todas representan la idea que quiero transmitir a través de este libro:

- Llevar adelante una iniciativa o un proyecto.

- Ocuparse de la administración, organización y funcionamiento de una empresa, actividad económica u organismo.

- Manejar o conducir una situación problemática.

Todas las personas, de una manera u otra, estamos llevando adelante (en una o las tres acepciones del término) la función de *gestionar.*

¿Por qué *home office*?

Al definir el título y el subtítulo del libro nos planteamos hacer una referencia directa al trabajo a distancia y las opciones que surgieron fueron los términos "teletrabajo" o *"home office"*. Entonces me pregunté: ¿son lo mismo? Y concluí que se utilizan casi como sinónimos, sin embargo, no lo son.

Teletrabajo es un término más acotado, aplicable cuando el trabajo a distancia –o desde el hogar– se realiza en el marco de una relación de dependencia. El concepto no incluye otras situaciones de trabajo a distancia, también frecuentes.

Me permito compartir con el lector mi historia personal, por decirlo de algún modo, en relación con esta temática. A mediados de la década de 1990, el licenciado Luis Pérez van Morlegan (1945-2019), en su rol de director de una nueva maestría a impartirse en la Universidad de Buenos Aires, me invitó a formar parte del cuerpo docente, asignándome la temática "Empleo y selección de personas". Yo debía preparar y definir, entre otras cuestiones, el programa de la nueva asignatura, junto con la bibliografía. En aquella oportunidad, entre otras cuestiones interesantes surgidas de la bibliografía disponible y de investigaciones realizadas, incluí el teletrabajo. Esto implicó: lecturas, analizar el avance de esta modalidad de trabajo en otras latitudes y, también, la publicación de artículos y libros.

En algunos ámbitos, por aquellos años, se confundía el teletrabajo con lo que eran las actividades independientes. Por esta razón acuñamos el término

---

1 www.rae.es

"autoempleo", diferenciando las dos cuestiones y, al mismo tiempo, definiendo los alcances y características de cada modalidad.

En resumen, el término teletrabajo hace referencia al trabajo remunerado en relación de dependencia en el cual el empleado realiza sus tareas a distancia, utilizando las telecomunicaciones.

Por lo tanto, un teletrabajador es un trabajador en relación de dependencia (de una organización) que realiza sus tareas a distancia, para lo cual emplea las telecomunicaciones.

Es importante tener en cuenta que en la década de 1990, e incluso en los comienzos de los años 2000, si bien existía la Web 1.0, su utilización no estaba ampliamente difundida y la Web 2.0 –las redes sociales, particularmente– aún no se había incorporado a nuestras vidas. Las telecomunicaciones a las cuales se hacía referencia en la definición dada de teletrabajo, por aquel entonces, estaban conformadas por la telefonía tradicional y, en alguna medida, Internet y la telefonía celular (que eran tecnologías incipientes).

Hoy el teletrabajo incluye todas las opciones disponibles en la tecnología actual, que son muy amplias.

Veamos ahora el término *"home office"*, que a partir de una traducción literal significa: trabajar en el hogar o desde el hogar. Sugiere un concepto más amplio. Podríamos incluir en él al teletrabajador y también a personas que trabajan en forma independiente, que ya trabajaban desde su hogar o que, pudiendo desempeñarse en otro ámbito, lo hacen desde sus domicilios particulares.

Al escribir este libro me propuse darle un enfoque amplio. Si bien nuestro trabajo profesional está más cercano a las organizaciones, tanto a la dirección como a los colaboradores –de todos los niveles– que las integran, así como a las áreas de Recursos Humanos, los temas a tratar en este libro incluirán a otros integrantes de la sociedad, como los trabajadores independientes y los propietarios de negocios o actividades con pocos colaboradores. En resumen, organizaciones de todo tipo de actividad y tamaño. Espero que el reto asumido haya sido superado en estas páginas.

Gestionar sin estar. Un concepto

Cuando me propuse escribir este libro, comencé a trabajar sobre teletrabajo/home office. Al avanzar en el desarrollo de los temas, confrontando de algún modo mis ideas con las de otras personas, y con la realidad del trabajo a distancia en organizaciones y empresas, en diferentes ámbitos, arribé a la conclusión que *gestionar sin estar* era mucho más que una manera de trabajar.

Gestionar sin estar es una filosofía de trabajo. Una forma de hacer las cosas más allá de la situación en sí misma, del lugar donde se desarrollen las tareas. El concepto de *gestionar sin estar* comprende diversos aspectos acerca de cómo conducir una organización, un grupo de trabajo, sin la necesidad de estar físicamente presente, mirándonos los unos a los otros.

Al repasar parte de mi obra, redescubrí que muchas de las buenas prácticas en Recursos Humanos tienden a dicha filosofía.

Este libro, como se explicó al inicio, abordará el trabajo a distancia. No obstante, invito al lector a pensar, analizar e incluir la posibilidad que ofrece *Gestionar sin estar,* integrando el concepto a las buenas prácticas organizacionales. De este modo, será aplicable en esquemas de trabajo tanto a distancia como presenciales.

La experiencia vivida por todos nosotros durante la Pandemia 2020, si bien no ha sido positiva en muchos aspectos, dejó enseñanzas que podrán ser aplicadas en otros contextos sociales y personales.

Algunos de los temas que se verán en este libro, desde cómo conducir equipos hasta cuáles son las competencias necesarias para desenvolverse en el mundo por venir, nos orientan hacia una nueva forma de hacer las cosas, una nueva filosofía.

De cara al futuro

En todos mis libros enfatizo la mirada al futuro. Puro sentido común. No podemos cambiar lo que ya pasó. ¿Cómo será el futuro? Nadie puede saberlo, quizá ni siquiera imaginarlo. No obstante, hacia allá vamos.

Gestionar sin estar es, estoy convencida, un tema de cara al futuro. Los beneficios del *home office* han podido ser experimentados, más allá de las consccucncias no deseadas que haya dejado en cada uno de nosotros la ya mencionada Pandemia 2020.

He vivido, en los últimos 20-25 años, la situación de hablar con personas de diferente nivel y actividad sobre los beneficios del teletrabajo, sin lograr un gran eco. Se lo veía como algo excepcional.

Sin embargo, muchas empresas ya lo habían adoptado, antes de la Pandemia 2020, de la mano de directivos más o menos convencidos en cuanto a las ventajas de esta forma de trabajo. Se reconocía que la modalidad se estaba aplicando, pero se percibía al teletrabajo casi como una extravagancia, como una "concesión" frente a ciertos problemas o situaciones personales o, en el mejor de los casos, como un beneficio no cuantificable que se les ofrecía a los colaboradores.

En resumen, no se consideraba como un escenario posible, como una alternativa de gestión.

El libro que usted tiene entre manos le propone analizar el *home office* como una realidad y *gestionar sin estar* como un reto. Al ser un desafío, quizá cueste cierto esfuerzo lograr superarlo, sin embargo, se trata de un reto posible, alcanzable.

Como se verá en varios de los apartados, el reto mencionado en el párrafo anterior será, para muchas empresas y personas, pasar de una cultura de trabajo presencial a otra cultura orientada al trabajo a distancia. Vivimos en un mundo complejo y diferente al de hace muy pocos años. Robotización e inteligencia artificial, solo por citar dos factores, ya forman parte de la vida cotidiana. Hemos aprendido que, en muchos casos, es posible trabajar a distancia: jefes que "no ven" a sus colaboradores; colaboradores que realizan sus tareas sin que sus jefes "los vean" cuando las hacen… *Gestionar sin estar.*

Sin embargo, este avance de la tecnología podría llegar a inducirnos a error. Un mito frecuente afirma que ya no será necesario estudiar, sino solo aprender a manejar determinadas tecnologías. En la misma línea de pensamiento se inscribe la creencia de que el aprendizaje de la tecnología se lleva a cabo intuitivamente y, por lo tanto, no requiere de manera imprescindible el estudio y la educación.

¿El manejo de la tecnología lo es todo? ¿Será este el único conocimiento necesario o, por el contrario, serán irreemplazables otros saberes? *¿Millennials* y *Centennials,* la mayoría de ellos nativos digitales, saben todo lo necesario? ¿Alcanza con aprender sobre tecnología, redes sociales, o hace falta algo más?

Como se verá a lo largo de este trabajo, los conocimientos son necesarios, las competencias también, y serán estas las que nos llevarán a un destino exitoso, conciliando los distintos intereses personales, profesionales y –por qué no– un nuevo estilo de vida.

Hablando con colegas de otros países, durante los primeros meses de 2020, ellos me relataban sus experiencias. En algunos lugares, el trabajo a distancia tenía un alto grado de desarrollo, mientras que en otros, "trabajar vía remota es algo francamente nuevo para la mayoría de nosotros" (cito palabras textuales de una colega latinoamericana). En nuestro país, Argentina, hasta que comenzó la Pandemia 2020 el grado de utilización del teletrabajo podía ser categorizado como "bajo". En las empresas que lo utilizaban se lo consideraba una opción particular para circunstancias especiales, generalmente relacionadas con el colaborador, un beneficio que se le otorgaba.

El reto es para todos.

Cómo leer esta obra

Desde el inicio, la idea fue no escribir un libro ni sobre teletrabajo, ni sobre *home office,* ni mucho menos sobre el confinamiento/aislamiento social obligatorio, durante la Pandemia 2020.

Me propuse, desde el minuto cero, una mirada más global y abarcadora, mirando al futuro. Compaginando diversas realidades, uniendo generaciones, contemplando profesiones y especialidades diversas.

¿Todos querrán teletrabajar en un futuro? No lo sé. Sin embargo, el desarrollo, la experiencia ganada durante este período excepcional abrió caminos y posibilidades de largo alcance.

Como la mayoría de mis lectores sabe, Juan Carlos Cincotta, mi esposo, es el primer lector de mis originales. Como también ya lo he comentado, no es un lector complaciente… Con frecuencia me enfrento al reto de explicarle cuál fue la idea que me llevó a ordenar los temas de una determinada manera, para lo cual analizo de qué modo ofrecerle una suerte de ruta o guía sobre cómo leer mi trabajo.

Así surgió el gráfico siguiente. Allí se pueden observar los apartados que conforman esta obra, y su distribución en etapas temáticas. Mirando en sentido inverso del habitual, sobre la derecha, se observan cuatro apartados con tips o sugerencias. Más hacia al centro, otros cuatro apartados describiendo competencias.

Si miramos nuevamente y comenzamos a leer el gráfico en un sentido inverso al anterior, a partir del Apartado 0, observamos que desde el inicio y hasta el Apartado 6 inclusive, se presentan los aspectos más relevantes, en relación con el eje de la obra: *gestionar sin estar.*

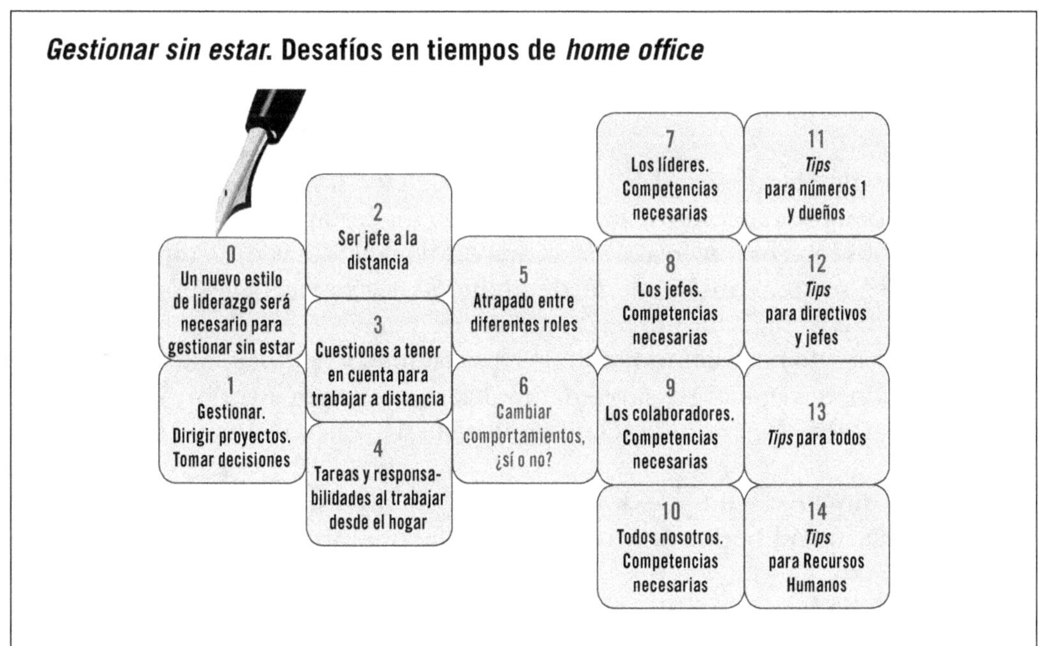

Temas transversales

Los temas relacionados con el liderazgo y con la disciplina de Recursos Humanos en general —es decir, la mayoría de las cuestiones relacionadas con la conducción de las personas dentro del ámbito laboral—, están "atravesados" por dos elementos, difíciles de identificar y modificar: motivación y competencias.

En cualquier análisis que se desee hacer sobre el trabajo a distancia, todos y cada uno de los aspectos considerados se encuentran ligados íntimamente a la motivación de cada individuo y sus competencias, que solo podrán ser observadas en sus comportamientos reales.

Las competencias tendrán un rol protagónico en muchos de los aspectos tratados. Comenzando por el Apartado 1, donde se introduce el concepto *conocimientos digitales* como una competencia, más allá de los conocimientos en sí mismos. Muchas otras competencias serán contempladas a lo largo de la obra, tanto aquellas específicas de líderes y jefes, como otras puntuales para colaboradores, y otras que se estima que deben ser *de todos*, incluyendo a los distintos niveles organizacionales y a cada uno de nosotros, en todos los ámbitos en los cuales nos desempeñemos.

Desde hace tiempo trabajo en la inclusión de *valores* en los modelos de competencias. Algo tan excepcional a nivel mundial, como la Pandemia 2020, puso negro sobre blanco esta cuestión. Releyendo clásicos, hemos traído sus enseñanzas desde el pasado, para encarar el futuro.

Rutas de lectura posibles

Desde la mirada del número 1 y, también, desde la de un responsable del área de Recursos Humanos, sugerimos la lectura de todos los apartados, focalizando la atención en los tópicos que le atañen a cada uno de ellos más directamente. La organización en su conjunto depende, de un modo u otro, de su gestión. Aun antes de la tecnología actual, un número 1 debía, en la mayoría de los casos, *gestionar sin estar*. Quizá esto no sea nuevo para los que ocupan y han ocupado estos niveles de conducción. Sin embargo, sí puede implicar un cambio en la organización en su conjunto. Desde esta mirada, el máximo ejecutivo encontrará cuestiones de su interés.

Para un directivo o un jefe, si bien su foco de interés estará más dirigido a su área de actuación, el hecho de tener un enfoque organizacional completo le será de gran utilidad.

Los colaboradores quizá deseen concentrarse en las cuestiones que les competen más directamente. Tal vez solo aspiren a leer sobre los temas dirigidos estrictamente a ellos. No obstante, una mirada a las cuestiones relativas a sus jefes también les será de utilidad.

En resumen, como todo libro, este podrá ser leído desde el inicio hasta el final, o seguir otra ruta, guiándose por los títulos de los diversos apartados.

Los *tips*

Si bien no me agrada atribuirme el rol de "dar consejos", la obra se complementa con cuatro apartados en los cuales planteo sugerencias, en algunos casos de tipo conceptual y en otros, con un detalle mayor. Se trata de los *apartados 11 -* Tips *para números 1 y dueños, 12 -* Tips *para directivos y jefes, 13 -* Tips *para todos, y 14 -* Tips *para Recursos Humanos.*

Cada uno de estos apartados comienza con la siguiente frase:

Tips, *ideas, consejos, sugerencias y recomendaciones, para que cada uno considere los apropiados a sus circunstancias. Adicionalmente, podrá incorporar sus propias ideas y experiencias, para mejorar.*

En ningún caso son todos los *tips* posibles y, al mismo tiempo, en algunas circunstancias podrán no ser pertinentes.

Recuerde, además, que las miradas se complementan y que las recomendaciones, en última instancia, pueden ser útiles para cualquiera que sepa interpretarlas y adaptarlas a sus necesidades específicas. Directivos, jefes y colaboradores se desenvuelven en un mismo ámbito, con problemas y circunstancias muchas veces comunes.

Gestionar sin estar. Múltiples interesados

Todas las personas, en distintos niveles organizacionales, gestionan diversas cuestiones, toman decisiones según su nivel de responsabilidad, llevan a cabo sus tareas y asumen sus responsabilidades. Desde esta perspectiva, los temas aquí tratados preocupan e interesan por igual a todos los integrantes de la organización y, en un marco más extendido, también a sus familias. Cuando una persona ocupa el puesto para el cual se siente preparada y motivada, el entorno directo se beneficia, indirectamente, de la situación. Si, además, dicha persona realiza sus tareas desde el hogar, la familia será parte del día a día laboral, sus integrantes estarán involucrados de algún modo.

Adicionalmente, el concepto de *gestionar sin estar* forma parte de la agenda del número 1, así como también de los responsables de Recursos Humanos.

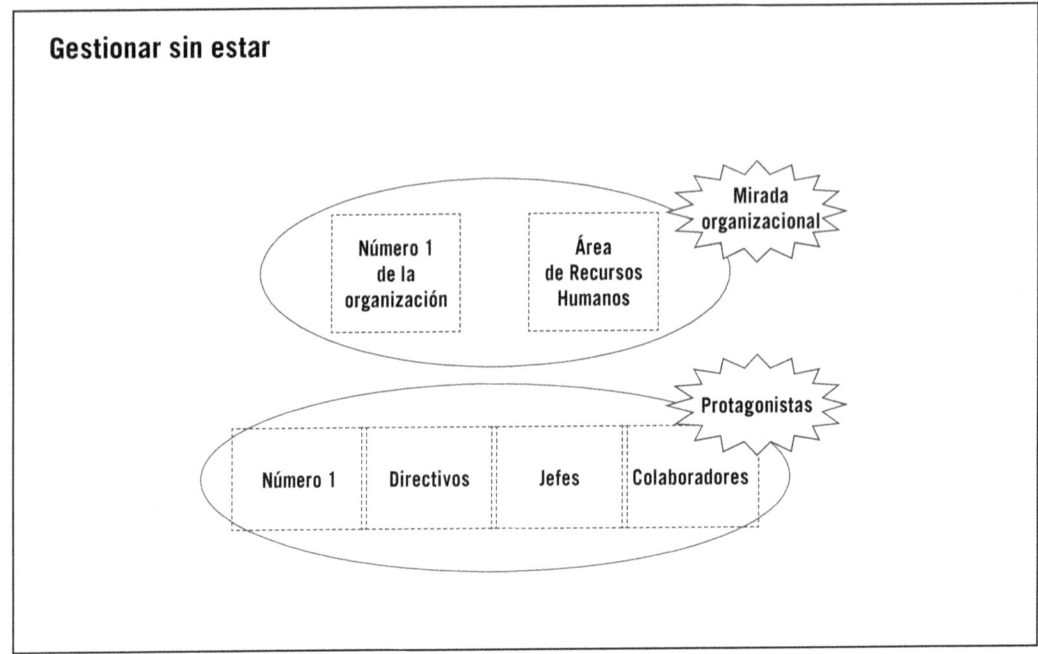

En el gráfico precedente se desea enfatizar cuáles son las diferentes miradas posibles sobre el tema. En la parte superior de la figura se señala el interés del número 1 de la organización y del área de Recursos Humanos. Ambos, analizando la organización en su conjunto.

En la parte inferior, bajo la palabra "protagonistas", se incluye a todos los involucrados, desde el número 1 hasta los demás integrantes de la organización, directivos de diferente nivel, jefes y colaboradores. Como se verá, estos roles muchas veces son compartidos, una misma persona puede ser, al mismo tiempo, jefe y colaborador.

A quiénes va dirigida esta obra

Diversos integrantes de la comunidad podrán manifestar interés en *Gestionar sin estar*. Si lo consideramos con una mirada organizacional, vemos que concierne a todas las personas, como se expuso más arriba. Adicionalmente, nos dirigimos a consultores externos (firmas de consultoría y consultores independientes) y, también, a estudiosos de diferentes ámbitos académicos, tanto profesores como alumnos.

Contenido de la obra

Esta obra, que integra la serie "Liderazgo", está escrita en secciones cortas, que denominamos "apartados", abordando los temas principales, los cuales podrán ser complementados con lecturas adicionales.

- *Apartado 0. Un nuevo estilo de liderazgo será necesario para gestionar sin estar*

- *Apartado 1. Gestionar. Dirigir proyectos. Tomar decisiones*

- *Apartado 2. Ser jefe a la distancia*

- *Apartado 3. Cuestiones a tener en cuenta para trabajar a distancia*

- *Apartado 4. Tareas y responsabilidades al trabajar desde el hogar*

- *Apartado 5. Atrapado entre diferentes roles*

- *Apartado 6. Cambiar comportamientos, ¿sí o no?*

- *Apartado 7. Los líderes. Competencias necesarias*

- *Apartado 8. Los jefes. Competencias necesarias*

- *Apartado 9. Los colaboradores. Competencias necesarias*

- *Apartado 10. Todos nosotros. Competencias necesarias*

- *Apartado 11.* Tips *para números 1 y dueños*

- *Apartado 12.* Tips *para directivos y jefes*

- *Apartado 13.* Tips *para todos*

- *Apartado 14.* Tips *para Recursos Humanos*

- *Anexo I. Gestionar sin estar. Competencias necesarias por orden alfabético*

- *Anexo II. Competencias sugeridas para todos los integrantes de la organización*

- *Anexo III. Competencias específicas para niveles de conducción: números 1 y dueños; directivos; jefes*

- *Anexo IV. Gestionar sin estar. Competencias mencionadas en cada uno de los apartados*

Como es usual, invito al lector a que nos escriba, comentando sus dudas y sugerencias, y muy especialmente si desea aportar nuevas cuestiones a tratar. Podremos estar comunicados, como siempre, a través de cualquiera de nuestras vías de participación en las redes sociales, así como escribiendo a la siguiente dirección de correo electrónico: **libros@marthaalles.com**

Un nuevo estilo de liderazgo será necesario para gestionar sin estar

Un nuevo estilo de liderazgo

Gestionar sin estar es una nueva forma de hacer las cosas, ya sea que las actividades se desarrollen en forma presencial o a distancia. En esta obra, en los catorce apartados siguientes, se verá una serie de cuestiones necesarias para *gestionar sin estar*, desde distintos ángulos y miradas. También se analizará el rol de los directivos de diferente nivel junto con las competencias necesarias, incluyendo esta nueva mirada sobre el liderazgo.

Para lograr el objetivo de *gestionar sin estar*, será necesario un nuevo estilo de liderazgo.

Al estilo tradicional se lo asocia a un perfil de relativa imposición, aunque en realidad no sea tan así. En el imaginario, un jefe es alguien que trata de imponer su forma de pensar y, por ende, es más bien individualista. Quizá un perfil así se correspondería con un líder/jefe refractario al mundo digital y a su cultura colaborativa.

Con una mirada opuesta a la anterior, podríamos situar a un líder/jefe más optimista, más confiado respecto del relacionamiento con los otros, y con capacidad para ejercer un liderazgo colaborativo. Con este enfoque, imaginamos a este segundo tipo de líder/jefe como proactivo frente a la virtualidad.

Quizá el lector –al pensar en sí mismo o al analizar a su jefe o a sus superiores– encuentre que no puede establecer una identificación con ninguno de los dos perfiles, y reconozca actitudes del liderazgo tradicional y, al mismo tiempo, algunas otras del nuevo estilo.

El paradigma de *gestionar sin estar*, junto con los distintos aspectos relacionados con *home office*, requerirá un nuevo estilo de liderazgo. Será muy difícil alcanzar resultados efectivos y perdurables sin contar con directivos de la alta conducción y líderes/jefes de los restantes niveles que compartan y lleven a la práctica los aspectos identificados como nuevo liderazgo.

Dos palabras podrían, de algún modo, sintetizar el tipo de liderazgo necesario para enfrentar los desafíos pospandemia de 2020: contar con un liderazgo más *optimista* y, además, más *colaborativo*, que podemos definir así:

- Liderazgo optimista: aquel que propende a ver y juzgar las cosas en su aspecto más favorable.

- Liderazgo colaborativo: aquel que actúa, lidera, en colaboración con otros.

¿Cuál sería el comportamiento de un líder con estas características?

Un líder más optimista

Algunos comportamientos que identifican al liderazgo optimista:

- El líder piensa que las personas harán lo correcto cuando se les dé la oportunidad.

- El líder piensa que las personas serán positivas y constructivas en sus comentarios.

- El líder piensa que al compartir información se gana más que lo que se pierde.

- El líder piensa que a los colaboradores se les puede confiar información confidencial.

- El líder piensa que los colaboradores deben tener la mayor información posible para llevar a cabo las tareas asignadas a su puesto.

- El líder piensa que puede aprender mucho de colaboradores de primera línea y clientes.

- El líder piensa que cuando alguien lo critica, es una oportunidad para aprender.

- El líder piensa que cuando se comete un error, es una oportunidad para aprender.

Un líder más colaborativo

Algunos comportamientos que identifican al liderazgo colaborativo:

- El líder atribuye gran parte de su éxito a su capacidad para colaborar con otras personas.

- El líder piensa que en los tiempos difíciles se depende de otras personas.

- El líder piensa que, para acelerar la toma de decisiones, lo mejor es involucrar a los *stakeholders*[1] y a la mayor cantidad de gente posible.

---

1 *Stakeholders:* el término hace referencia a los distintos sectores de interés en torno de una organización: accionistas, ejecutivos, colaboradores, clientes, proveedores, Gobierno, bancos, organismos de control, etc. Fuente: *Diccionario de términos de Recursos Humanos,* Ediciones Granica, Buenos Aires, 2011.

- El líder piensa que la participación de más personas en una decisión puede mejorar el resultado final.

- El líder, cuando inicia un nuevo proyecto, en lo primero que piensa es con quién lo llevará a cabo.

- El líder piensa que el conocimiento colectivo (de un grupo) está por sobre el de un individuo: es superior, mejor, más amplio, etc.

- Este concepto también puede incluir la opinión de otras personas, es decir, valorar la opinión de un grupo por sobre la de una sola persona.

- El líder piensa que es bueno dar autoridad a las personas para que las decisiones se tomen más cerca del cliente y/o del problema a solucionar.

- El líder piensa que se pueden tomar decisiones importantes sin su participación directa.

El líder circular[2] que se menciona en el *Apartado 7 - Los líderes. Competencias necesarias* se ubica dentro de los nuevos estilos de liderazgo, así como las otras características allí planteadas.

¿Solo los líderes deberán ser optimistas y colaborativos?

No. Todos los integrantes de la organización deberán serlo. No obstante, la referencia a los líderes es relevante, dado que ellos serán siempre un ejemplo a seguir.

En el *Apartado 9 - Colaboradores. Competencias necesarias* se incluye a la competencia *Colaboración* como necesaria para colaboradores de todos los niveles.

A modo de cierre del apartado

Como se expresara en la Presentación, *gestionar sin estar* es una filosofía de trabajo. Una forma de hacer las cosas más allá del lugar físico donde se desarrollen las tareas. El concepto de *gestionar sin estar* comprende diversos aspectos acerca de cómo

---

2 Líder circular es aquella persona reconocida por otras como su guía por sus valores personales, su visión del negocio y el rol que asigna a sus equipos de trabajo. La expresión hace referencia a un estilo de liderazgo en el cual el líder se sitúa en el centro de la acción. Desde este lugar se encuentra cerca de sus colaboradores. Fuente: *Diccionario de términos de Recursos Humanos*, Ediciones Granica, Buenos Aires, 2011.

conducir una organización, un grupo de trabajo, sin la necesidad de estar físicamente presentes en el mismo espacio, mirándose los unos a los otros.

Esta "conducción" deberá partir de una actitud distinta por parte de los líderes. La mirada tradicional que, quizá, fue efectiva por muchos años, no tiene cabida en el mundo por venir. Para las generaciones actuales y futuras, las interrelaciones entre las personas, la forma de comprar y vender… se han modificado de una manera acelerada, a una velocidad que no imaginamos antes, producto de la Pandemia 2020. Cambiaron los escenarios conocidos y hay otros, nuevos.

Este cambio de escenarios va más allá del *home office*, del trabajo a distancia. Implica la necesidad de un nuevo estilo de trabajo, también en las actividades presenciales.

Leer +++

☞ *Social media y Recursos Humanos.* Ediciones Granica, Buenos Aires, 2012. 

☞ *Comportamiento organizacional,* Ediciones Granica, Buenos Aires, 2017. 

☞ *Rol del jefe.* Ediciones Granica, Buenos Aires, 2019. 

1

Gestionar. Dirigir proyectos. Tomar decisiones

Gestionar sin estar, en un esquema tanto presencial como a distancia

En la *Presentación* comentaba que, cuando me propuse escribir acerca del trabajo a distancia como una de las nuevas modalidades –en realidad, no tan nuevas– de hacer las cosas, comencé pensando solo en aspectos relacionados con el teletrabajo/*home office*. Sin embargo, tomé conciencia de que *gestionar sin estar* involucraba un enfoque más amplio.

Gestionar sin estar se transformó en un concepto. Una filosofía de trabajo.

Por ejemplo, una cuestión que preocupa a muchos es *ser jefe a la distancia*. Si *gestionar sin estar* abarca mucho más que conducir teletrabajadores y se transforma en un concepto amplio, cada jefe será mejor jefe, también, en la conducción presencial; implica una forma de hacer mejor las cosas, tanto a la distancia como en el mismo ámbito físico.

Imaginemos por un momento la siguiente situación.

En un enfoque tradicional, una persona ejerce su rol de jefe a partir de observar con sus propios ojos el accionar de sus colaboradores. Desde esta perspectiva, solo podrá conducir un número reducido de personas. Si a esta misma persona la realidad la llevara a conducir grupos numerosos, distribuidos geográficamente en locaciones distantes, no podría guiar su accionar mediante pautas de liderazgo aplicables solo a la conducción presencial. Debería delegar, otorgar poder y otros principios básicos de liderazgo.

Este razonamiento, desde ya, no es nuevo.

Por lo tanto, en el ejemplo aquí descrito será necesario *gestionar sin estar.* La clave ha sido y será cómo conducir una organización o un grupo de trabajo sin la necesidad de estar presentes en el mismo espacio físico, mirándonos los unos a los otros.

En el contexto organizacional, la alta gerencia con frecuencia evidencia este tipo de forma de hacer las cosas, su liderazgo implica *gestionar sin estar,* ya que en general la presencia física no es posible. Sin embargo, bajando en los niveles jerárquicos de supervisión, la necesidad que sienten los jefes de estar presentes para dirigir al grupo a su cargo es una cuestión observable en el día a día.

Esta última afirmación es, desde ya, una generalización. Siempre podrá identificarse a altos ejecutivos proclives a la conducción presencial y, al mismo tiempo, muchos jefes intermedios que lideran a sus equipos sin necesidad de estar presentes, delegando y supervisando a sus colaboradores sin compartir el mismo espacio de trabajo.

Repasando parte de mi obra, redescubrí –por decirlo de algún modo– que muchas de las buenas prácticas en Recursos Humanos tienden a que las organizaciones se manejen siguiendo ciertos principios de la filosofía de trabajo que aquí estamos describiendo, es decir, sin la necesidad "de estar". Por ejemplo, esto ocurre si la organización, en su conjunto, fija sus objetivos, los cuales son llevados y transmitidos a todos los puestos organizacionales, y a partir de dichos objetivos los jefes conducen los equipos a su cargo y, luego, sobre la base de todo lo anterior, se evalúa el rendimiento y el desempeño. Así se estará gestionando sin estar.

La mayoría de las buenas prácticas consideran esta circunstancia. Ir un paso más allá del día a día, proponiendo formas de hacer las cosas, sin la necesidad de un jefe cotidiana y físicamente presente. Podrá estarlo a través de indicaciones, de consejos, entrenando a sus equipos, enseñando a hacer las cosas bien, para que las personas sean autónomas en la realización de sus propias tareas. En eso consiste *gestionar sin estar*, aspecto necesario e ineludible para alcanzar una organización con una cultura consolidada en materia de trabajo a distancia, para llevar a la práctica de manera efectiva el *home office*/teletrabajo, desde la perspectiva de la organización, del jefe y del colaborador.

Esta obra, como se explicó, abordará el trabajo a distancia. No obstante, se podrá integrar *gestionar sin estar* a las buenas prácticas organizacionales, en esquemas de trabajo tanto a distancia como presenciales.

La experiencia vivida por todos nosotros durante la Pandemia 2020, si bien no fue positiva en muchos aspectos, ha dejado enseñanzas que podrán ser aplicadas en otros contextos sociales y personales. Haré una mención a esta cuestión, en más de un momento del libro.

Algunos de los temas que se verán a partir de este apartado y en los siguientes (cómo conducir equipos, de qué manera se puede determinar la mejor forma en que cada una de las personas podría trabajar a distancia, las competencias necesarias para cada uno de los niveles organizacionales, etc.) constituyen una nueva forma de hacer las cosas, una nueva filosofía, que podrá ser aplicable, también, en el trabajo presencial.

Trabajo presencial y a distancia en una misma organización

En muy pocas actividades o escasos negocios será factible adoptar el trabajo a distancia para la organización en su totalidad. El esquema más frecuente se expresa en la figura de la página siguiente. Se trata de organizaciones con áreas que realizan sus labores de manera presencial (por ejemplo, fábricas, talleres, negocios de venta minorista de todo tipo de productos, solo por citar unos pocos casos) y que, al mismo tiempo, podrán contar con áreas o sectores donde es factible el trabajo a distancia. También se señala en este gráfico la posibilidad de que existan áreas o sectores que implementen un esquema combinado de ambas modalidades.

Frente a una realidad como la que se expone en el gráfico, será conveniente que la organización en su conjunto (no solo los que están incluidos en el trabajo a distancia) adopte y comprenda la filosofía que hemos denominado *gestionar sin estar*.

El lector podrá preguntarse las razones de esta afirmación.

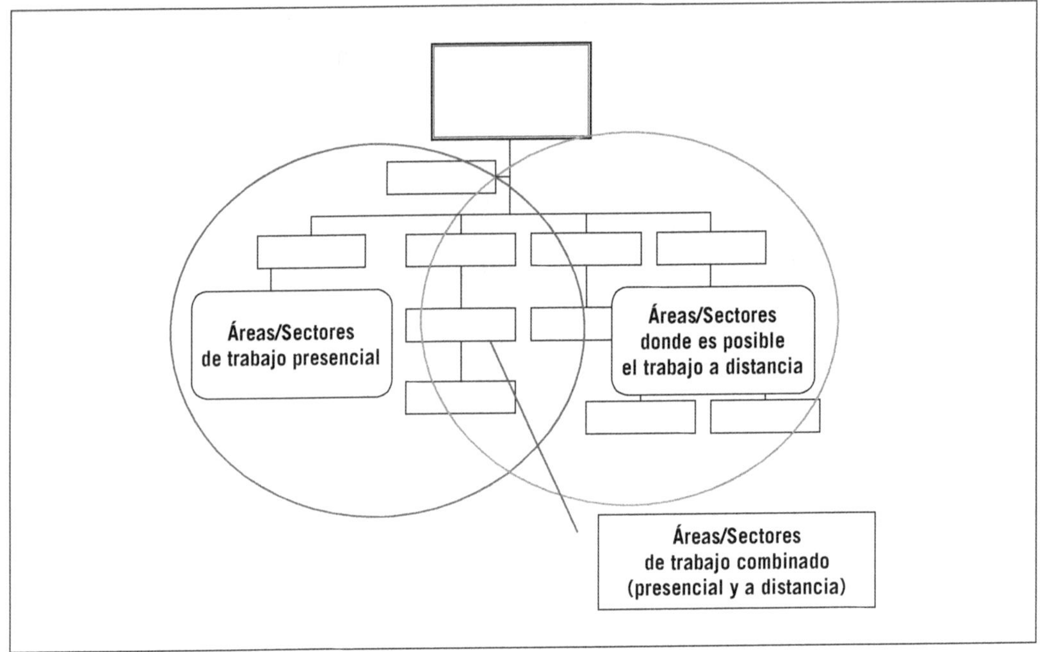

Imaginemos un sector dentro de una fábrica cuyas tareas son, básicamente, de tipo presencial. Los jefes podrán dirigir a sus equipos aplicando las buenas prácticas descritas para el trabajo a distancia. Sus colaboradores, en el esquema presencial, se verán beneficiados por un jefe que delega y entrena. Al mismo tiempo, estos colaboradores comprenderán que sus colegas que realizan *home office* comparten los mismos principios, solo que en otra modalidad de trabajo (a distancia).

Aunar la organización en una nueva filosofía de trabajo será beneficioso para todos los involucrados. Retomaremos esta cuestión en el *Apartado 11 - Tips para números 1 y dueños.*

Gestionar. Dirigir. Tomar decisiones. Viejos retos. Nuevos retos

Propósito a corto, mediano y largo plazo: alcanzar un cambio cultural

Trabajar a distancia implica modificar comportamientos individuales y organizacionales, y para lograr dicho propósito es necesario hacer un cambio que permita alcanzar una nueva cultura organizacional.

Comportamiento organizacional (CO) es una disciplina que estudia el comportamiento de las personas en el marco de una organización. El mismo está compuesto por el comportamiento de sus directivos y jefes y el de los colaboradores en general. El resultado visible del comportamiento –en conjunto– de todos los integrantes de una organización será posible observarlo en determinados patrones –de comportamiento– que representan e identifican su cultura. Por ejemplo: lenguaje, rutinas, rituales, formas de hacer las cosas, propios de una organización.

La expresión "cultura organizacional" hace referencia al conjunto de valores esenciales compartidos por los integrantes de la organización, los cuales proveen información implícita y/o explícita acerca de los comportamientos preferidos en ella. Implica ciertos supuestos, creencias aceptadas, percepciones y sentimientos.

En el marco de este trabajo, el cambio cultural deseado será pasar de una baja cultura organizacional orientada al trabajo a distancia a una alta cultura organizacional orientada al trabajo a distancia. La idea se expone en la figura siguiente.

Esta idea central estará presente al abordar todos los temas que se ven en esta obra.

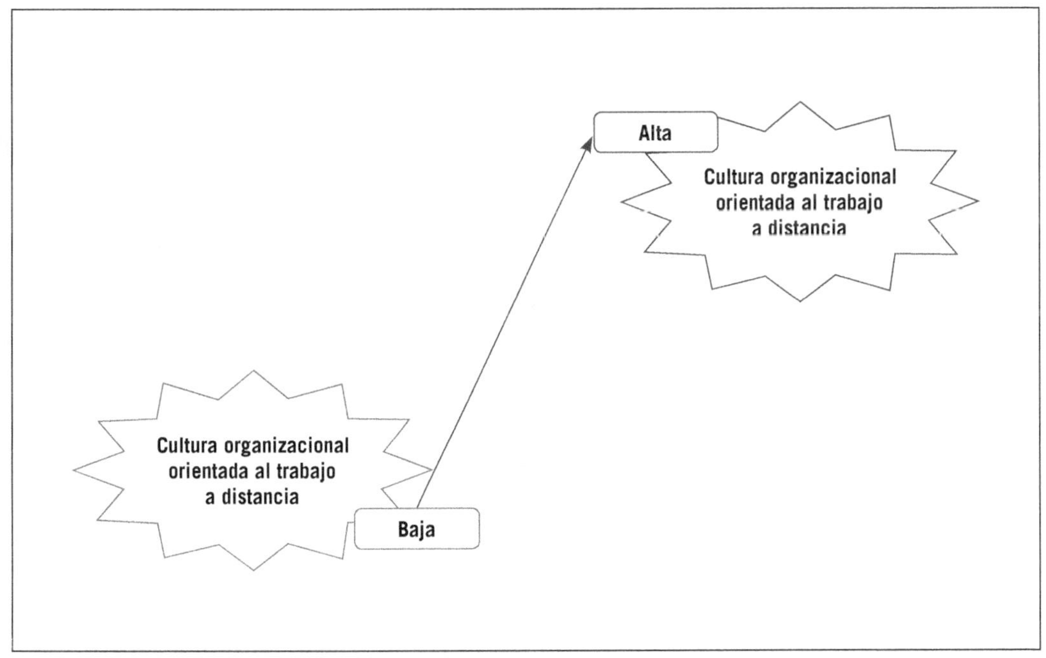

Perdurable y sostenible. Circunstancial y temporal

La primera cuestión que deberemos analizar y responder se refiere al carácter transitorio o duradero de la orientación de la organización al trabajo a distancia. Cuando se hace referencia al *home office,* ¿se está pensando en una solución a un problema circunstancial y temporal o, por el contrario, en una nueva concepción de la administración de la organización? Ninguna postura es buena o mala por sí misma. Sin embargo, es un análisis que se deberá realizar para diseñar cursos de acción adecuados a los distintos enfoques.

Durante la Pandemia 2020, la mayoría de las personas llevó a cabo una serie de tareas de manera diferente. El trabajo a distancia fue, por supuesto, una de las modalidades más implementadas para enfrentar la situación.

Muchas de las tareas que se realizaron en ese período han sido de tipo circunstancial/temporal. Veamos ejemplos de la vida cotidiana.

Tomemos el caso de una familia compuesta por dos adultos. Ambos, habitualmente, concurrían diariamente a sus respectivos trabajos y contaban con la ayuda de un asistente externo para la realización de algunas tareas en el hogar. Durante el período de aislamiento obligatorio/confinamiento no se contó con dicha asistencia y ellos mismos llevaron a cabo tareas no habituales, por ejemplo, limpieza, lavado

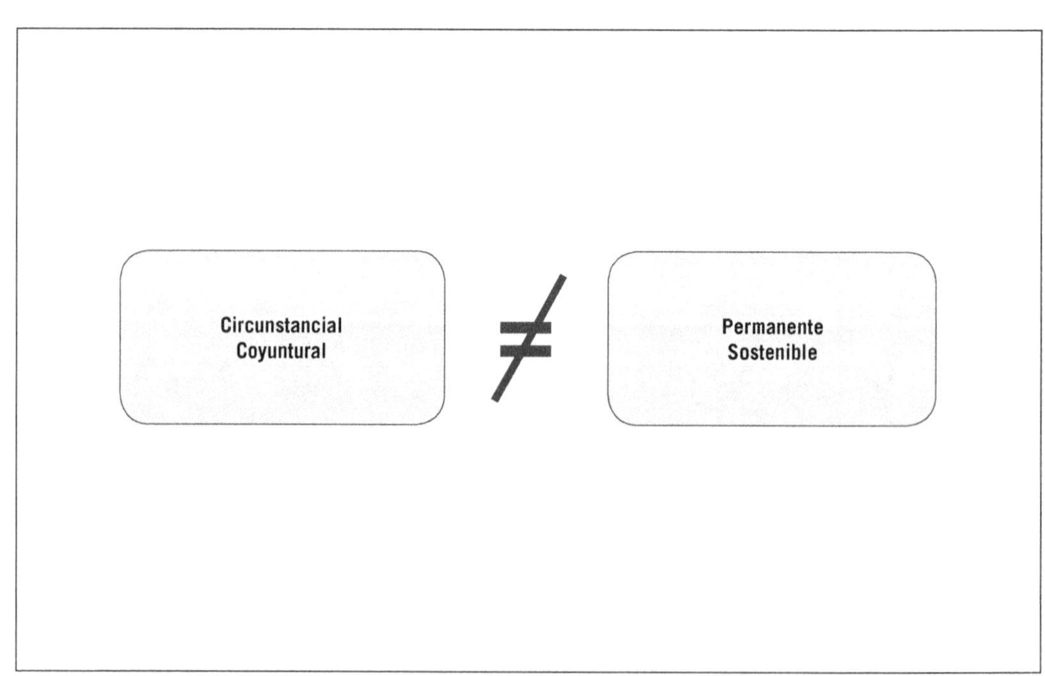

de ropa, etc. Finalizado el aislamiento obligatorio, el esquema de funcionamiento volvió al anterior. El ejemplo dado también aplica a personas que vivían solas y casos similares.

Continuando con el ejemplo anterior, imaginemos ahora que dos niños eran parte de la familia. Dichos niños no asistieron a sus colegios en ese período, recibieron clases *on line*, requirieron por esta circunstancia un mayor apoyo y acompañamiento de alguno de sus padres y/o hermanos mayores, en la realización de las tareas correspondientes. Finalizado el aislamiento obligatorio, los niños regresaron a sus clases presenciales y el esquema de funcionamiento volvió al anterior.

Del mismo modo, podríamos describir la asistencia a clases de gimnasia, al estudio de un idioma y tantas otras actividades que, temporalmente, se realizaron de manera virtual.

En el ámbito laboral organizacional, los ejemplos son similares. De manera imprevista, casi sin tiempo para prepararse, organizaciones, jefes, colaboradores, clientes y proveedores debieron cumplir con el aislamiento obligatorio y, si resultaba posible, trabajar a distancia.

Durante este período escuché muchas veces y en ámbitos diversos que la experiencia demostró que no siempre es necesario reunirse personalmente, que quizá no era "tan necesaria" la concurrencia presencial diaria a los lugares de trabajo, y otros comentarios similares. Muchas de estas afirmaciones se transformaron en realidad, otras no, eran solo expresiones del momento.

Dejemos fuera el concepto "obligación". Analicemos el trabajo a distancia más allá de un contexto en el cual las autoridades "nos obligaron" a adaptarnos a algo llamado "aislamiento social/ confinamiento", con la prohibición de realizar ciertas actividades, con comercios cerrados, fábricas cerradas, etc.

La idea será reflexionar acerca de si la organización desea implementar un esquema transitorio o permanente, en materia de trabajo a distancia.

Antes de la Pandemia 2020, las organizaciones –en mayor o menor medida– preveían esquemas de teletrabajo, generalmente temporal o parcial. Veamos algunos ejemplos frecuentes.

Teletrabajo temporal. Para mamás (también papás, aunque en este caso se trata de una medida menos habitual) por períodos cortos, algunos meses, en los cuales el/la colaborador/a realiza sus tareas desde el hogar. Con una cierta frecuencia, el esquema de trabajo considera reuniones presenciales esporádicas para tratar algunas cuestiones, participar de reuniones de equipo, etc.

El teletrabajo temporal también se utiliza en el caso de colaboradores con un familiar enfermo. Y además, cuando el propio colaborador, sin sufrir una enfermedad grave, quizá aún en período de recuperación, realiza sus funciones trabajando transitoriamente desde el hogar.

Teletrabajo parcial. Al igual que en el teletrabajo temporal, se ofrece al colaborador, a modo de beneficio, trabajar desde el hogar, por ejemplo, un día a la semana. En estos esquemas, usualmente, se coordina con otros integrantes del equipo, para no resentir el logro de objetivos comunes.

Con un enfoque amplio, apuntando a lograr una alta cultura orientada al trabajo a distancia, la organización podría determinar los puestos de trabajo factibles de ser desempeñados desde el hogar, junto con una evaluación de las capacidades de sus colaboradores, incluyendo la motivación, y así determinar quiénes son proclives al trabajo a distancia, quienes no lo son y, quizá, quiénes lo son en menor medida.

El trabajo a distancia perdurable y sostenible implica el cambio de comportamientos

Al analizar las implicancias del trabajo a distancia, invariablemente surge la cuestión del equipamiento, el *software* necesario, la formación en conocimientos para la operación de los recursos tecnológicos involucrados. En menor medida se considera la importancia de modificar métodos y procedimientos y se considera casi como una consecuencia "natural" la adaptación –o no– de las personas a la nueva situación.

El párrafo anterior contiene un conjunto de afirmaciones con las que concuerdo en su totalidad, menos en una cuestión. Para lograr un esquema de trabajo a distancia realmente efectivo se deberá alcanzar una cultura orientada al trabajo a distancia que hemos calificado como "alta", en páginas anteriores.

En el caso de que una organización desee implementar trabajo a distancia solo en situaciones que podrían considerarse coyunturales o circunstanciales, quizá no sea indispensable lograr el cambio de cultura al cual me voy a referir a continuación.

Veamos el gráfico de la página siguiente, donde se observa que una organización define los equipos tecnológicos y el *software* necesarios para implementar el trabajo a distancia. Luego debe diseñar y/o modificar métodos y procedimientos de trabajo. (Nos referiremos a esta última cuestión en otros apartados.)

Para operar los recursos tecnológicos y llevar a la práctica los métodos y procedimientos requeridos la organización contará con las personas que la integran, en sus diferentes niveles: directivos, jefes y colaboradores.

La cultura deseada se alcanzará solo si las personas que integran la organización cambian sus comportamientos.

Continuando con el análisis de la figura, el cambio de comportamientos no se logrará solamente porque una persona, a partir de un determinado momento, utilice un nuevo equipo, aprenda a trabajar con un nuevo *software*, o deba observar el cumplimiento de un nuevo procedimiento. Quizá realice todo lo anterior, pero sin modificar sus comportamientos.

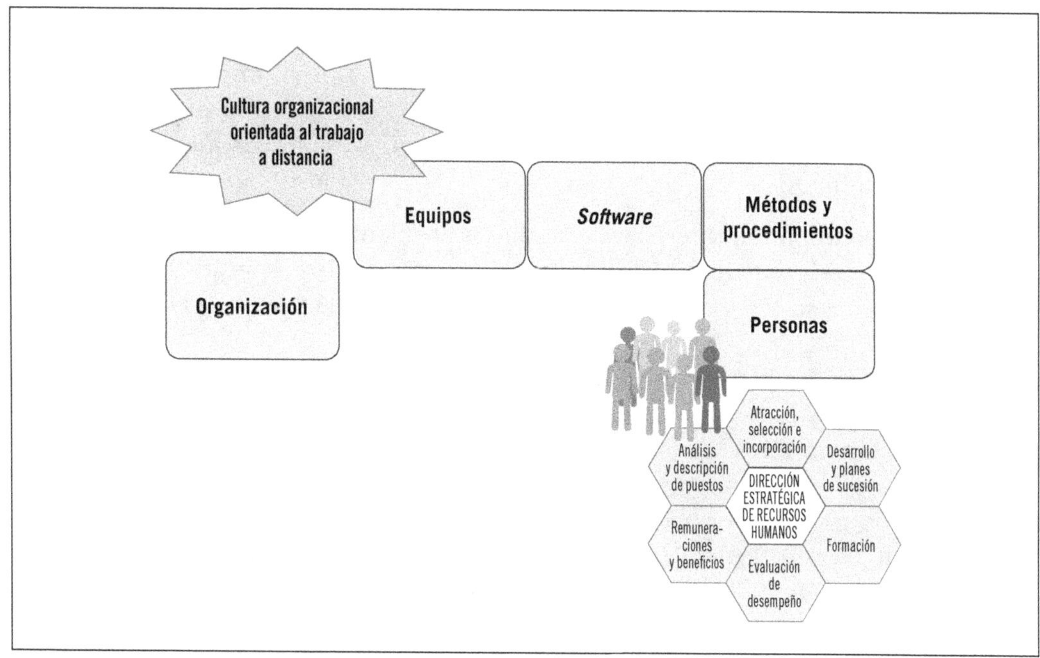

Para modificar comportamientos será necesario identificar las competencias que la nueva cultura requiere e incluirlas primero en los descriptivos de puesto para, a partir de ellos, desplegar estas nuevas características necesarias en las personas, en los distintos subsistemas de Recursos Humanos.

A cada una de estas cuestiones nos referiremos en esta obra. Los directivos deberán modificar comportamientos y, del mismo modo, los jefes y colaboradores en general.

Viejos retos. Nuevos retos

Estar al frente de una organización, un proyecto, un grupo de trabajo de cualquier índole, siempre representó un reto para las personas. En el pasado, en el presente, y lo será también en el futuro. Aun cuando no conozcamos hoy las características de ese futuro.

En la *Presentación* hice una breve referencia a la elección del término "gestionar" para el título de la obra. Retomemos aquellos conceptos. Gestionar, según la definición de la Real Academia[1] en sus tres acepciones, describe las distintas cuestiones que deseo compartir con los lectores.

---

1 www.rae.es

- Dirigir un proyecto, llevarlo adelante.

- Administrar una organización de cualquier tipo y tamaño. El término "administración"[2] hace referencia a la dirección de una organización, lo cual implica organizar y planificar sus actividades para alcanzar un objetivo determinado.

- Conducir a buen puerto una situación problemática que requiera una solución y/o alguna acción, para alcanzar los resultados esperados. Las circunstancias, a su vez, podrán ser de diferente nivel de importancia.

Para lograr todo lo anterior, habrá que tomar decisiones, elegir entre opciones y tantas otras cuestiones que componen el accionar cotidiano de la mayoría de las personas en sus ámbitos laborales –de mayor o menor relevancia, según cada caso en particular–.

Directivos, gerentes y colaboradores de diferente nivel realizan a diario las acciones que le dieron título a este primer apartado. En el contexto actual, realizar cualquiera de estas actividades, gestionar, dirigir, tomar decisiones, implica un conjunto de capacidades que deberán ser desplegadas en simultáneo, casi sin darnos cuenta.

Con frecuencia son necesarios conocimientos multidisciplinarios y competencias, los cuales se usan en forma combinada. La experiencia también juega un rol, usualmente muy relevante, brindando soporte a las dos características mencionadas (conocimientos y competencias). Por último, pero primeros en importancia, también se incluyen los valores.

En varios apartados nos referimos a todos los ítems mencionados, con mayor detalle.

En la figura de la página siguiente se muestra que los diferentes elementos se suman, siendo todos necesarios para *gestionar, dirigir proyectos* y *tomar decisiones*.

El desafío adicional será realizar estas acciones, complejas de por sí, trabajando a distancia.

---

2 *Diccionario de términos de Recursos Humanos.* Ediciones Granica, Buenos Aires, 2011.

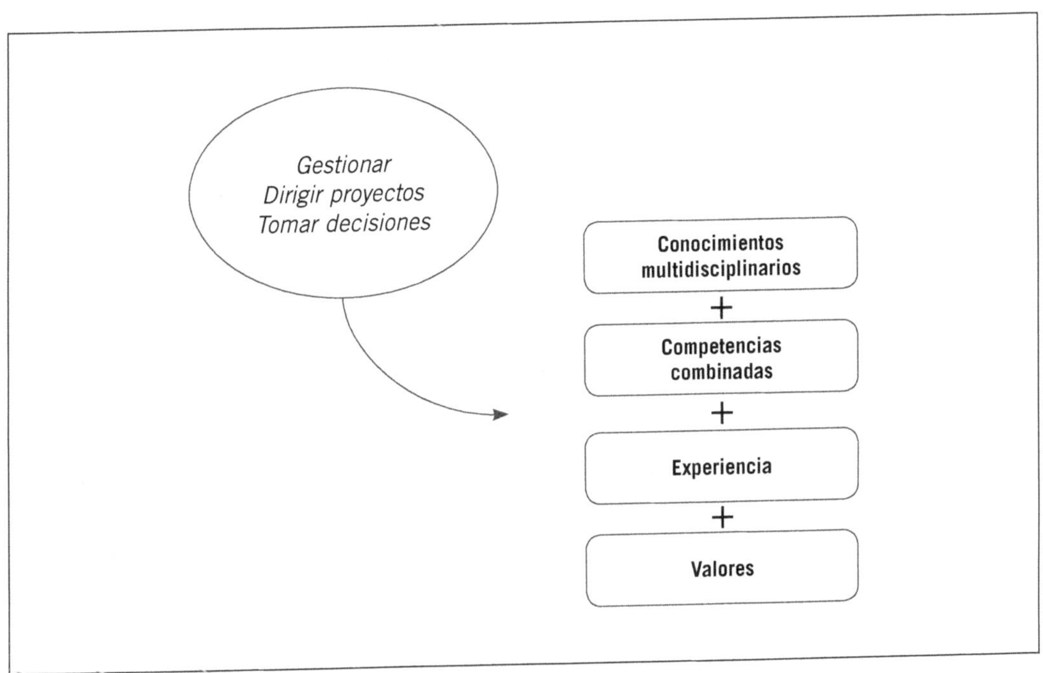

Aspectos a tener en cuenta para la realización de actividades a distancia

Para llevar a cabo actividades a distancia, las descritas más arriba u otras, habrá que considerar algunos aspectos relevantes que pueden sintetizarse en dos grandes categorías: recursos tecnológicos de diversa índole, junto con personas adecuadamente formadas.

El foco de esta obra estará puesto en el análisis de los distintos aspectos relacionados con la gestión y las personas que integran una organización.

El trabajo a distancia requiere conocimientos digitales

Si una organización debe transitar un camino para transformar su cultura con baja orientación al trabajo a distancia en una cultura con alta orientación al trabajo a distancia, deberá resolver —en ese recorrido— cuestiones de diferente índole, desde adquirir e instalar el equipamiento necesario hasta desarrollar a su personal.

Para un desarrollo efectivo de los integrantes de la organización, la primera acción será identificar conocimientos y competencias.

Recordemos conceptos:

- *Competencia.* Características de personalidad, devenidas en comportamientos, que generan un desempeño exitoso en un puesto de trabajo.

- *Conocimientos.* Conjunto de saberes ordenados sobre un tema en particular, una materia o disciplina.

No es mi propósito hacer un juego de palabras alrededor de las definiciones. Muchos podrán afirmar, acertadamente, que "las competencias son esenciales para adquirir conocimientos". No obstante, es importante desglosar las capacidades necesarias de esta forma.

En cuanto al tema que nos ocupa, para desarrollar actividades en el mundo digital será necesario contar con algunos/muchos conocimientos, según corresponda.

Por otra parte, en algunas organizaciones la mayoría de los puestos de trabajo requerirá conocimientos digitales, mientras que en otras estos conocimientos podrán ser menos necesarios.

Aspectos tecnológicos a tener en cuenta

En primer lugar, habrá que considerar el grado de digitalización de la organización en equipos, *software*, disponibilidad para almacenar información en la nube, métodos y procedimientos de trabajo, entre otros. Con frecuencia se debe consultar a especialistas para arribar a un diagnóstico y evaluar las necesidades.

Los aspectos directamente relacionados con la tecnología implican, por un lado, inversión económica, y por otro, formación, en mayor o menor medida según las circunstancias de cada organización.

En cuanto a este último aspecto, según el grado de desarrollo de las personas, podrá ser difícil identificar las necesidades en detalle, pero es necesario hacerlo para luego cuantificarlas.

Necesidad de nuevos conocimientos

Asumiendo el riesgo de una extrema simplificación, me permito dividir la necesidad de conocimientos en dos grandes grupos de destinatarios.

- Desarrolladores de herramientas, métodos y procedimientos de trabajo.

- Personas que utilizarán las aplicaciones tecnológicas.

Esta división simplificada en dos partes, que en algunos casos podría no reflejar la realidad –en una organización podrán identificarse personas en alguna posición intermedia entre las dos mencionadas–, me resulta de utilidad para presentar el tema. En ambos grupos será posible identificar aspectos positivos y negativos, fortalezas y debilidades.

En primer lugar, los desarrolladores deberán tener un nivel de conocimiento más alto que los restantes involucrados.

Por su parte, las personas que deban utilizar las aplicaciones solo tendrán que aprender a usarlas; las explicaciones necesarias para ello serán relativamente sencillas. En la mayoría de los casos, usar las nuevas aplicaciones implica "perder el miedo y adquirir confianza", y el problema no radica tanto en la complejidad de la herramienta en cuestión.

En el primer grupo –desarrolladores– la fortaleza/aspecto positivo es que, con frecuencia, se sienten altamente motivados para aprender e incorporar los nuevos saberes. El aspecto negativo –por calificarlo de algún modo– será que, en algunos casos, se deberá incorporar una amplia gama de nuevos conocimientos.

En cuanto al segundo grupo, aquellos que usarán las aplicaciones, el aspecto positivo es que deberán incorporar un menor número de conocimientos, la mayoría sencillos o que ya los aplican/utilizan en otro ámbito –por ejemplo, su vida personal–. El aspecto desfavorable, en muchos casos, es una mayor resistencia al cambio –un cambio que resulta necesario para incorporar las nuevas tendencias–. Esta "resistencia" no es solo una cuestión generacional. La baja adaptabilidad al cambio también se verifica en generaciones jóvenes, quizá en menor medida, pero, del mismo modo, allí podrá encontrarse alguna dificultad.

En resumen, para trabajar a distancia habrá que considerar las capacidades necesarias de todos los colaboradores y así lograr un desarrollo amplio de esas características fundamentales.

Un diagnóstico preliminar, en todos los casos, deberá incluir tanto aspectos relacionados con tecnología, equipos y *software* necesarios como, y muy especialmente, el desarrollo de personas. Ambos factores interactúan entre sí.

Una competencia clave para desempeñarse exitosamente en el mundo digital

En párrafos previos, hemos señalado la diferencia entre conocimientos y competencias. El teletrabajo, el trabajo a distancia, usualmente requiere conocimientos digitales.

Hace unos pocos años, al preparar los tres tomos que hemos denominado *La trilogía*, se eligió un grupo de competencias que, según entendíamos, eran las más utilizadas por un número significativo de organizaciones, de acuerdo con sus respectivas visiones del futuro. Una de ellas se denomina *Conocimientos técnicos*. Esta competencia, muy utilizada en los modelos que diseñamos para nuestros clientes, hace referencia a la capacidad de adquirir, mantener y actualizar todo tipo de conocimientos que una organización o actividad profesional pueda requerir. Si el conocimiento necesario fuese digital, la competencia también lo incluiría.

Los conocimientos de todas las especialidades cambian, se modifican, se actualizan. Si una persona se limita a aprender lo que se le enseña en una actividad formativa, podrá adquirir un conocimiento necesariamente circunscripto a ese aprendizaje puntual. Si esa misma persona, además de aprender lo que se le enseña en un momento dado, encuentra por sí misma una vía, un camino, para acrecentar dichos conocimientos, cada día su nivel de capacidad será más elevado.

En el mundo digital, donde los cambios se producen en forma acelerada, poseer esta competencia es imprescindible. Es decir, si un puesto de trabajo, cualquiera sea su nivel, requiere que su ocupante posea conocimientos digitales, no será suficiente que posea los conocimientos disponibles en el momento en que haya recibido una actividad formativa.

Por el contrario, además de los conocimientos que, eventualmente, reciba en un momento de formación, será necesario que posea, en algún grado, la competencia *Conocimientos digitales*, la cual le permitirá "mantener de manera constante el interés por aprender y compartir con otros los conocimientos y experiencias propios".

La definición de la competencia mencionada sería la siguiente.

Conocimientos digitales. Capacidad para poseer, mantener actualizados y demostrar todos aquellos conocimientos y/o experiencias específicas que se requieran, para desenvolverse en un mundo digital, cambiante y dinámico, mantener de manera constante el interés por aprender y compartir con otros los conocimientos y experiencias propios.

Una competencia como la aquí mencionada será esencial para adquirir conocimientos, es decir, si una persona evidencia comportamientos relacionados con la competencia *Conocimientos digitales*, serán estos comportamientos los que le permitirán obtener el nivel de conocimientos deseado.

En una breve síntesis, es posible afirmar que no es lo mismo contar con competencias digitales que solo poseer conocimientos digitales. La competencia apunta a una capacidad en movimiento y el mero conocimiento digital es algo estático.

Cuando una organización se plantea un cambio de cultura, en relación con la orientación al trabajo a distancia, mirando al futuro, debería considerar la competencia *Conocimientos digitales* dentro de su modelo de competencias.

Competencias y valores para desempeñarse exitosamente en el mundo digital

Muchas veces me preguntan: ¿cuáles serán las competencias necesarias para enfrentar el futuro, mirando al futuro?

Hablar sobre el futuro implica, en todos los casos, que cualquier análisis que se realice esté condicionado por la incertidumbre. No obstante, el esfuerzo debe hacerse.

Por otra parte, los modelos de competencias deberían definirse siempre mirando al futuro; en ese caso, el futuro *según la visión organizacional.* Por lo tanto, la respuesta a esta cuestión debería incluir, desde mi perspectiva, una mirada conjunta sobre "pasado-presente-futuro".

Ahora bien, la Pandemia 2020 ha llevado a los habitantes del mundo entero a una situación impensada. Las personas (no todas, pero sí un número relevante) comenzaron a trabajar desde sus hogares, con mayor o menor preparación para hacerlo de manera adecuada. Debieron desplegar –solas o con algún tipo de ayuda– una serie de actividades nuevas o, sin ser totalmente nuevas, hasta ese momento infrecuentes.

Entre nuestro pasado reciente, el presente y, también, el futuro, deseo destacar valores que comenzaron a ser considerados importantes, como el cuidado del medio ambiente, la sustentabilidad, la diversidad, entre otros.

Una organización podrá disponer de una nueva tecnología para resolver una situación o un problema. Al mismo tiempo, deberá considerar los aspectos éticos involucrados. En todas las disciplinas. Considerando que, por un lado, los avances tecnológicos producen fascinación y, por otro, no siempre dichos avances tecnológicos vienen acompañados por los valores necesarios para su desarrollo, lo cual entraña riesgos/consecuencias que eventualmente pueden ser muy graves.

El avance tecnológico digital, por ejemplo, es vertiginoso y, de un modo u otro, ha modificado nuestras vidas. Nos asombramos cuando, mientras estamos leyendo el diario en una aplicación, aparecen ante nuestros ojos esos zapatos que miramos hace solo un rato en Instagram… y así, miles de situaciones similares. ¿Hasta dónde "está bien una intromisión" y cuándo deja de ser admisible?

¿Cuánto saben de nosotros los gobiernos, las fuerzas de seguridad, etc.? En el plano empresarial, ¿cuánto conocen de nosotros nuestros competidores? Nunca lo sabremos…

Este conocimiento es utilizado de manera positiva para detectar el virus (por ejemplo, en la Pandemia 2020) y/o también para conocer la forma en que pensamos e impedir la libre opinión. Es un tema difícil.

¿Cómo se usa la información disponible *(Big Data)*? Si el uso es el correcto, no habrá objeciones (o habrá pocas). Si, por el contrario, dicha información es utilizada por personas mal intencionadas, estas podrían llevar a cabo acciones delictivas o, cuando menos, reñidas con las buenas costumbres y los valores morales.

Desde la mirada del número 1 y del director de Recursos Humanos, ¿cómo resolver la cuestión planteada, es decir, intensificar el avance tecnológico digital y, al mismo tiempo, obrar evidenciando valores?

Nuestra propuesta es que en los modelos de competencias se incluyan como competencias cardinales (es decir, para todos los colaboradores de la organización) al menos dos que apunten al equilibrio: *Ética* y *Conocimientos digitales/Conocimientos técnicos*. De este modo, los comportamientos éticos controlarán el avance de los conocimientos, para que su aplicación se realice de acuerdo con ciertos valores, en especial *Ética* (ya mencionado) y *Respeto*.

Retomaremos el tema de las competencias necesarias más adelante, en este mismo apartado, y también en los siguientes.

¿Formación sobre conocimientos o manejo intuitivo? Esa es la cuestión

La Pandemia 2020 obligó a muchas personas a realizar un aprendizaje acelerado, a utilizar de manera improvisada ciertas herramientas, en muchos casos impensadas antes de ese período.

Varios de nuestros amigos, profesionales destacados en diversas especialidades, enviaban mensajes de WhatsApp solicitando pequeños consejos sobre cómo hacer esto o aquello. Quienes ya veníamos utilizando esos métodos de trabajo, los ayudábamos y, a su vez, buscábamos apoyo en expertos para otras cuestiones, que no sabíamos cómo resolver. Aprendizaje acelerado en todas las direcciones. Un amplio proceso colaborativo.

Vivimos en un mundo complejo y diferente al de hace muy pocos años. Solo por poner ejemplos de todos los días, las aplicaciones nos traen al presente –sin que lo solicitemos– desde recuerdos que quizá no queremos rememorar hasta fotografías de viajes realizados y tantas otras situaciones que nos evocan momentos felices y placenteros.

Sin embargo, y volviendo al ámbito laboral, esta "inteligencia" de la tecnología y/o el aprendizaje acelerado, producto de una emergencia, no deben inducirnos a error.

Por ejemplo, pensar "ya no será necesario estudiar, puedo consultar todo en mi celular", lo cual implica que la persona solo debería aprender a manejar cierta tecnología. Lamentablemente esta afirmación la he escuchado repetidas veces…

En la misma línea de pensamiento se inscribe la creencia de que el aprendizaje de la tecnología se lleva a cabo intuitivamente y, por lo tanto, no serán imprescindibles el estudio y la educación. Lo dudo. Por otra parte, en lo personal, amo estudiar y no me gusta la idea. Quizá sea así en un futuro, no sé. Hoy no sabemos hasta dónde llegará la inteligencia artificial.

Analizando el contexto actual y el de los próximos años más o menos cercanos, no puedo imaginar al ser humano totalmente ignorante de todo, solo consultando información en Internet. Aunque hoy, y desde hace unos años, todos –me incluyo– utilicemos Internet de manera constante –no frecuente, sino realmente *constante*– para buscar información sobre las cosas más diversas. Desde el nombre de un actor que no recordamos, en una película que estamos viendo en *streaming* o televisión, hasta una nueva tendencia del rubro que sea. También para servicios muy variados y todos los etcéteras que se desee sumar a estos meros ejemplos. Me asumo como una fanática al respecto.

A modo de abogado del diablo, quizá debiéramos preguntarnos si el piloto de un avión debe ser un experto en manejar aviones o un intuitivo. Igual pregunta cabe hacerse en relación con un médico, solo por poner dos ejemplos (lo mismo vale para un abogado, un arquitecto…). ¿Cómo aprendieron el piloto y el médico los conocimientos que los habilitan para ejercer sus respectivas profesiones? Seguramente no de manera intuitiva, sino producto de muchos años de estudio y entrenamiento duro.

Como decíamos al inicio de este punto, las circunstancias llevaron a muchas personas a la utilización práctica de un gran número de herramientas, durante un tiempo. Esa experiencia, aun con sus errores, es muy valiosa.

Sobre la base de esa experiencia, las organizaciones podrán extraer conclusiones. Como decíamos, en muchos puestos de trabajo solo será necesario saber usar las herramientas pertinentes. En otros, el conocimiento necesario será mayor.

Como se verá más adelante, en apartados siguientes, para desempeñarse exitosamente en un puesto de trabajo es necesario que su ocupante posea conocimientos, competencias y experiencia. Estos tres factores se retroalimentan entre sí. La experiencia permite adquirir conocimientos y desarrollar competencias. Al mismo tiempo, es importante recordar que, en algunos casos, será necesario realizar acciones adicionales para alcanzar el nivel adecuado de cada uno de estos aspectos.

Si bien hoy no podemos evaluar ni conocer en su total dimensión los avances de la tecnología y tampoco podemos prever con algún grado de certeza cómo irán evolucionando los oficios en los años venideros, pareciera que, en alguna medida, los conocimientos y la experiencia serán siempre necesarios.

Gestionar. Dirigir proyectos. Tomar decisiones. Análisis de conjunto o particularizado

Dirigir proyectos y tomar decisiones requiere desplegar un conjunto de conocimientos y competencias. Retomando el gráfico de páginas previas, veremos a continuación aspectos adicionales necesarios, también a tener en cuenta.

Para enfrentar una crisis y/o nuevos retos de cualquier índole, será necesario que el ocupante de un puesto de trabajo cumpla con aquellos aspectos que permitan evidenciar un desempeño adecuado. El trabajo a distancia es un elemento que se adicionará a la situación descrita.

Por ejemplo, si para desempeñarse como responsable de comercio exterior en una empresa se requieren ciertos conocimientos, competencias, experiencia y valores, y estos factores están presentes, a su vez, en el grado adecuado, el desempeño será el esperado. Si a esta situación preexistente se le adiciona el trabajo a distancia, solo habrá que implementar las modificaciones necesarias y el cambio a realizar será más fácil. En resumen, dentro del ejemplo planteado, se estará en buen camino para alcanzar una cultura orientada al trabajo a distancia.

Ahora bien, si en el punto de origen –antes del trabajo a distancia– no están cubiertos uno o varios de los requisitos necesarios para desempeñar las tareas y responsabilidades de cada puesto, en su modalidad a distancia el desempeño se verá afectado por las mismas falencias que, eventualmente, podrían presentarse si ese colaborador trabajara de manera presencial.

Con esta salvedad clarificada, veamos el gráfico de la página siguiente.

Observando la figura de manera horizontal, a los conocimientos deberán adicionarse conocimientos digitales, descritos más arriba.

En cuanto a competencias, quizá se deberán intensificar algunos aspectos de las que ya estaban asignadas al puesto, para permitir un mejor desenvolvimiento en el trabajo a distancia; por ejemplo, *Liderar con el ejemplo* y *Colaboración*. Y también adicionar otras. En los apartados 7, 8, 9 y 10 se describirán competencias necesarias para números 1, directivos y jefes, colaboradores y, también, para todos los integrantes de la organización en conjunto.

En el gráfico se menciona la experiencia, a la cual se le "suma" la experiencia digital. Es decir, para llevar a cabo las tareas y responsabilidades de cada puesto de trabajo será necesario algún tipo de experiencia, según corresponda en cada caso. A este cúmulo de experiencia requerida en la modalidad presencial, se le adicionará el complemento necesario –en materia de experiencia– que permita el trabajo a distancia.

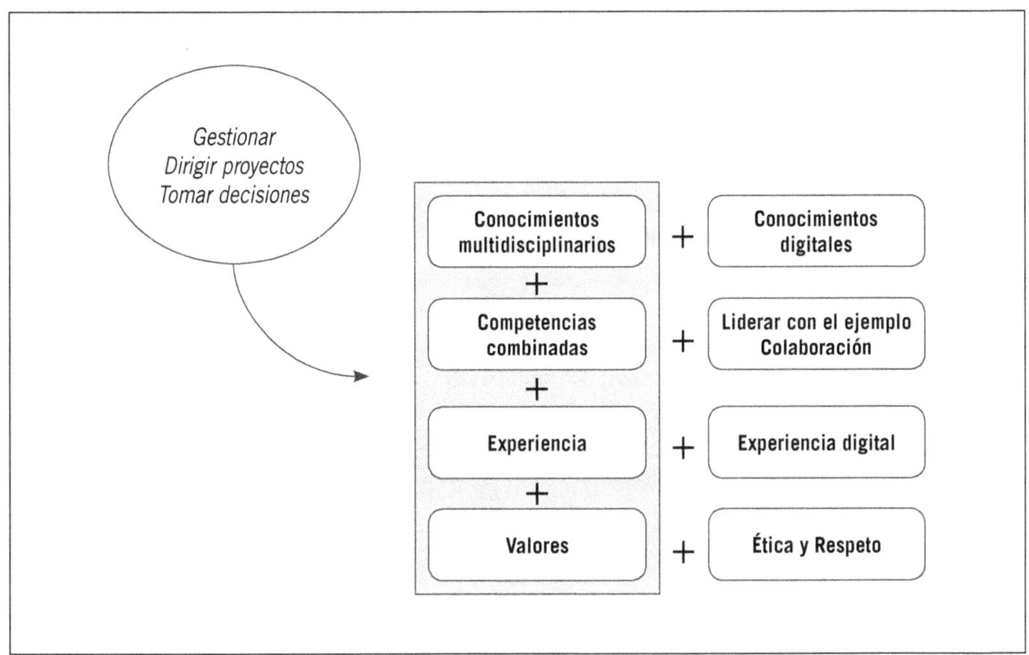

Por último, valores que, como destacamos siempre, son los primeros aspectos en orden de importancia. En el gráfico indicamos *Ética* y *Respeto*,[3] muchas organizaciones ya los estaban considerando. En un caso u otro, recordarlos será fundamental para alcanzar un satisfactorio trabajo a distancia, en todos los involucrados.

Momentos sumamente críticos para la humanidad en su conjunto, como la Pandemia 2020, ponen negro sobre blanco comportamientos positivos y negativos. La mayoría de las personas desplegaron en el período comportamientos altamente positivos –por ejemplo, mayor comprensión frente a las necesidades del otro, respeto, colaboración, etc.–. El gran reto será, cuando la pandemia quede atrás, cómo incorporarlos a la vida cotidiana. En el contexto de este trabajo, en desafío será incorporarlos al trabajo a distancia.

Gestionar para alcanzar los resultados esperados

Para que una organización alcance una cultura con alta orientación al trabajo a distancia habrá que identificar los principales ítems que la componen y las

---

3 En la obra *La Trilogía*, los valores *Ética* y *Respeto*, son considerados como competencias cardinales.

características necesarias en las personas que integran la organización para lograr este objetivo de desarrollo cultural. Con este propósito se hará aquí un recorrido por un conjunto de competencias, usualmente las necesarias para el propósito mencionado.

Gestionar, administrar y dirigir proyectos requiere perseverancia y constancia

Concentrándome en competencias, sugiero analizar el siguiente concepto.

> **Perseverancia en la consecución de objetivos.**[4] Capacidad para obrar con firmeza y constancia en la ejecución de proyectos y en la consecución de objetivos. Capacidad para actuar con fuerza interior, insistir cuando es necesario, repetir una acción y mantener un comportamiento constante para lograr un objetivo, tanto personal como de la organización.

Elegí esta competencia, incluida entre las cardinales en las obras mencionadas en la nota al pie, por varias razones: la principal es que en su definición mezcla una característica fuertemente ligada a valores personales, como la perseverancia, junto con la *consecución de objetivos*. El término "objetivos" no solo hace referencia al mundo laboral, organizacional. Podría incluir todo tipo de objetivos, incluyendo los de la vida personal.

Veamos el concepto en detalle. Primero, la frase al inicio de la definición. En segundo término, el texto luego del punto seguido, que da inicio al segundo párrafo. En ambos casos, se hace referencia a aspectos de una persona relacionados con valores, con ciertas características que si bien, igual que cualquier otra característica, se podrán desarrollar, están más relacionadas con aspectos generales del comportamiento.

Capacidad para obrar con firmeza y constancia...

Capacidad para actuar con fuerza interior, insistir cuando es necesario, repetir una acción y mantener un comportamiento constante...

En cambio, las dos frases siguientes señalan la aplicación –por decirlo de algún modo, "en la práctica"– de comportamientos concretos, al decir:

...en la ejecución de proyectos y en la consecución de objetivos.

...para lograr un objetivo, tanto personal como de la organización.

---

4 La apertura en grados de la competencia *Perseverancia* en la consecución de objetivos la podrá encontrar en la obra *Diccionario de competencias. La trilogía. Tomo 1.* Los comportamientos relacionados con la competencia mencionada los podrá encontrar en la obra *Diccionario de comportamientos. La trilogía. Tomo 2.* Ambas obras en Ediciones Granica, Buenos Aires, 2015.

En resumen, esta competencia plantea cómo a través de evidenciar ciertos comportamientos será posible ejecutar proyectos, lograr objetivos, tanto dentro del ámbito organizacional/laboral como en la vida personal de cada individuo.

¿Por qué incluir una referencia a gestionar proyectos en el contexto de este libro?

En una primera instancia, la palabra "proyecto"[5] hace referencia a la idea de "ejecutar algo" que, en un sentido amplio, podrá tener distinto grado de relevancia, según la perspectiva de cada uno. Desde esta mirada, cada uno de nosotros tiene "en mente" distintos proyectos que desea ejecutar.

En un contexto de trabajo a distancia, organizaciones y personas, en el marco profesional y personal, desplegarán sus capacidades para alcanzar distintos objetivos que se hayan propuesto.

Una competencia, un concepto, usualmente se relaciona con otros y en ciertos casos se solapan entre sí. Para gestionar y dirigir proyectos hará falta otro conjunto de competencias, por ejemplo, *Comunicación eficaz, Calidad y mejora continua, Capacidad de planificación y organización...* La idea se expresa en la figura siguiente.

---

5 www.rae.es

En la parte superior de la figura se observan dos competencias: *Conocimientos digitales,* mencionada en páginas previas, junto con *Perseverancia en la consecución de objetivos.* En la parte inferior de la figura se suman otras, *Comunicación eficaz, Capacidad de planificación y organización,* y *Calidad y mejora continua.*[6]

Gestionar, administrar y dirigir proyectos requiere también la capacidad para tomar decisiones

Tomar decisiones es una capacidad inherente a muchos puestos de trabajo. Veamos a continuación una definición y, a continuación, un análisis detallado.

Toma de decisiones.[7] Capacidad para analizar diversas variantes u opciones, considerar las circunstancias existentes, los recursos disponibles y su impacto en el negocio, para luego seleccionar la alternativa más adecuada, con el fin de lograr el mejor resultado en función de los objetivos organizacionales. Implica capacidad para ejecutar las acciones con calidad, oportunidad y conciencia acerca de las posibles consecuencias de la decisión tomada.

Desglosando en frases la definición precedente, es posible observar que la competencia implica una cierta capacidad de análisis y ejecución para lograr algo, en este caso, un buen resultado, con relación a alguna cuestión en particular. En el inicio de la definición e, igualmente, luego del punto seguido, se describen características relacionadas con aspectos generales del comportamiento.

Capacidad para analizar diversas variantes u opciones…

Implica capacidad para ejecutar las acciones…

En la segunda parte de cada una de las dos frases indicadas precedentemente se describe una aplicación práctica de la competencia, junto con los resultados esperados.

…considerar las circunstancias existentes, los recursos disponibles y su impacto en el negocio, para luego seleccionar la alternativa más adecuada…

…con el fin de lograr el mejor resultado en función de los objetivos organizacionales.

También allí se describe la manera en la cual se desea alcanzar ese resultado.

---

6 Las definiciones y la apertura en grados de todas las competencias mencionadas, las podrá encontrar en la obra *Diccionario de competencias. La trilogía. Tomo 1.* A su vez, los comportamientos relacionados los podrá encontrar en *Diccionario de comportamientos. La trilogía. Tomo 2.* Ambas obras en Ediciones Granica, Buenos Aires, 2015.

7 La apertura en grados de la competencia *Toma de decisiones* la podrá encontrar en la obra D*iccionario de competencias. La trilogía. Tomo 1.* Los comportamientos relacionados con la competencia mencionada los podrá encontrar en la obra *Diccionario de comportamientos. La trilogía. Tomo 2.* Ambas obras en Ediciones Granica, Buenos Aires, 2015.

...con calidad, oportunidad y conciencia acerca de las posibles consecuencias de la decisión tomada.

Como ocurre con muchas otras competencias, *Tomar decisiones* implica el despliegue de varias de ellas, lo cual dependerá de la relevancia y/o complejidad de la cuestión a resolver, del ámbito donde se presente la situación, etc.

Entre las competencias relacionadas podríamos mencionar *Influencia y negociación, Cierre de acuerdos, Manejo de crisis, Pensamiento analítico, Pensamiento conceptual...*

En la parte superior de la figura se observan tres competencias: *Conocimientos digitales,* mencionada en páginas previas, junto con *Perseverancia en la consecución de objetivos* y *Toma de decisiones.* En la parte inferior de la figura se suman otras, *Influencia y negociación* junto con *Cierre de acuerdos, Conocimientos digitales* –cuya definición se expuso en las primeras páginas de este apartado–, *Pensamiento analítico/Pensamiento conceptual* y *Manejo de crisis.*[8]

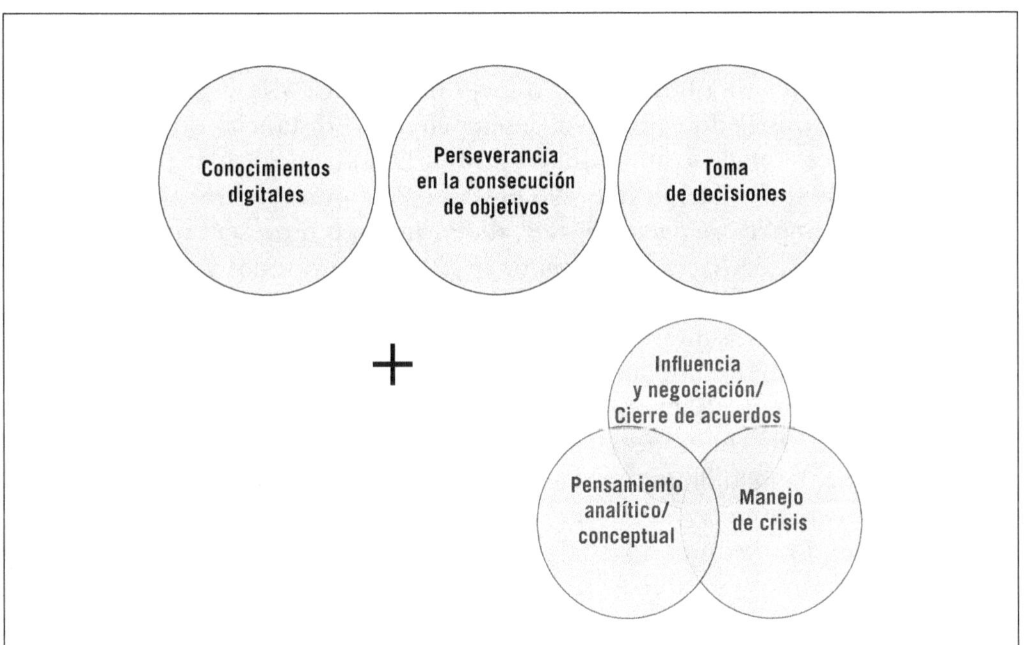

8 Las definiciones y la apertura en grados de todas las competencias mencionadas las podrá encontrar en la obra *Diccionario de competencias. La trilogía. Tomo 1.* A su vez, los comportamientos relacionados los podrá encontrar en *Diccionario de comportamientos. La trilogía. Tomo 2.* Ambas obras en Ediciones Granica, Buenos Aires, 2015.

Una reflexión sobre las competencias y su elección

Numerosos conceptos, ideas, principios y valores podrán ser considerados como competencias necesarias, según la visión y estrategia organizacionales. Dicha visión podrá incluir, entre otros aspectos, alcanzar una alta cultura orientada al trabajo a distancia.

Por otra parte, al realizar la elección de los conceptos mencionados, se deberá contemplar su interrelación, su posible superposición, etc. En una situación opuesta, se podrá dejar de lado aspectos importantes.

La definición de un *Modelo de competencias* que contemple adecuadamente todo lo expuesto en este apartado es una tarea compleja, que debe realizarse con la participación de la máxima conducción. De la implantación exitosa de dicho modelo dependerá que se alcancen –o no– los resultados esperados.

A modo de cierre del apartado

Gestionar sin estar es una filosofía de trabajo que abarca a la organización en su conjunto. Unos trabajadores podrán desempeñarse a distancia, otros de manera presencial. En esta obra, se analizará en profundidad la mejor manera de adoptar *home office* desde todas las miradas. No obstante, la cultura de trabajo a distancia, la filosofía que implica *gestionar sin estar*, de un modo u otro, será una filosofía de trabajo, una forma de hacer las cosas, de gestionar, para todos y cada uno de los integrantes de la organización. Trabajando a distancia o de manera presencial.

Las personas, en sus diferentes roles, tanto profesionales como personales, despliegan un conjunto de conocimientos y competencias, cada día, en cada momento. Como se expuso en la *Presentación*, este apartado es el inicio de un viaje para analizar una serie de cuestiones, más allá del trabajo a distancia, incluyéndolo y, al mismo tiempo, planteándonos un nuevo estilo de hacer las cosas.

Gestionar. Dirigir proyectos. Tomar decisiones, implica una serie de cuestiones que son tratadas en los distintos apartados de esta obra. A través de su lectura, usted podrá unir conceptos y establecer relaciones entre ellos.

Leer +++

☞ *Cuestiones sobre gestión de personas.* Ediciones Granica, Buenos Aires, 2015.

☞ *Comportamiento organizacional.* Ediciones Granica, Buenos Aires, 2017.

☞ *Dirección estratégica de Recursos Humanos. Volumen 1.* Ediciones Granica, Buenos Aires, 2015.

☞ *Dirección estratégica de Recursos Humanos. Casos. Volumen 2.* Ediciones Granica, Buenos Aires, 2016.

☞ *5 pasos para transformar una oficina de personal en un área de Recursos Humanos.* Ediciones Granica, Buenos Aires, 2018.

☞ *Rol del jefe.* Ediciones Granica, Buenos Aires, 2019.

☞ *Diccionario de competencias. La trilogía. Tomo 1.* Ediciones Granica, Buenos Aires, 2015.

☞ *Diccionario de comportamientos. La trilogía. Tomo 2.* Ediciones Granica, Buenos Aires, 2015.

Los distintos roles de los jefes en un concepto: *rol del jefe*

Los términos "jefe" y "colaborador", en todos mis libros, están utilizados como un concepto definido; también en esta ocasión. Desde esta perspectiva, jefe es la persona que tiene a otras a su cargo dentro de una estructura jerárquica, y esa concepción involucra a todos los jefes, sin importar su nivel jerárquico. El número 1 de la organización es jefe, al igual que otros que le reportan a él y también tienen personas a su cargo. Del mismo modo, es jefe aquel que posee una pequeña empresa en la que trabajan personas, familiares o no, y también es jefe el director de una película o de una orquesta, un ballet o un equipo deportivo.

En resumen, los jefes pueden tener niveles muy diversos, desde el número 1 de la organización hasta otro con pocos colaboradores a su cargo.

Colaborador es la persona que coopera con otra. En el ámbito de las organizaciones el término se utiliza para denominar a las personas que trabajan bajo la conducción de otra/s.

Complementando las ideas anteriores, en ocasiones, el número 1 podrá ser al mismo tiempo colaborador, en una estructura internacional. Del mismo modo, un alto directivo o un funcionario encumbrado en una estructura de gobierno.

La expresión "rol del jefe"[1] también se utilizará como concepto, en este caso integrador de las diversas facetas de la actividad de todo jefe. Enfoca su papel dentro de la organización, agregando a sus funciones tradicionales las responsabilidades y tareas inherentes a esta condición, por ejemplo: seleccionar colaboradores, evaluar su desempeño, y entrenarlos, solo por nombrar algunas.

En el gráfico de la página siguiente se muestran los distintos roles de los jefes, que abarcan desde seleccionar sus colaboradores –no siempre, pero está dentro de sus roles; incluso desvincularlos, según las circunstancias–, evaluarlos, distribuir tareas, delegar, velar por la equidad interna, dar aliento, comunicar y ser entrenador.

Todos los roles de los jefes son importantes y están implícitos en las funciones de todo tipo de jefes, de todos los niveles y en cualquier clase de organización. La mayoría de estos aspectos serán puestos en juego a la hora de delegar a distancia.

El rol de cualquier jefe, como se expresa en el gráfico comienza por "cumplir con los objetivos y responsabilidades de su puesto". Es decir que, si un jefe es –por ejemplo– gerente de impuestos, será responsable de todas las cuestiones impositivas según su *Descriptivo de puesto*. Sin embargo, a estas responsabilidades se les adicionan otras, inherentes a su rol de jefe.

---

1 *Rol del jefe*. Ediciones Granica, Buenos Aires, 2019.

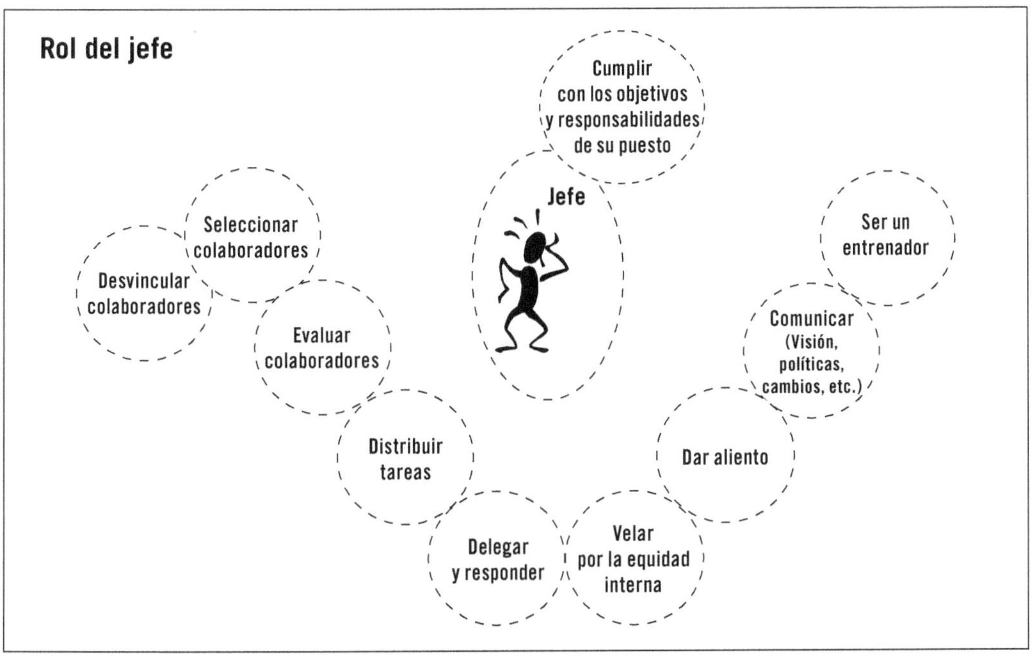

Para que cada jefe pueda "cumplir con los objetivos y responsabilidades de su puesto" junto con las otras responsabilidades mencionadas, deberá poseer un conjunto de conocimientos, competencias y experiencia, que así se lo permitan.

Realizando un análisis análogo, cada uno de sus colaboradores será, también, responsable de "cumplir con los objetivos y responsabilidades de su puesto" y para ello deberá poseer un conjunto de conocimientos, competencias y experiencia, que así se lo permitan.

La idea se expresa en la figura de la página siguiente. El puesto que ocupa el jefe implica una serie de responsabilidades y requiere un conjunto de capacidades. El ocupante del puesto –el jefe en este caso– evidencia un conjunto de capacidades. Cuando esta relación es adecuada el desempeño será exitoso. Igual análisis podrá realizarse en relación con cada uno de los colaboradores.

La *adecuación persona-puesto* de jefes y colaboradores es un factor clave, no debidamente analizado en un sinnúmero de ocasiones. Desde que se asume como algo dado –y no es así– hasta ser considerado como un preciosismo de los especialistas, sin ser un aspecto "tan importante" en la práctica. Ambos enfoques, equivocados, producen en organizaciones de todo tipo un sinfín de problemas y cuestiones previsibles y evitables.

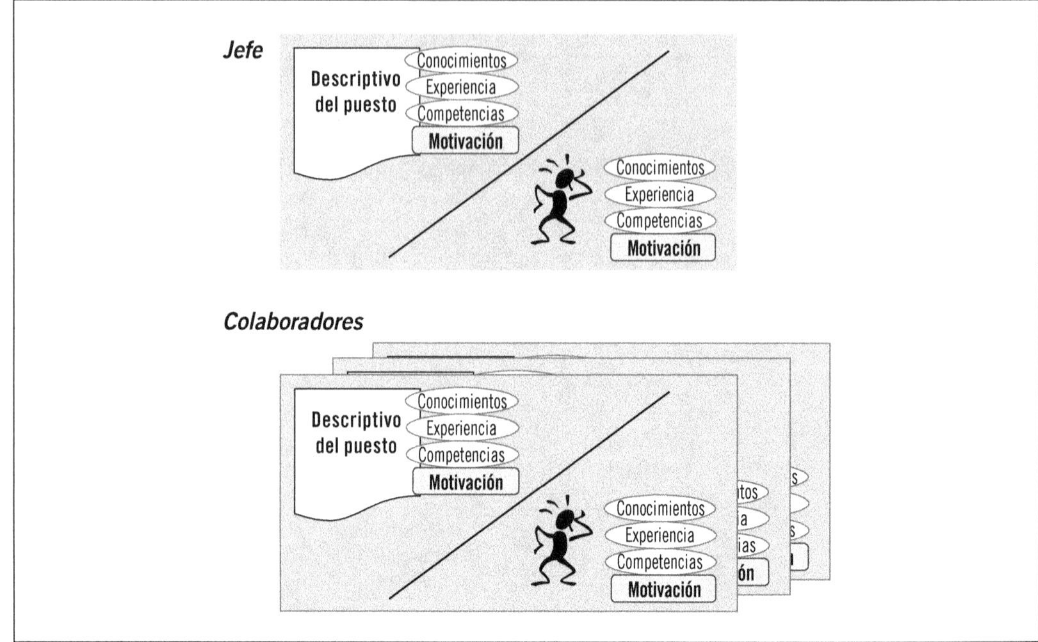

En el apartado siguiente se verá una serie de conceptos indispensables a tener en cuenta, en relación con todos los temas que se incluyen en esta obra. Uno de ellos es el aquí mencionado: *adecuación persona-puesto*.

Conducir a otros. Presencialmente y a la distancia

Conducir a un equipo es una de las principales responsabilidades de un jefe, de cualquier nivel, e implica un conjunto de aspectos: conocimientos y competencias. También experiencia, aunque cuando cada jefe fue nombrado en este rol la primera vez no podía contar con "experiencia como jefe".

A lo largo de los años, me han referido muchas anécdotas sobre la "primera vez como jefe", entre simpáticas y divertidas.

En la presentación de la obra *Rol del jefe* me refiero a la cuestión, contando mi propia historia.

Muchos fuimos jefes por primera vez sin una preparación previa. En mi caso particular, tenía 25 años y me designaron "jefa" de cuatro profesionales, dos varones y dos mujeres, la mayoría de ellos con algunos años más que yo. Por aquellos años la característica de ser "jefa mujer" y, además, menor que sus colaboradores, era al menos poco frecuente, por no decir "extraño". No tuve ningún tipo de entrenamiento específico para desempeñarme en esas circunstancias, y el único consejo que recibí fue: "reúnase una vez por semana con cada uno de ellos para ver el avance de los trabajos". No fue mucho, pero sí suficiente para comenzar. A la luz de los años, admito, los errores fueron muchos.[2]

Una anécdota similar, en un contexto diferente.

En 1982 fui gerente por primera vez. No conocía nada sobre ser un jefe y no recibí ningún entrenamiento ni capacitación para jefes. Entonces, pensé en mis propios jefes y cómo ellos me manejaron a mí. Yo recordaba haberme sentido ignorada y librada a mi propia suerte. Ellos parecían tener una filosofía de "nadar o hundirse". Decidí que lo haría mejor. Estaría interesada en mis subordinados. (Frase extraída del libro *Tough Choices: a memoir* de Carly Fiorina, publicado por Portfolio, Nueva York, 2006.)

Muchas personas, en el pasado y ahora también, fueron y son nombradas jefes sin una preparación previa y sin una evaluación de sus competencias para determinar si sus características son las más adecuadas para ocupar la posición.

Todos fueron jefes una primera vez y lo seguirán siendo en un futuro. Por lo tanto, las buenas prácticas indican que habrá que medir –en los futuros jefes– sus capacidades, en especial sus competencias, y establecer un programa de formación que incluya, por ejemplo, algún tipo de seguimiento.[3]

Para un mejor desempeño de los jefes, una competencia es fundamental: *Conducción de personas*.[4] A continuación, su definición:

Conducción de personas. Capacidad para dirigir un grupo de colaboradores, distribuir tareas y delegar autoridad, además de proveer oportunidades de aprendizaje y crecimiento. Implica la capacidad para desarrollar el talento y potencial de su gente, brindar retroalimentación oportuna sobre su desempeño y adaptar los estilos de dirección a las características individuales y de grupo, al identificar y reconocer aquello que motiva, estimula e inspira a sus colaboradores, con la finalidad de permitirles realizar sus mejores contribuciones.

Esta definición abarca el trabajo presencial y a distancia. En este último caso, no se modifican ni los roles ni la definición mencionada. Solo cambia el entorno en el

---

2 *Rol del jefe*. Ediciones Granica, Buenos Aires, 2019.

3 En nuestra firma, MAI, hemos llevado a cabo procesos de preparación de nuevos jefes con un resultado altamente efectivo.

4 *Diccionario de competencias. La trilogía. Tomo 1*. Ediciones Granica, Buenos Aires, 2015.

cual se llevarán a cabo las tareas, las herramientas a utilizar, tanto para realizar la labor en sí misma como para comunicarse, dar indicaciones, formular preguntas, etc.

Esta competencia es clave y forma parte de uno de los principales aspectos del rol de todo jefe. Esta capacidad de conducción incluye dos factores fundamentales a tener en cuenta: delegar tareas para luego responder por ellas.

Retomando los roles expuestos antes y en relación con esta obra, deseo enfocarme en los siguientes.[5]

Evaluar colaboradores. La evaluación implica mucho más que cumplimentar los procedimientos organizacionales al respecto. Implica que, además, y diariamente, deberán comunicar a sus colaboradores cómo están haciendo las cosas: lo que hacen bien y lo que deben mejorar.

Distribuir tareas. Delegar y responder. Los jefes distribuyen las tareas a realizar entre los integrantes de su equipo de colaboradores; para ello deberán aprender a delegar. Cuando se delega una tarea se hace responsable al receptor (de la tarea); sin embargo, también el jefe deberá responder por dicha actividad.

Ser un entrenador en el desarrollo de sus colaboradores. El jefe debe asumir el rol de entrenador de sus colaboradores para que estos desarrollen conocimientos y competencias, sean cada día mejores en sus puestos de trabajo y puedan acceder a posiciones de mayor nivel, cuando sea oportuno.

En conjunto, los factores mencionados precedentemente permitirán a un jefe conducir a su equipo de trabajo, tanto en un esquema presencial como trabajando a distancia.

Un jefe que delega una tarea sigue siendo, de un modo u otro, "responsable" por ella. Para diferenciar esta cuestión, sugiero –al igual que en las obras mencionadas anteriormente– la utilización de dos términos:

- Ser responsable por…

- Responder por…

Cuando se delega una tarea, la persona que la asume será responsable por su ejecución. Sin embargo, el jefe (que delegó la tarea) deberá responder por la tarea delegada de la cual es responsable su colaborador.

En resumen, el jefe (directivo, número 1 y cualquier otro nivel de conducción) será responsable por el trabajo propio, así como también responderá por el de sus

---

5 "Introducción" en *Rol del jefe*. Ediciones Granica, Buenos Aires, 2019.

colaboradores. La delegación de tareas no implica un desentendimiento respecto de ellas sino un traspaso de la responsabilidad por su ejecución, siendo él, el jefe, la persona que responderá por los resultados.

En la obra *Cómo delegar efectivamente en 12 pasos*,[6] como su nombre lo indica, se describen pasos para mejorar esta capacidad. Este recorrido de aprendizaje y desarrollo comienza con la sugerencia de analizar las tareas a su cargo (del jefe) para definir cuáles podrán ser delegadas. Luego, continúa con la evaluación de las capacidades de los colaboradores como paso previo a la delegación propiamente dicha. Para que esta sea exitosa, se suman otros factores como la comunicación, consejos sobre cómo dar indicaciones, para continuar con el aprendizaje. La retroalimentación y la evaluación de todo lo realizado permitirán iniciar una nueva etapa en el proceso de delegación.

Delegar es una competencia que puede ser desarrollada. El *Método 12 pasos*® es una posibilidad para el autodesarrollo, al desagregar una capacidad en partes para ir mejorando "paso a paso".

A modo de síntesis y como un puente para el tema que se tratará a continuación, un buen jefe, para conducir a su equipo de trabajo, presencialmente o a distancia, deberá llevar adelante un proceso continuo.

Recordemos, como ya se ha dicho, que el término jefe hace referencia a todos los niveles organizacionales. Del mismo modo, podrá tratarse de un jefe recientemente designado o de uno que esté a cargo de su equipo desde hace un tiempo, quizá años.

Como se comentó en primera instancia, cada jefe deberá analizar qué tareas es posible delegar para iniciar el proceso de delegación. Comenzando la lectura del gráfico de la página siguiente, desde izquierda a derecha: el jefe conoce a sus colaboradores (puede incluir algún tipo de evaluación para conocerlos mejor), para así distribuir tareas sobre la base de sus capacidades. Continúa con entrenamiento, cuando sea necesario, y brinda las indicaciones precisas que la tarea delegada requiere, y finalmente delega. Inviste al colaborador de la responsabilidad por la tarea delegada. El ciclo finaliza y allí el jefe responde por el conjunto de las acciones mencionadas.

En la figura de la página siguiente se ve, además, que el proceso es continuo.

Cuando un colaborador ha asumido la tarea delegada de manera efectiva, el jefe puede iniciar un nuevo proceso de delegación (parte central de la figura), comenzando con la primera de las acciones mencionadas, "conocer al colaborador".

---

6 *Cómo delegar efectivamente en 12 pasos*. Ediciones Granica, Buenos Aires, 2010.

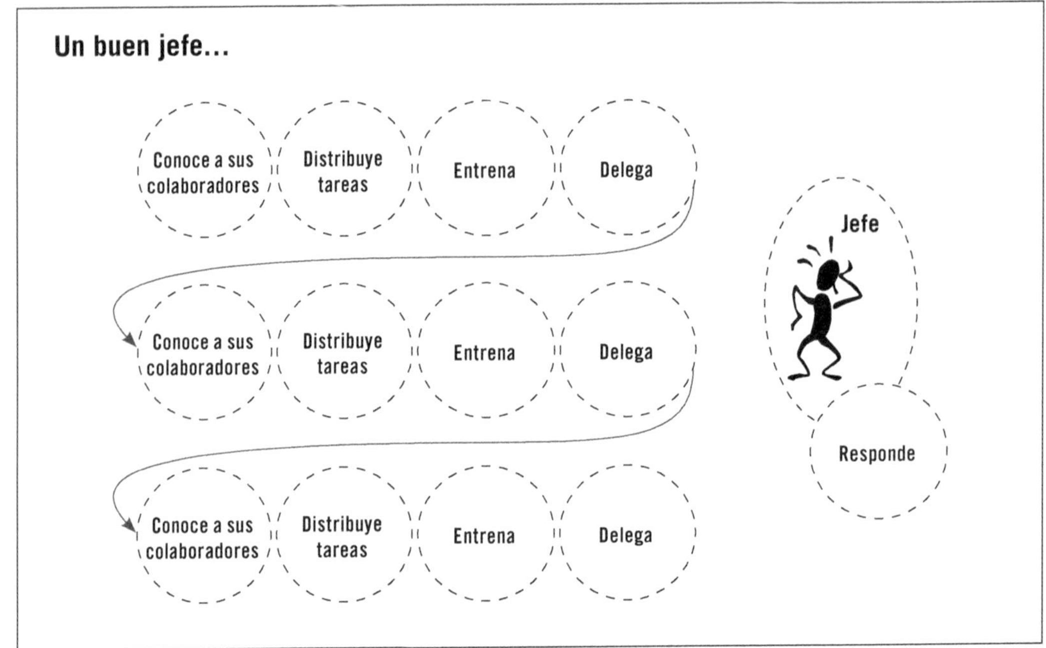

Este proceso continuo podrá ser más o menos acelerado según quiénes sean los involucrados. Cada jefe irá evaluando los resultados para ir incrementando –o no– la cantidad y el nivel de las tareas delegadas.

En resumen, podríamos decir que se trata de un ciclo que inicia con "conocer a su colaborador", lo cual permite distribuir tareas, y continúa con un círculo virtuoso que podemos resumir en dos acciones sucesivas: "entrenar-delegar-entrenar -delegar-entrenar…".

El esquema expuesto en la figura precedente es aplicable tanto al trabajo presencial como a distancia.

Conducir a otros a la distancia

Retomando un concepto expresado más arriba, la primera cuestión que habrá que considerar es si tanto el jefe como los colaboradores a su cargo poseían, antes de llevar a cabo el trabajo a distancia, un grado razonable de adecuación persona-puesto. Utilizo la calificación de "razonable" porque quizá no era una adecuación "total" al puesto, pero lo era en un grado tal que la persona podía desempeñar sus funciones dentro de límites aceptables, alcanzando los objetivos fijados.

Si por alguna razón esta adecuación es inferior a lo aceptable, tanto del jefe como de uno o más colaboradores, no parecería una buena idea incluir a estas personas en un esquema de trabajo a distancia. Retomaré esta cuestión más adelante, para centrarme en la idea principal que deseo transmitir.

El primer nivel de análisis que deberá realizarse es el grado de adecuación persona-puesto en un esquema presencial. A partir de allí, realizar un segundo nivel de análisis, considerando la posible adecuación persona-puesto dentro de un esquema de trabajo a distancia. Ahora bien, si el primer nivel de análisis no es positivo, allí hay una luz roja que deberá considerarse. Será difícil partir de una situación negativa y transformarla en positiva cuando, además, se trabaje a distancia.

La Pandemia 2020 dejó al descubierto este tipo de situaciones. Cuestiones que estaban mal o, al menos, que no estaban bien, se tornaron evidentes.

El diagnóstico sobre la adecuación persona-puesto deberá realizarse en conjunto, considerando al jefe y a los colaboradores. Unos y otros deberán llevar a cabo tareas y responsabilidades con algún grado de cambio o modificación, producto del trabajo a distancia.

En cuanto al jefe, la capacidad de conducción –como decíamos más arriba– incluye delegar tareas para luego responder por ellas. Estas dos características también deberán verificarse en el trabajo a distancia.

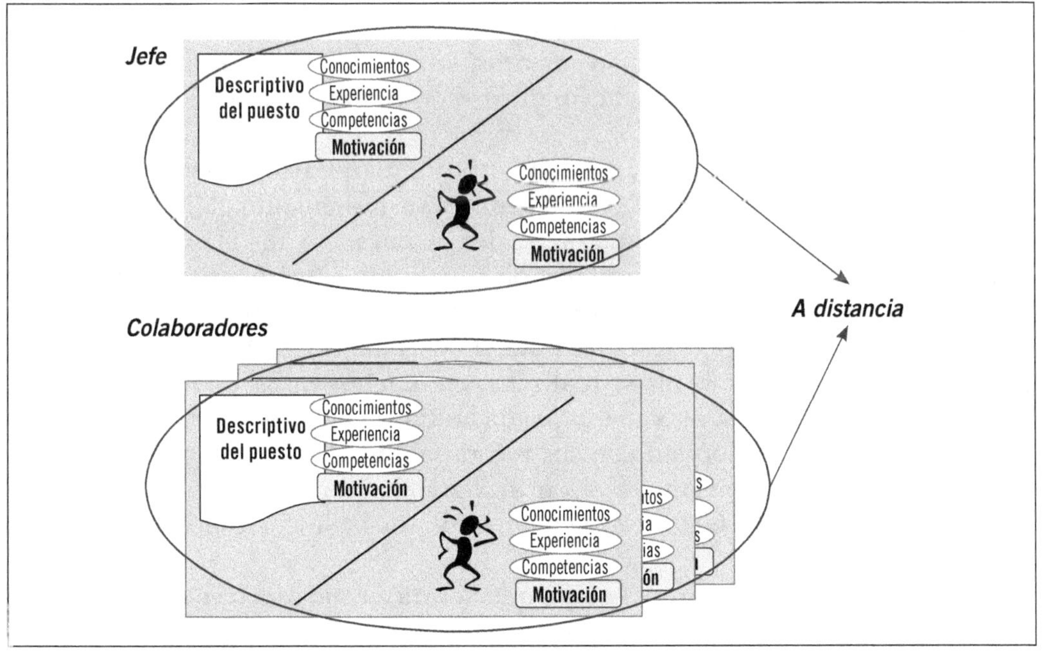

El proceso continuo que se expusiera se verifica durante el trabajo presencial y a distancia, indistintamente.

Delegar y entrenar. Allí está la clave

Durante la preparación de este libro y aún antes, cuando comenzó el aislamiento/confinamiento durante la Pandemia 2020 y sin el propósito de hacer un análisis histórico, analizaba y, de algún modo, recordaba cómo se gestionaba sin estar en otras épocas; los roles de los jefes y colaboradores, la forma de trabajar desde el hogar o a distancia sin la tecnología actual. También aquellos casos en los cuales los jefes debían supervisar trabajos a distancia. Épocas en que las comunicaciones no eran fluidas, entre otras características.

En muchos oficios, aún hoy, dentro de un proceso de producción las tareas se dividen en partes y un trabajador realiza la porción del trabajo a su cargo, desde el hogar. Este esquema es frecuente en talleres de costura y otras variantes artesanales, especialmente cuando son necesarias algunas subespecialidades específicas, por citar algunos ejemplos.

En otra experiencia totalmente diferente, en cuanto al tipo de tareas, cuando nacieron mis hijos y durante los períodos de licencia por maternidad, realicé algunas colaboraciones a distancia que no calificarían como "teletrabajo", al no usar las "telecomunicaciones" en su realización. En estos casos, implicó llevar al hogar papeles, carpetas y otros elementos, con la información necesaria para realizar la tarea solicitada, que al finalizar se entregaba "en mano", a quien correspondiera.

Otro ejemplo ilustrativo lo aportó mi esposo, Juan Carlos, socio de una firma de auditoría por muchos años. Cuando comenzó el aislamiento obligatorio durante la Pandemia 2020, haciendo una suerte de comparación, me platicaba acerca de la forma en que un *senior* –denominación usual para identificar al profesional a cargo de un trabajo– debía ser entrenado para que, con muy pocos días de preparación, tomara a su cargo la responsabilidad del trabajo asignado. El seguimiento por parte del socio de la firma se realizaba, en muchos casos, en forma semanal. En el transcurso de esa semana, el *senior* de auditoría y dos o más *juniors* que conformaban el equipo cumplían con sus responsabilidades con muy poca supervisión. La anécdota nos permitió realizar un paralelo con el teletrabajo/*home office*. Y también identificar el factor clave en aquellos años y su correspondencia con la situación presente.

Cómo entrenar y delegar un equipo que llevará a cabo una responsabilidad importante "sin estar", sin la relación presencial habitual. La tecnología permite hoy un seguimiento mucho más frecuente que el relatado en la anécdota del párrafo anterior; observando con esta perspectiva, podemos asegurar que la tecnología está de nuestra parte.

Analizar cómo se realizaban algunas tareas y responsabilidades sin estar presentes, cómo se podía trabajar a distancia sin la tecnología actual, ayuda a pensar…

En resumen, el factor clave, en los distintos ejemplos mencionados, es la delegación con entrenamiento, como se ha expuesto en páginas previas: primero, conocer a los colaboradores, para luego desenvolverse en un círculo virtuoso: entrenar y delegar para, en un período razonable, entrenar nuevamente y realizar un nuevo proceso de delegación. Hoy, la tecnología facilita la cuestión.

La delegación y la consecución de los objetivos propuestos son aspectos que preocupan a todos los jefes

Los jefes, como vimos, tienen muchos roles a su cargo. Sin embargo, uno de ellos los preocupa en particular, y es la delegación. Se vive, incluso, emocionalmente. La mayoría de los jefes desearían delegar lo más posible, por ejemplo, para tener más tiempo libre, y al mismo tiempo no quieren delegar, por miedo a no obtener los resultados esperados. Estas dos miradas contrapuestas suelen ocasionar más problemas que soluciones.

La delegación debe ser racional, no emocional. Debe realizarse paso a paso, de manera gradual, planificada y sobre la base de cuestiones concretas.

En una obra ya mencionada, *Cómo delegar efectivamente en 12 pasos*,[7] se guía al jefe, paso a paso, en un proceso de delegación, incluso con formularios de apoyo.

Hay que recordar, sin embargo, que no delegar puede ser tan perjudicial como la delegación en exceso.

No es un buen jefe el que delega las tareas que no debería delegar, por ejemplo, aquellas que por alguna razón debería hacer él personalmente.

No es buen jefe aquel que delega tareas a un colaborador que no posee las capacidades necesarias.

Un buen jefe solo delega tareas a un colaborador que posea las capacidades adecuadas para llevarlas a cabo exitosamente. Esto implica que sea en tiempo y forma.

En la delegación a distancia, se procede de la misma manera. Los ítems que considerar son los mismos que en la delegación presencial, sumando a todo lo anterior la circunstancia de que las tareas se llevarán a cabo de manera no presencial; el trabajador lo hará desde otro lugar.

---

7 *Cómo delegar efectivamente en 12 pasos*. Ediciones Granica, Buenos Aires, 2010.

En resumen, en un esquema de trabajo presencial o a distancia, un jefe deberá analizar si la tarea es factible de ser delegada y si el colaborador al cual se le asignará dicha tarea podrá llevarla a cabo.

Otra preocupación. Cómo controlar la calidad del resultado final

El control de los colaboradores que "no podemos ver" es otra cuestión sobre la cual nos consultan, con frecuencia, en relación con el trabajo a distancia.

En algunos sistemas de trabajo *on line,* los jefes pueden "ver", por ejemplo, si el colaborador está conectado o no. Aun en estos casos, los jefes se preocupan acerca de "cómo controlar" a sus equipos.

En estas ocasiones, suelo apelar a una figura de la vida cotidiana en las oficinas y les repregunto, a los jefes preocupados, cómo controlan a sus colaboradores, por ejemplo, cuando deben dejar la oficina por algún motivo, ir a una reunión, tomar un momento de descanso, salir a tomar un café o cualquier otra circunstancia del día a día. Allí generalmente asoma una sonrisa… Las respuestas son diversas, incluso divertidas.

La relación jefe-colaborador debe incluir la confianza. En ambas direcciones. Si un jefe piensa que los colaboradores solo trabajan cuando él está presente, o si el colaborador deja de hacer sus tareas cuando el jefe sale un momento... esa relación está quebrada. La confianza mutua es la base de cualquier relación.

Si la confianza es fuerte, en ambas direcciones, el trabajo a distancia podrá darse de manera natural.

Si la confianza está rota, quebrada, no solo dificultará el trabajo a distancia, seguramente hará dificultoso el trabajo en cualquier esquema, presencial o *home office.*

¿Cómo se restablece la confianza quebrada? Es muy difícil. Cuando se está en esta situación y, además, se adiciona el trabajo a distancia, la mejor sugerencia será el diálogo.

El jefe podría decirle al colaborador que su percepción –quizá equivocada– es que el colaborador no trabaja del mismo modo cuando él está ausente, y analizar juntos algún esquema para crear un vínculo de mayor confianza.

El colaborador podría decirle a su jefe que su percepción –quizá equivocada– es que su jefe no confía en él, que el jefe piensa que él no trabaja del mismo modo cuando aquel está ausente, y analizar juntos algún esquema para generar mayor confianza entre ellos.

El jefe y el colaborador que desconfían mutuamente deberán encontrar algún esquema de funcionamiento que minimice esta sensación que, como decía, puede responder a la realidad o ser solo una percepción poco fundada. Esta situación ya es desfavorable cuando el esquema de trabajo es presencial. El trabajo a distancia solo profundiza un esquema que ya era negativo.

El jefe y el colaborador que confían plenamente uno en el otro, al comenzar a trabajar a distancia deberán encontrar algún esquema de funcionamiento basado en esa confianza, que permita una relación fluida en la nueva modalidad y aleje toda posible percepción negativa, producto de algún malentendido.

¿Cómo "controlan" los jefes que desconfían de sus colaboradores? Por observación directa, horarios, presencia, no permitiendo las distracciones, etc.

¿Cómo "controlan" los jefes las actividades de sus colaboradores cuando hay confianza? Mediante los resultados.

¿Cómo se controlan las actividades cuando se trabaja a distancia? Mediante los resultados.

En resumen, en la modalidad a distancia, la mayoría de los aspectos serán iguales que en la delegación cara a cara, solo que "en el medio" de esa relación estará la tecnología. La tecnología que es, como se verá a continuación, solo una herramienta.

El rol de los jefes será el mismo.

Comunicarse a través de la tecnología

La tecnología es una herramienta

Utilizar herramientas no implica, por esta sola circunstancia, arribar a soluciones eficaces. Este criterio general deberá tenerse en cuenta también en el análisis de los temas de esta obra.

Durante la Pandemia 2020, muchas personas, incluso aquellas poco apegadas a la tecnología, utilizaron distintos medios de comunicación a distancia: videoconferencias para resolver todo tipo de temas, discutir negocios y trabajos diversos, llegar a acuerdos... Una gran cantidad de actividades fueron canalizadas a través de una vía totalmente impensada pocos meses antes.

El recurso de comunicarse a través de la tecnología no era nuevo, desde ya, pero la situación planteada obligó a un uso generalizado de esos recursos.

Más allá del medio utilizado, presencial o a distancia, cada persona desplegó sus comportamientos de acuerdo con el grado de desarrollo de sus distintas competencias. Aquel que poseía un alto grado de la competencia *Influencia y negociación*, solo por dar un ejemplo, la utilizó a través de la tecnología, del mismo modo que si la reunión hubiese sido presencial.

No desconozco que toda situación nueva o diferente, en algunos casos, permite incrementar las fortalezas y, por el contrario, no siempre ayuda a atenuar los aspectos menos desarrollados. Todo es posible.

La tecnología, el medio de comunicación, en el ejemplo anterior, es solo una herramienta, un vehículo, por decirlo de otro modo, a través del cual quienes lo utilizan pondrán en uso sus recursos disponibles, es decir, sus conocimientos y competencias.

Me preguntaba días pasados un especialista en Recursos Humanos acerca de cómo implementar la comunicación interna utilizando la tecnología.

La respuesta es similar a lo visto en relación con otras cuestiones. Hay un denominador común. Primero se deben establecer las pautas generales, qué se desea comunicar, a quiénes hacer llegar las distintas temáticas, etc. Luego, se podrán definir los distintos canales de comunicación, la herramienta elegida en cada caso y quiénes serán los responsables de llevar a cabo las distintas acciones previamente definidas.

En materia de comunicación, con frecuencia, se confunde la herramienta en sí misma con la comunicación. Crear un grupo de WhatsApp, por mencionar una práctica frecuente, no permite la comunicación por este solo hecho. En este caso habrá que comenzar por definir quiénes deberían integrar al mencionado grupo, y luego generar un verdadero canal de interacción, recordando que comunicación implica no solo hablar, sino también –y muy especialmente– escuchar.

Cuando se utiliza la tecnología, en especial en el caso de aquellas personas que no la empleaban antes con mucha frecuencia, existe una tendencia a hablar, escuchando poco. Siempre se recomienda hablar pausado y hacer pequeños silencios, para dar espacio al otro a intercalar una frase, a hacer una pregunta, etc. Es decir, comunicarse como la acción opuesta a decir un discurso. La oratoria fluida puede llegar a ser el antónimo de la comunicación.

Aprender a usar las herramientas

Analizamos en el apartado anterior la necesidad de contar con nuevos conocimientos, en dos niveles. Uno es el de las personas que utilizarán las aplicaciones tecnológicas. En el contexto actual, este nuevo conocimiento es, en general, muy sencillo de adquirir. Aun en los casos más complejos, el aprendizaje se alcanza. No obstante, esta circunstancia deberá ser analizada al emprender el trabajo a distancia.

No será una buena idea, en ningún caso, ni en trabajo presencial o a distancia, esperar que alguien realice tareas que están totalmente fuera de su alcance.

Cómo motivar a la distancia

La motivación es siempre una cuestión que preocupa y, al mismo tiempo, difícil de abordar. La motivación, así como la falta de ella, está producida por un conjunto de factores. Desde constitutivos de la personalidad de cada individuo hasta cuestiones específicas relacionadas con el trabajo en sí y/o el contexto tanto laboral como familiar. Los elementos en juego son diversos y numerosos.

Desde el rol del jefe, tanto el número 1 de la organización como jefes de otro nivel, habrá algunos aspectos que podrán estar dentro de su ámbito de responsabilidad y actuación, y otros que estarán fuera de su alcance.

Las personas se sienten motivadas cuando ocupan puestos de trabajo para los cuales poseen los conocimientos y competencias necesarios y, además, cuando esa posición responde a sus expectativas de carrera y a la visión que tienen de ellas mismas. Estos últimos aspectos pueden no ser transparentes para la mirada del jefe.

En páginas previas se hizo una mención a la confianza, aspecto fundamental en la relación jefe-colaborador. Esta cuestión también será un factor que incida fuertemente en la motivación o en la falta de ella.

Retomaremos el análisis de la motivación en el apartado siguiente.

Retroalimentación y confianza

Un aspecto que mejora la motivación y la confianza es la retroalimentación. No solo la que se presenta como un momento o una etapa dentro del proceso de la evaluación del desempeño[8] (reunión de retroalimentación), la que, desde ya, es muy importante. Circunscribir la retroalimentación a esta instancia formal, sin embargo, es insuficiente para nutrir la relación jefe-colaborador.

Al introducir la retroalimentación en este apartado, me estoy refiriendo a aquella que se realiza en el día a día; cuando el jefe, en su rol de *entrenador*, le manifiesta a su colaborador de manera objetiva cómo está haciendo las cosas, señalando comportamientos, hechos concretos, sin adjetivos, sin condenas ni halagos extraordinarios.

Esta forma de ejercer cada jefe sus roles dará como resultado un clima de confianza. El colaborador necesita y desea saber cómo es su desempeño cotidiano, ya que esta información le permitirá corregir acciones que deban ser mejoradas y, también, fortalecer aquellos aspectos que realiza de manera adecuada.

Para delegar es necesario tener confianza. Si no hay confianza, no se podrá delegar efectivamente en ningún esquema, a distancia o presencial.

La confianza, como se comentó, cuando está presente, funciona en ambas direcciones. Con frecuencia, lo mismo ocurre cuando hay falta de confianza.

---

8 *Desempeño por competencias*. Ediciones Granica. Buenos Aires, 2017.

Decisiones y elecciones para trabajar a distancia

Durante la Pandemia 2020, como ya se expuso en páginas previas, un gran número de personas se vieron compelidas a trabar a distancia, a utilizar la tecnología más allá de lo habitual. Muchas de ellas, quizá, nunca lo habían hecho hasta ese momento.

Esta experiencia, colectiva e individual, ha sido muy valiosa. Las circunstancias llevaron a que se hicieran numerosas actividades a distancia, con distinto resultado y grado de efectividad.

La Pandemia 2020 ha producido una serie de efectos no deseados, especialmente en las actividades económicas. No me referiré a esta cuestión ni en este apartado ni en otro momento del libro. Fue una etapa muy lamentable y difícil, para un sinnúmero de organizaciones y personas afectadas.

Mi propósito es señalar las decisiones y elecciones que es posible realizar en aquellos casos en los cuales trabajar a distancia constituye una opción viable, con relación al trabajo presencial.

Pasada la obligatoriedad y sobre la base de dicha experiencia, se podrán tomar decisiones y realizar elecciones para mejorar el trabajo a distancia. No todos deberán hacerlo, no todos podrán y/o querrán hacerlo.

Durante las semanas y los meses del aislamiento obligatorio personas de profesiones y actividades diversas se preguntaban y cuestionaban:

- *Cuando volvamos a la actividad normal, no será necesario concurrir a la oficina todos los días, algunos días podremos trabajar desde el hogar…*

- *Cuando volvamos a la actividad normal, seguiré organizando reuniones virtuales, no hay que destinar tiempo en desplazarse a otras locaciones… Las reuniones son más productivas, siento que se va directo al grano, a tratar la cuestión que se debe resolver…*

- *Aprendí que puedo relacionarme con jefes y compañeros igual y, en algunos casos, mejor que antes…*

- *Aprendí que puedo conducir a mi equipo con total efectividad, incluso con algunos colaboradores con los cuales no me era fácil antes…*

Cómo habrán transcurrido las vidas de cada uno de los que expresaron comentarios como los expuestos, no lo sé con exactitud. Todos ellos, casi con seguridad, lo han analizado y propuesto en sus respectivas organizaciones.

Aun con algunas dificultades, muchos han sido los beneficios que salieron a la luz, como decíamos, en los casos en que el trabajo a distancia resultó factible.

Como vimos en páginas previas, los roles de los jefes son los mismos, trabajando presencialmente o a distancia. También son similares los aspectos que fueron identificados como clave para un desempeño exitoso, en todos los involucrados.

Un jefe deberá decidir qué puestos y tareas podrán realizarse a la distancia

En una mirada simplificada de la organización, podríamos decir que está compuesta por un conjunto de elementos, algunos de los cuales se muestran en la figura siguiente: equipos, *software*, métodos y procedimientos. También allí puede verse un organigrama y las personas que lo integran.

En párrafos previos nos referimos a la adecuación persona-puesto, tanto para realizar una actividad presencial como para trabajar a distancia.

Para desempeñarse a distancia, la "adecuación" deberá ser analizada desde distintos ángulos.

En primer lugar, determinar la factibilidad de que las funciones del puesto puedan desempeñarse en forma remota, según las tareas y responsabilidades a realizar. Dentro de este análisis, se deberá contemplar cuáles son los equipos y

otros recursos necesarios (por ejemplo, conexión de Internet, instalación eléctrica adecuada, disponibilidad de almacenamiento en la nube, etc.), según corresponda en cada caso.

Este análisis sobre el tipo de tarea a realizar junto con los recursos necesarios y, a su vez, disponibles para ello, permitirá establecer qué tipo de puestos (y tareas, en algunos casos) podrán ser desempeñados a distancia.

Desde esta mirada pormenorizada, también se podrá determinar la necesidad de reuniones o instancias presenciales en combinación con trabajo a distancia, solo por citar un ejemplo posible.

Por último, habrá que considerar las capacidades del ocupante de cada puesto, así como su motivación.

Elegir colaboradores para trabajar a distancia

Dentro de los roles de los jefes, uno de ellos es "distribuir" tareas. Para realizar de manera efectiva dicha distribución, se comenzaba por conocer al colaborador, evaluando sus capacidades. Ahora, dentro de estas capacidades se deberá considerar la posibilidad de transformarse –o no– en un buen teletrabajador.

Nos referimos, en páginas previas, a la motivación. Una adecuada elección de tareas y colaboradores será otro aspecto relevante en la motivación de los colaboradores.

Como se verá en apartados siguientes, dentro de la "motivación" se deberán incluir otros aspectos indirectamente relacionados: el entorno familiar, la disponibilidad de espacio en el hogar, el nivel de las conexiones, etc. Estos aspectos inciden de alguna manera en la motivación para llevar a cabo el *home office*.

Una persona que no puede o no quiere, por cualquier razón, trabajar a distancia se sentirá insatisfecha.

Una persona que puede y quiere, por cualquier razón, trabajar a distancia, sentirá una alta motivación y los resultados a alcanzar seguramente serán satisfactorios para todos los involucrados.

Estas dos afirmaciones deberá tenerlas presente todo jefe cuando analice la motivación de sus colaboradores.

Mucho hemos hablado de la Pandemia 2020. En ese período, gran cantidad de personas se vieron obligadas a adoptar el trabajo a distancia. Si se desea analizar el teletrabajo/*home office*/trabajo en el hogar, etc., sin una condición de obligatoriedad, deberán considerarse todas las cuestiones aquí planteadas.

A modo de cierre del apartado

Gestionar sin estar es una filosofía de trabajo. Una forma de hacer las cosas más allá de la situación en sí misma, del lugar donde se desarrollen las tareas. Es un nuevo concepto basado en que las funciones esenciales a cargo de un jefe no dependen del contacto o la proximidad física, sino de una manera de relacionarse con sus colaboradores, sea trabajando a distancia o de manera presencial.

Dentro de esta filosofía, un jefe a la distancia, que desarrolle sus actividades siguiendo los lineamientos descritos en este apartado, obtendrá un resultado positivo que generará un círculo virtuoso con un efecto ganar-ganar para todos los involucrados, tal como se expone en la figura al pie.

Como puede observarse las acciones que llevan a cabo jefes y colaboradores se complementan y retroalimentan entre sí:

- El jefe entrena. El colaborador aprende.

- El jefe delega. El colaborador realiza las tareas delegadas con responsabilidad.

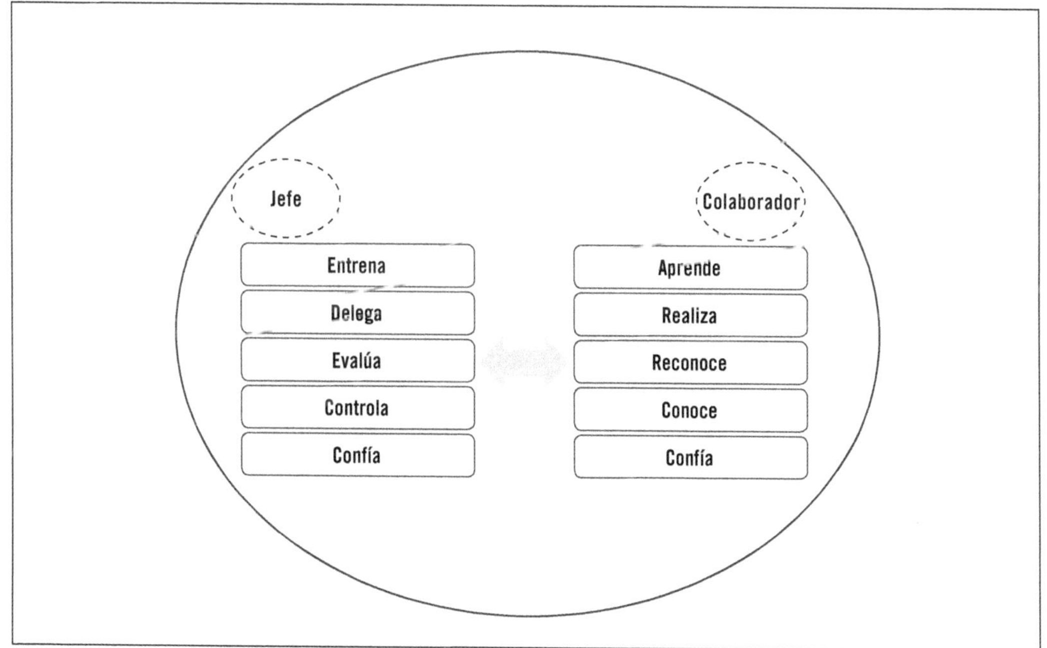

- El jefe evalúa y detecta eventuales brechas en su colaborador. El colaborador reconoce las brechas e intenta achicarlas. El jefe apoya y guía a su colaborador.

- El jefe controla por resultados. El colaborador conoce que lo controlarán por resultados.

- El jefe confía en sus colaboradores. El colaborador confía en su jefe. También sabe que su jefe confía en él.

Ser jefe a la distancia implica una serie de cuestiones que son tratadas en los distintos apartados de esta obra. Su lectura le permitirá unir conceptos y establecer relaciones entre ellos.

Recuerde, además, que las miradas se complementan: directivo, jefe, colaborador... se desenvuelven en un mismo ámbito, con problemas y circunstancias muchas veces comunes.

Las competencias de las personas tienen un efecto transversal que, de un modo u otro, estará presente en todos los temas que forman parte de este libro.

La motivación, en especial dentro del ámbito laboral, es un tema complejo y que preocupa por igual a directivos y jefes y a los especialistas de Recursos Humanos. La lectura de otros apartados permitirá al lector un análisis más amplio de la cuestión.

Leer +++

☞ *Rol del jefe.* Ediciones Granica, Buenos Aires, 2019.

☞ *12 pasos para ser un buen jefe.* Ediciones Granica, Buenos Aires, 2008.

☞ *12 pasos para transformarse en un jefe entrenador.* Ediciones Granica, Buenos Aires, 2019.

☞ *Cómo delegar efectivamente en 12 pasos.* Ediciones Granica, Buenos Aires, 2010.

☞ *Diccionario de competencias. La trilogía. Tomo 1.* Ediciones Granica, Buenos Aires, 2015.

☞ *Diccionario de comportamientos. La trilogía. Tomo 2.* Ediciones Granica, Buenos Aires, 2015.

☞ *Desempeño por competencias.* Ediciones Granica, Buenos Aires, 2017.

Notas

Para reflexionar, implementar, llevar a cabo en la organización

Para reflexionar, implementar, llevar a cabo en mi práctica profesional y personal

Cuestiones a tener en cuenta para trabajar a distancia

Trabajar desde el hogar, ¿atenta contra mi intimidad?

Independientemente de la actividad que se realice, es posible identificar un ámbito profesional laboral y un ámbito personal, relacionado con la vida privada. En ocasiones, en ciertas etapas de la vida se vive una cierta tensión entre ambos ámbitos. Al mismo tiempo, todas las personas poseen diferentes intereses personales que desean conciliar.[1]

En diversas circunstancias, conferencias, y distintos talleres, es frecuente que me planteen cuestiones relacionadas con los recursos humanos, la intimidad y la vida privada de las personas, tales como "¿qué puedo (y qué no puedo) preguntar en una entrevista?", "¿es ético preguntar sobre la vida privada?" y otras similares. Desde hace años, como una forma de responder a estas cuestiones, divido la temática en dos partes o vertientes: privado-público y privado-privado.

Todas las personas realizamos diferentes actividades que, perteneciendo a nuestra vida privada, se llevan a cabo en un ambiente público: concurrir a la playa, al cine o al supermercado, solo por citar tres ejemplos. Si bien son actividades que pertenecen a nuestra esfera privada, se realizan a la vista de las otras personas que, también, han concurrido al mismo lugar.

Por otra parte, todas las personas poseemos un ámbito íntimo, dentro del hogar, el cual pertenece a nuestro mundo "privado-privado".

Dada esta clasificación, el *home office*, al realizarse desde el hogar, caería en el ámbito "privado-privado". Sin embargo, no es así. Las actividades que se realizan desde el hogar podrían describirse como una "isla" laboral/profesional dentro del ámbito personal, una suerte de sector –en algunos casos físico, es decir, escritorio, ordenador y otros elementos– perteneciente a la vida laboral, dentro del hogar.

Visto de esta forma, como una isla o territorio dentro de otro, no implicaría invasión a la intimidad. No obstante, dependerá de cada uno que esto realmente sea de este modo: separar el ámbito privado del laboral, dentro del hogar.

Cada persona deberá establecer una diferencia, al menos conceptual, entre aquellos elementos que forman la vida absolutamente privada de otros que, pertenecientes a la vida privada, podrían compartirse en público. Dentro de estos elementos se debería incluir desde el aspecto físico de cada trabajador, la eventual distracción de un niño o una mascota, hasta otras cuestiones más delicadas.

Para participar de una teleconferencia, por ejemplo, el aspecto visible de la persona deberá ser similar al usual en su ámbito de trabajo, como si la reunión fuera

---

1 Me he referido a esta temática en varias de mis obras: *Conciliar vida profesional y personal*, Ediciones Granica, Buenos Aires, 2016 y *12 pasos para conciliar vida profesional y personal*, Ediciones Granica, Buenos Aires, 2013.

presencial. De allí se desprende que, por ejemplo, no podría intuirse que el asistente a la reunión virtual "recién se levantó de la cama", es decir, no se bañó, viste aún su pijama y en la mano sostiene el café de la mañana, como quien intenta despertarse. Este comportamiento sería inadecuado en una reunión presencial y lo es también en una reunión virtual. Del mismo modo podrían considerarse las interrupciones propias del funcionamiento de un hogar, las cuales deberían evitarse, dentro de lo posible. Otro detalle a considerar será contemplar qué puede "verse" durante una videoconferencia: una persona que se cruza por detrás, el encuadre en la pantalla, el cuidado de los detalles y, al mismo tiempo, el resguardo de la intimidad.

Todos hemos alguna vez respondido un llamado sin tener el mejor aspecto, hemos salido del paso en ocasiones diversas, arbitrado soluciones a diferentes problemas mientras compartíamos un paseo con la familia. Al respecto, hay innumerables anécdotas personales y de tantos otros.

Las reflexiones aquí planteadas no se refieren a situaciones excepcionales sino a una forma de trabajo regular. La situación ideal será teletrabajar estableciendo un espacio laboral en otro ámbito, el hogar.

Nos referiremos a la conciliación de los distintos ámbitos e intereses con mayor detalle en el *Apartado 4. Tareas y responsabilidades al trabajar desde el hogar*. Esta cuestión, también, ha sido especialmente considerada en la preparación de *tips* y sugerencias que integran los últimos cuatro apartados.

Rutina: ¿sí o no?

Deseo rescatar el término "rutina" de la "mala prensa" a la cual está sometido. En muchos ámbitos, rutina, rutinario, es casi un adjetivo calificativo negativo.

Según la Real Academia[2] y en sus diversas acepciones, el término podrá ser considerado de manera positiva o negativa, según el color del cristal con el cual se mire.

En su acepción 1, rutina hace referencia a la costumbre o al hábito adquirido de hacer las cosas por mera práctica y de manera más o menos automática. En la acepción 2, hace referencia a la secuencia invariable de instrucciones que forma parte de un programa y se puede utilizar en forma repetida.

¿Por qué incluir esta reflexión? Más allá del trabajo a distancia, en cualquier otro ámbito y otras circunstancias, poseer ciertas rutinas facilita distintos aspectos de la vida, personal y laboral. Cumplir objetivos, alcanzar metas retadoras, desplegar nuestra capacidad de innovación y creatividad.

---

2 www.rae.es

Veámoslo así: si una persona ha incorporado una serie de rutinas para resolver cuestiones que se presentan con frecuencia, quizá incluso de manera diaria, aplicando esquemas de probada eficacia para resolverlos, tendrá su mente abierta, despejada, para resolver problemas nuevos, inusuales, desplegando de ese modo con mayor efectividad sus capacidades de innovación y creatividad.

Con este enfoque, la rutina, las rutinas, no solo no tienen una connotación negativa, todo lo contrario, serán altamente eficaces y efectivas en quien las lleve a la práctica.

Rutinas de comida saludable, actividades físicas y tantas otras mejorarán nuestra salud tanto física como psíquica, solo por mencionar dos tipos de rutinas altamente positivas para personas de todas las edades y condición física que, a su vez, desempeñen cualquier tipo de actividad o rol.

En cuanto al tema de esta obra, trabajar a distancia, sin dudas se transformará en una actividad más placentera, efectiva y eficaz si se incorporan rutinas en su realización.

Entre otras rutinas positivas podemos mencionar: fijarse horarios de trabajo y de descanso, también horarios para las comidas, que no deberían diferir de los horarios habituales. Con frecuencia vemos en diversos films personajes variados, expertos en informática muchas veces, rodeados de latas de cerveza y cajas de pizza vacías, comiendo todo el día… Esa imagen es la opuesta a la que deseo transmitir, ya que es posible ser un teletrabajador y, al mismo tiempo, una persona ordenada, pulcra, respetando las buenas costumbres, en el hogar y fuera de él.

Continuando con los ejemplos: es sumamente recomendable establecer un ámbito de trabajo, que podrá ser un sector específico; pero si no se cuenta con él y el espacio es compartido con otra actividad del hogar, establecer un horario para este fin; también, fijar una agenda de reuniones con colaboradores, compañeros, clientes internos o externos, proveedores, etc.

Retomaremos algunas de estas cuestiones tratadas hasta aquí en el *Apartado 13. Tips para todos*.

Conceptos casi olvidados e imprescindibles para trabajar a distancia

Numerosas cuestiones deberán ser consideras en el momento de modificar comportamientos, especialmente si están arraigados. Trabajar a distancia, si no se ha hecho antes, es complejo. Al menos, comenzar a hacerlo. Sugiero ver algunas consideraciones relacionadas en el *Apartado 1. Gestionar. Dirigir proyectos. Tomar decisiones*.

Ciertas cuestiones, en las organizaciones y también en opinión de los especialistas, se dan por dadas, por establecidas. Por esta razón, quizá, no se reflexiona acerca de ellas.

Con frecuencia, los descriptivos de puesto están desatendidos, desactualizados, no responden a la realidad. Desde ya, no contemplan el trabajo a distancia.

Descriptivo del puesto[3] es un documento interno donde se consignan las principales responsabilidades y tareas de un puesto de trabajo. Adicionalmente se registran los requisitos necesarios para desempeñarlo con éxito: conocimientos, experiencia y competencias. Dicho documento constituye la base de los restantes subsistemas de Recursos Humanos.

Como dice la definición, ciertos requisitos serán necesarios para llevar a cabo las tareas y responsabilidades que conforman un determinado puesto o una actividad, ya sea en el contexto de una organización y, también, cuando dicho desempeño sea en algún tipo de formato independiente.

Adecuación persona-puesto

La denominación "adecuación persona-puesto"[4] –concepto al cual se hace mención en repetidas ocasiones en esta obra– se refiere a la relación que se establece entre los conocimientos, la experiencia y las competencias que un puesto requiere, y los del ocupante de esa posición.

Para la determinación de la adecuación persona-puesto deberán, primero, establecerse los requisitos del puesto y luego habrá que evaluar a su ocupante, considerando como mínimo tres elementos: conocimientos, experiencia y competencias. En forma adicional, e igualmente importante, será necesario contar con algún grado de interés y motivación –por parte del ocupante– para alcanzar los objetivos propuestos.

Las organizaciones podrán llevar a cabo un diagnóstico, a través de un conjunto de evaluaciones, para determinar la relación que se establece entre los conocimientos, la experiencia y las competencias que un puesto requiere, y los del ocupante de esa posición.

Las ideas expuestas se muestran en la figura de la página siguiente.

La adecuación persona-puesto estará en relación con la estrategia organizacional cuando los descriptivos de puesto la contemplen. De este modo, al medirse el grado de adecuación de una persona a su respectivo puesto de trabajo se podrá determinar, además, el aporte que el puesto y la persona realizan para alcanzar la estrategia.

---

3 *Descriptivo de puesto* es la herramienta N° 10 descrita en la obra *Las 50 herramientas de Recursos Humanos que todo profesional debe conocer.* Ediciones Granica, Buenos Aires, 2017.

4 *Adecuación persona-puesto* es la herramienta N° 1 descrita en la obra *Las 50 herramientas de Recursos Humanos que todo profesional debe conocer.* Ediciones Granica, Buenos Aires, 2017.

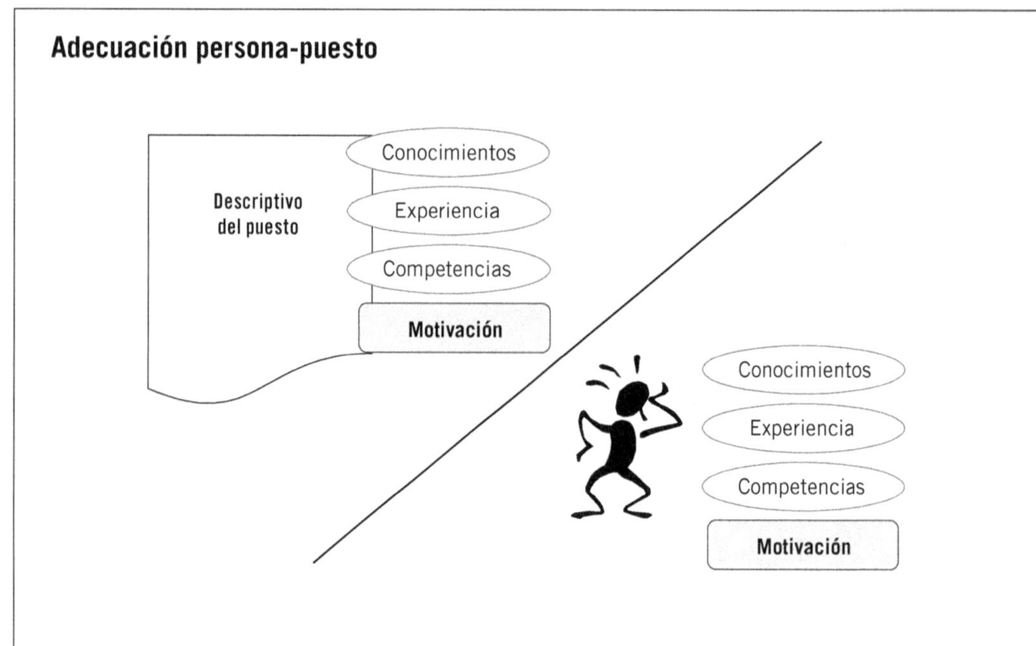

En los casos en los que la posición permita realizar las tareas "a distancia", dicho factor deberá considerarse tanto en el descriptivo de puesto como en la evaluación de la persona, para determinar su adecuación –o no– al puesto ocupado.

El diagnóstico sobre la adecuación podrá ser realizado respecto del puesto actual que una persona ocupa o para analizar la posible "adecuación" futura a otro puesto de trabajo.

La motivación de las personas se relaciona con varias circunstancias, desde el grado de adecuación persona-puesto hasta el rol de los jefes. También con el tema que desarrollaremos a continuación.

La adecuación persona-puesto desde la mirada del jefe

Los jefes tienen, en mayor o menor medida, una valoración intuitiva en cuanto a la adecuación persona-puesto de cada uno de sus colaboradores. Es decir, todo jefe, aun sin realizar un desglose de los conceptos mencionados, siempre "sabe" si sus colaboradores responden a los requisitos del puesto. Sin embargo, con frecuencia, la determinación detallada acerca de las distintas capacidades no es la más adecuada.

Desde la mirada del jefe, aprender a diferenciar algunas cuestiones que se han expuesto en apartados previos será de gran utilidad para cumplir "sus roles de jefe", tales como distribuir tareas, entrenar y delegar. Se analizó esta cuestión en el *Apartado 2. Ser jefe a la distancia.*

Un jefe deberá discernir si un colaborador que con frecuencia comete errores al confeccionar una planilla de cálculo –solo por poner un ejemplo– lo hace porque necesita reforzar un conocimiento, como, por ejemplo, saber más sobre el manejo del *software* utilizado, o si, por el contrario, lo hace porque no posee, en algún grado, la competencia *Calidad y mejora continua*. Diferenciar conocimientos de competencias permitirá realizar las acciones adecuadas para una mejor evaluación del desempeño del colaborador y, a partir de allí, orientar el aprendizaje.

Días pasados me planteaban esta situación: un jefe observa cómo un integrante de su equipo responde consultas de sus compañeros –en relación con sus conocimientos y experiencia–, pero no lo hace del mismo modo con todos, es decir, a unos los asiste y a otros no, sin una causa aparente. Igual actitud se observa cuando se le solicita algún pedido de ayuda.

En este contexto, el jefe no puede determinar si el colaborador actúa de ese modo por alguna cuestión personal con alguno de sus compañeros o si el comportamiento observado se relaciona con competencias tales como trabajo en equipo y colaboración. No sabe cómo caracterizar las distintas circunstancias.

A continuación, analizaré la situación planteada sobre la base de la competencia *Colaboración*. No obstante, las competencias pueden ser de muy diversa índole. Los comportamientos, relacionados con las competencias, pueden ser positivos y negativos.

En el caso de la competencia *Colaboración*,[5] se pueden mencionar los siguientes niveles:

- **Positivo – Grado D.** Siendo "D" el menor de los grados positivos. Según la obra utilizada como referencia, podrán darse niveles más altos, a los cuales se les asignan las letras A, B y C. Uno de los comportamientos del *Grado D* es: *Coopera y brinda soporte a las personas de su entorno cuando se lo solicitan.*

- **Negativo – Grado No desarrollado.** Uno de los comportamientos *Grado No desarrollado* es: *Muestra poca inclinación para contribuir con otros si eso no es parte de sus responsabilidades.*

En el ejemplo, la persona evaluada podrá evidenciar la competencia en el grado mínimo, es decir Grado D. En el otro, la persona estará evidenciando no poseer la competencia, porque colabora solo cuando desea hacerlo, no cuando se lo solicitan.

---

5 *Diccionario de comportamientos. La trilogía. Tomo 2.* Ediciones Granica, Buenos Aires, 2015.

Los jefes deberían, por un lado, diferenciar conocimientos de competencias. Adicionalmente, al evaluar comportamientos, también les sería de utilidad contar con alguna herramienta de apoyo. Cuando las organizaciones han definido sus modelos de competencias dentro de las buenas prácticas, cada jefe cuenta con las herramientas necesarias para aplicar en su gestión cotidiana.

El análisis realizado tiene solo el propósito de explicar la utilización de una escala de medición[6]. Cada jefe deberá considerar si no existe alguna otra circunstancia o factor que pueda estar distorsionando la observación.

Por último, las consideraciones realizadas se tornan aún más relevantes en el trabajo a distancia. Cuando el jefe "no ve" a su colaborador, es decir, como dice el título de este libro, cuando un jefe debe *"gestionar sin estar"*, diferenciar netamente si el colaborador necesita conocimientos o competencias o ambos y en qué proporciones, etc., para realizar las tareas delegadas, será un aspecto de mayor importancia que en la relación jefe-colaborador presencial.

Una corrección por parte del jefe de una indicación dada a su colaborador quizás sea inmediata cuando dicho jefe tiene a su colaborador a pocos metros, y quizá sea impartida con alguna demora cuando el colaborador desempeña sus labores desde el hogar o en un centro de teletrabajo.

Si bien muchas de las cuestiones planteadas aquí deberían ser consideradas en todo tipo de circunstancias, el trabajo a distancia pone, por decirlo de algún modo, negro sobre blanco situaciones que en otro contexto podrían ser menos nítidas.

Para desarrollar cualquier actividad o puesto es necesario contar con una base

Todas las personas llegamos a la vida adulta y laboral con un bagaje de características personales, competencias, valores, conocimientos y experiencias. A medida que transcurre la vida se acrecientan o modifican de un modo u otro. Se verán sintéticamente competencias y valores en apartados siguientes. Este conjunto de factores influye también en nuestra mirada acerca de las cosas y en nuestro comportamiento.

La mirada de los directivos

Hace muchos años, Douglas Murray McGregor (1906-1964), un ingeniero y psicólogo industrial estadounidense, desarrolló en su obra *El lado humano de las organizaciones*

---

6 *Diccionario de comportamientos. La triligía. Tomo 2.* Ediciones Granica, Buenos Aires, 2015.

(1960) teorías que aún se estudian en nuestros días, en especial para el estudio del *Comportamiento organizacional.*[7]

¿Por qué recordar estas teorías? Si bien su planteamiento podrá ser discutido desde otras corrientes, algún factor podrá ser considerado en el marco de este trabajo.

Una breve descripción de las teorías X e Y podrá darnos un poco de luz, también, en el trabajo a distancia.

La teoría X plantea ciertos supuestos: que el ser humano siente rechazo hacia el trabajo y lo evita siempre que puede, por lo cual las personas deben ser obligadas a trabajar, controladas y dirigidas a través de castigos y amenazas para que desarrollen sus tareas de modo tal que la organización pueda alcanzar sus objetivos.

En resumen, la teoría X dice que...

- A las personas les desagrada trabajar y lo evitarán de ser posible.

- Las personas carecen de responsabilidad, buscan la seguridad ante todo y poseen pocas ambiciones.

- La mayoría de los individuos deben ser forzados y amenazados con castigos para realizar su trabajo.

Sobre la base en estos supuestos, será función de los directivos y jefes forzar y controlar a los empleados.

La teoría Y plantea ciertos supuestos: para el ser humano el desarrollo físico y mental en el trabajo es tan natural como el juego o el descanso. Por lo tanto, los castigos y las amenazas no son los únicos caminos para encauzar el trabajo a fin de alcanzar los objetivos organizacionales. Cada persona puede dirigirse y controlarse a sí misma para lograr los objetivos con los cuales se compromete.

En resumen, la teoría Y dice que...

- El trabajo es tan natural como la diversión y el descanso.

- Los individuos no son inherentemente perezosos. Se ven inducidos a serlo como resultado de la experiencia.

- Las personas poseen potencialidades. En condiciones adecuadas, aprenden a aceptar y buscar responsabilidades. Poseen imaginación, ingenio y creatividad, que pueden aplicarse al trabajo.

---

7 *Comportamiento organizacional,* Ediciones Granica, Buenos Aires, 2017.

Sobre la base de estos supuestos, será función de los directivos y jefes desarrollar la potencialidad de los colaboradores y ayudarlos a explotarla en pos de objetivos comunes.

La importancia de reconocer las dos teorías y sus diferencias radica en que según sea la visión que cada uno tenga de los otros será el estilo de conducción y liderazgo asumido por él.

¿Existen realmente personas como las descritas en la teoría X, como un factor constitutivo de su personalidad o producto de las circunstancias?

Ambas circunstancias pueden observarse. Personas que no son proclives al trabajo y el esfuerzo, personas que, por una razón u otra, han llegado a comportarse de esta forma.

En cualquier caso, la integración a un ambiente laboral a distancia de personas con baja o nula contracción al trabajo, responsables en la realización de sus tareas y responsabilidades, será muy difícil.

Ahora bien, sin llegar al extremo descrito precedentemente, si una persona piensa que ser teletrabajador es "casi" como estar de vacaciones, que es sinónimo de "trabajar menos" y/o que las tareas podrán hacerse "más o menos porque mi jefe no está presente", etc., será evidente que esta modalidad de trabajo no será la más adecuada.

¿Existen realmente personas como las descritas en la teoría Y, como un factor constitutivo de su personalidad o producto de las circunstancias?

Al igual que aquellas personas que puedan evidenciar un comportamiento no favorable, las personas altamente motivadas en sus actividades profesionales y laborales podrán contar con factores propios que las lleven a valorar positivamente sus quehaceres junto con factores adicionales que potencian esta forma de trabajar.

Jefes que motivan, entornos laborales adecuados permiten alcanzar mejores resultados. Aun en los casos más difíciles.

También en el trabajo a distancia.

Otra mirada interesante sobre las teorías de McGregor...

Analizando las teorías X e Y con un grupo de profesionales –ingenieros, administradores de empresas, entre otras profesiones–, ellos me plantearon: "¿qué pasa si los jefes/directivos tienen comportamientos tipo X?".

Una cuestión interesante. McGregor planteó su teoría desde la mirada de los colaboradores. Aquí se plantea la mirada opuesta. Jefes tipo X.

Recordé el principio de Peter… El mencionado principio afirma que, *en una jerarquía, todo empleado tiende a ascender hasta su nivel de incompetencia.*[8] La denominación hace referencia a su autor, Laurence J. Peter (1919-1990), quien alcanzó notoriedad en 1968, con la publicación del libro *El principio de Peter.*

No hay nada nuevo bajo el sol…

La motivación y su relación con conocimientos, competencias y experiencia

Con frecuencia, directivos, jefes y responsables de Recursos Humanos plantean la falta de motivación como un problema y, al mismo tiempo, como la "solución mágica" a cualquier cuestión.

Algo similar se propone acerca de la resiliencia, característica sobre la cual nos referiremos en el *Apartado 10. Todos nosotros. Competencias necesarias.*

La motivación es una característica necesaria pero no suficiente, del mismo modo que sucede con la resiliencia.

Una persona puede estar altamente motivada para realizar una tarea, pero si no posee los conocimientos, competencias y experiencia necesarios que el puesto requiere, el resultado no será el esperado. Esta situación se observa a diario, en ámbitos diversos.

La motivación será el motor que llevará a una persona a desplegar sus capacidades, en el caso de poseerlas.

La motivación será, también, el motor que permita un aprendizaje más rápido, por ejemplo, cuando una persona deba achicar brechas entre sus capacidades actuales y el puesto que ocupa o, eventualmente, uno futuro; aun en el caso de presentar brechas significativas.

Aunque la motivación es un aspecto relevante dentro del conjunto de elementos a considerar en el momento de evaluar a un colaborador, no debe perderse de vista la importancia de que dicho colaborador posea las capacidades necesarias en cuanto a conocimientos, competencias y experiencia. Veamos la figura de la página siguiente.

---

8 Peter, Laurence J. *El principio de Peter.* Plaza & Janés Editores, 1998.

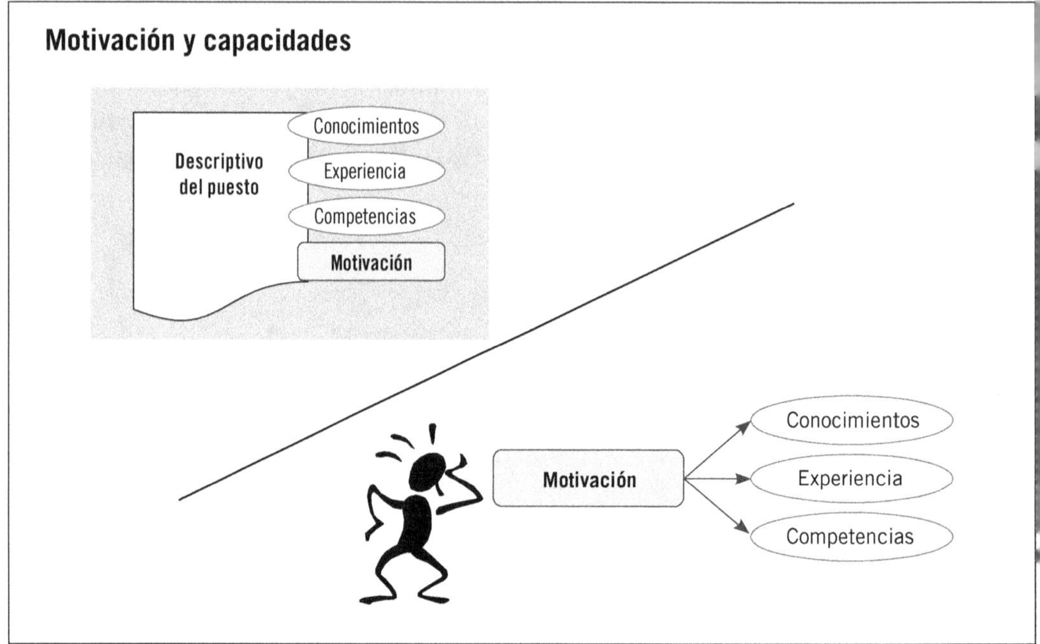

En el gráfico precedente, una persona ocupa un determinado puesto, con ciertas tareas y responsabilidades a cargo. Será la motivación la que le permitirá utilizar sus capacidades (conocimientos, competencias, experiencia) para desempeñarse con éxito.

La falta de motivación dará por resultado que la persona en cuestión utilice parcialmente sus capacidades, y entonces el desempeño no estará, casi con seguridad, conforme a lo esperado.

Ahora bien, si la motivación es alta y las capacidades están ausentes, tampoco se logrará alcanzar el resultado deseado.

En apartados anteriores, nos referimos a la confianza como elemento necesario en la relación jefe-colaborador que, a su vez, permite la delegación. Este ingrediente también será parte de la motivación o de la falta de ella.

A modo de reflexión final

Haremos una reflexión de mero sentido común: para hacer algo, una actividad independiente, de cualquier índole, así como desempeñarse en una organización, en cualquier nivel, será necesario contar con ciertas capacidades (conocimientos, competencias y experiencia) junto con algún grado de motivación. Esta afirmación será válida tanto en una relación "cara a cara" como a distancia.

Los temas que he desarrollado en este apartado –y de alguna manera también en apartados anteriores– son relevantes en una relación laboral presencial o a distancia.

Sin embargo, cuando directivos, jefes y colaboradores deben *"gestionar sin estar"*, todas estas cuestiones adquieren mayor visibilidad, la falta de algunas características se hacen más evidentes, muchos factores se transforman en relevantes e imprescindibles.

A modo de cierre del apartado

Los temas vistos en este apartado, como se manifiesta desde su título, *Cuestiones a tener en cuenta para trabajar a distancia,* se relacionan con distintos apartados de esta obra. Su lectura completa le permitirá unir conceptos y establecer relaciones entre ellos.

Recuerde, además, que las miradas se complementan: directivo, jefe, colaborador se desenvuelven en un mismo ámbito, con problemas y circunstancias muchas veces comunes.

Leer +++

☞ *Comportamiento organizacional.* Ediciones Granica, Buenos Aires, 2017.

☞ *Dirección estratégica de Recursos Humanos. Volumen 1,* Ediciones Granica, Buenos Aires, 2015.

☞ *Dirección estratégica de Recursos Humanos. Casos. Volumen 2.* Ediciones Granica, Buenos Aires, 2016.

☞ *5 pasos para transformar una oficina de personal en un área de Recursos Humanos.* Ediciones Granica, Buenos Aires, 2018.

☞ *Las 50 herramientas de Recursos Humanos que todo profesional debe conocer.* Ediciones Granica, Buenos Aires, 2017.

☞ *Conciliar vida profesional y personal.* Ediciones Granica, Buenos Aires, 2016.

☞ *12 pasos para conciliar vida profesional y personal.* Ediciones Granica, Buenos Aires, 2013.

☞ *Rol del jefe.* Ediciones Granica, Buenos Aires, 2019.

Tareas y responsabilidades al trabajar desde el hogar

Trabajar desde el hogar

Conciliar vida profesional y personal

Muchas personas, emprendedores, profesionales independientes, trabajan desde el hogar, entre otras opciones. También, teletrabajadores. Todos ellos, en general, tienen distintos intereses personales; cómo administrar los diferentes roles e intereses implica un delicado equilibrio, que con frecuencia no es fácil de manejar. Me he referido a esta cuestión en *Conciliar vida profesional y personal*,[1] así como en otros libros.

La expresión "vida profesional y personal" la utilizo para designar al conjunto de los diferentes planos de acción en la vida de una persona.

Por un lado, *la vida profesional* gira en torno a la actividad remunerada o mediante la cual se gana la vida la persona, junto con *otros intereses profesionales*. Complementarios o no de la actividad principal.

Por otro, no contrapuesta sino sumándose, *la vida personal*, que incluye la familia. Esta categoría puede incluir al grupo familiar más cercano o, en una concepción, más amplia, otros vínculos familiares y relaciones de amistad. Deportes/*hobbies*, tiempo libre. Actividades recreativas no incluidas en otras categorías. Otros intereses como cuestiones comunitarias, políticas, espirituales, religiosas, culturales. Aquí cabe cualquier manifestación cultural, desde la música hasta el arte plástico.

En el contexto de este libro, la administración de este conjunto de factores que conforman "la vida profesional y personal" se torna crucial.

Utilizo el término "conciliación" como un concepto, para referirme a la tarea constante, que todas las personas realizan para llevar adelante, con equilibrio, su desarrollo laboral y profesional, por un lado, y por otro la plena realización de las necesidades y los deseos personales. Retomaremos esta cuestión en el *Apartado 11. Tips para números 1 y dueños.*

Trabajar desde el hogar, tema de este apartado, comienza por la conciliación de distintos intereses, incluyendo las pequeñas actividades del día a día.

Para introducir los temas que se tratarán a continuación, en la figura de la página siguiente se muestran algunos de los intereses personales identificados en la obra mencionada precedentemente.

---

1 *Conciliar vida profesional y personal*. Ediciones Granica. Buenos Aires, 2016.

Cómo conciliar distintos intereses

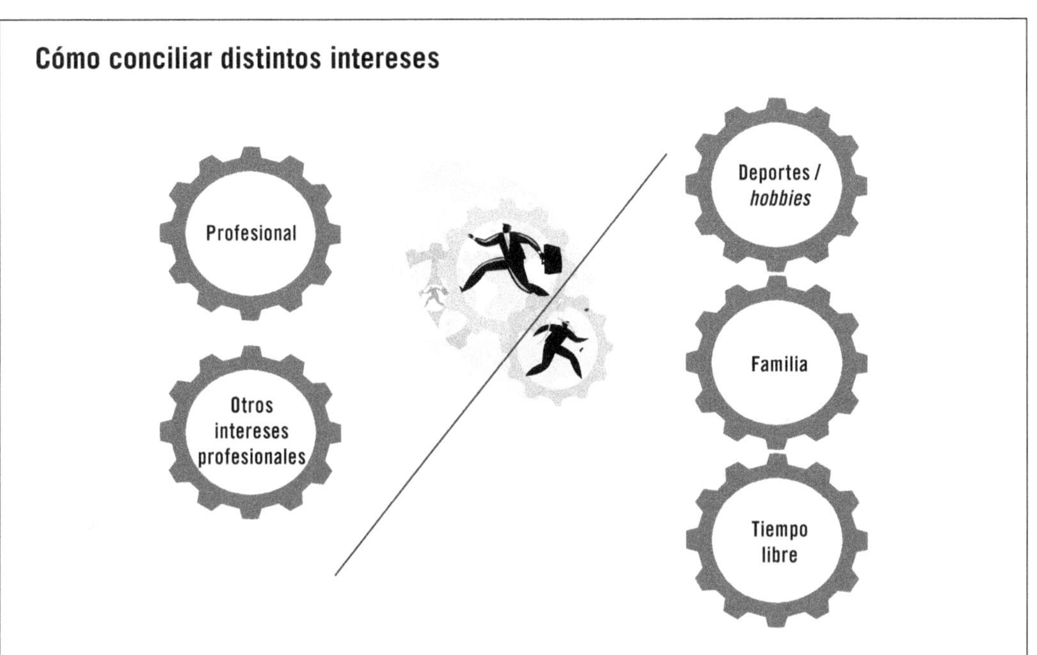

En el lado izquierdo se muestran los intereses profesionales. En el opuesto, intereses personales. En el gráfico, una línea los divide. Sin embargo, cada persona buscará la mejor forma de conciliarlos, de unirlos de algún modo, ya que todos coexisten.

En el equilibrio inestable que implica esta conciliación, una persona puede sentirse "tironeada" entre sus intereses. Cuando, además, estos comparten el mismo ámbito físico, podría ser aún más complejo.

En un esquema de trabajo presencial este podrá implicar cumplir un horario, por ejemplo, de 8 am a 5 pm. Usualmente, en ese lapso el trabajador se concentrará en sus intereses profesionales y destinará las horas restantes a sus otros intereses y obligaciones. A los efectos de este análisis, imagino un ejemplo dicotómico, podrá ser diferente según cada caso en particular.

Si el trabajador realiza sus labores desde el hogar, podrá distribuir sus tareas de manera diferente a la descrita en el párrafo anterior. Cumpliendo con la totalidad de sus tareas y responsabilidades, pero quizá organizando sus horarios de otra forma.

Una persona podrá almorzar con su familia, destinar un tiempo a apoyar a los niños con sus tareas escolares, o participar de una clase de gimnasia, en la mitad de la jornada laboral.

No siempre esto será posible, el trabajo profesional podrá incluir conferencias *on line* con horarios que no se podrán modificar y tantas otras cuestiones. No obstante, en muchos casos podrán acomodarse los horarios y cumplir con las obligaciones laborales, a través de un ordenamiento horario diferente.

Problemas y soluciones en el ámbito del hogar

La Pandemia 2020, en el marco de la cual muchas personas debieron trabajar desde sus hogares, permitió sumar experiencias que podrán ser aprovechadas para un mejor esquema de trabajo a distancia. Veamos algunas anécdotas ilustrativas.

En un hogar, dos personas teletrabajando deben coordinar sus respectivas videoconferencias por razones diversas. Al haber niños pequeños, los padres deben realizar sus respectivas videoconferencias de manera secuencial, no en simultáneo, para que así uno de ellos pueda estar atento a cualquier eventualidad.

Un hogar con dos o más personas teletrabajando y disponibilidad limitada de utilización de conexión a Internet, situación frecuente en algunas zonas rurales. Frente a una situación así, se deberían coordinar horarios para no superponerse en el uso de dicho recurso.

Una joven, directora de una empresa multinacional, me contaba los beneficios que había descubierto al trabajar desde el hogar; entre otros, disponía de más tiempo para sus clases de gimnasia y yoga. Esta situación había incentivado su interés por la comida saludable. Entendía que la situación del aislamiento obligatorio había sido altamente positiva: al mismo tiempo, había incrementado su productividad laboral. Al inicio de este período, había temido acerca de cómo podría dirigir al equipo a su cargo, experiencia que, también, había resultado altamente positiva.

La persona como un todo

El individuo o la persona es un todo; a esta concepción también hace referencia el término "individuo integral". Si bien parecería algo obvio en una primera instancia, este análisis no es solo interesante sino, además, pertinente.

Las organizaciones están conformadas por individuos que, durante la jornada laboral, concurren a trabajar no solo llevando consigo la "parte" de su persona correspondiente a sus aspectos profesionales, sino que está presente "todo el individuo", con sus emociones, alegrías, tristezas, ilusiones y situaciones personales, ya sean positivas o no.

Por ejemplo, al seleccionar a una persona, una organización no contrata una parte del individuo, "la parte que concurre a trabajar", sino que al trabajo asiste el individuo con todas sus circunstancias, y todos sus sentimientos, valores y problemas. No es factible contratar el cerebro o las manos de una persona.

El concepto *persona integral,* al cual nos referimos, implica que el individuo, cuando está llevando a cabo sus tareas profesionales, se ve influido por situaciones relacionadas con sus actividades personales, y viceversa. Ejemplo: si tiene un familiar enfermo su dedicación laboral será menor, de manera directa o indirecta; si el equipo que conforma en sus actividades deportivas ha ganado un campeonato de importancia para su contexto (puede no ser importante para otros, pero sí para el involucrado), esta energía positiva puede repercutir favorablemente en la consecución de sus objetivos laborales.

El teletrabajo, al integrar en un mismo espacio la vida profesional y personal, de alguna manera pone sobre la mesa esta cuestión.

Conciliar e integrar

En la figura del inicio, las actividades están separadas, casi enfrentadas, compitiendo por el tiempo y las energías de la persona en cuestión.

No obstante, al trabajar desde el hogar, los distintos intereses están integrados en un mismo lugar. El espacio se comparte con la familia, y también allí estarán disponibles diversos elementos que se utilizan para actividades que usualmente denominamos como de "tiempo libre" (solo por dar un ejemplo, el televisor donde –según los intereses de cada uno– podrán verse deportes, films y series por *streaming* y tantas cosas más).

Al teletrabajar, se sumarán a todo lo anterior elementos de trabajo que ocuparán algún espacio, mucho o poco, según las circunstancias.

Los afortunados dispondrán de un cuarto para transformarlo en su oficina en el hogar, otros armarán un espacio laboral en el garaje o en algún lugar alejado de la vivienda en sí, jardín, patio, etc. Sin embargo, la mayoría deberá acomodar su lugar de trabajo sin disponer de muchas opciones.

Conciliar e integrar serán las palabras clave.

Como veíamos en párrafos previos, la persona es un todo; esto es así tanto en esquemas de trabajo presencial como en otros, donde se incluya el trabajo a distancia. En la figura de la página siguiente se desea expresar esta idea. Una persona integrando diferentes roles e intereses.

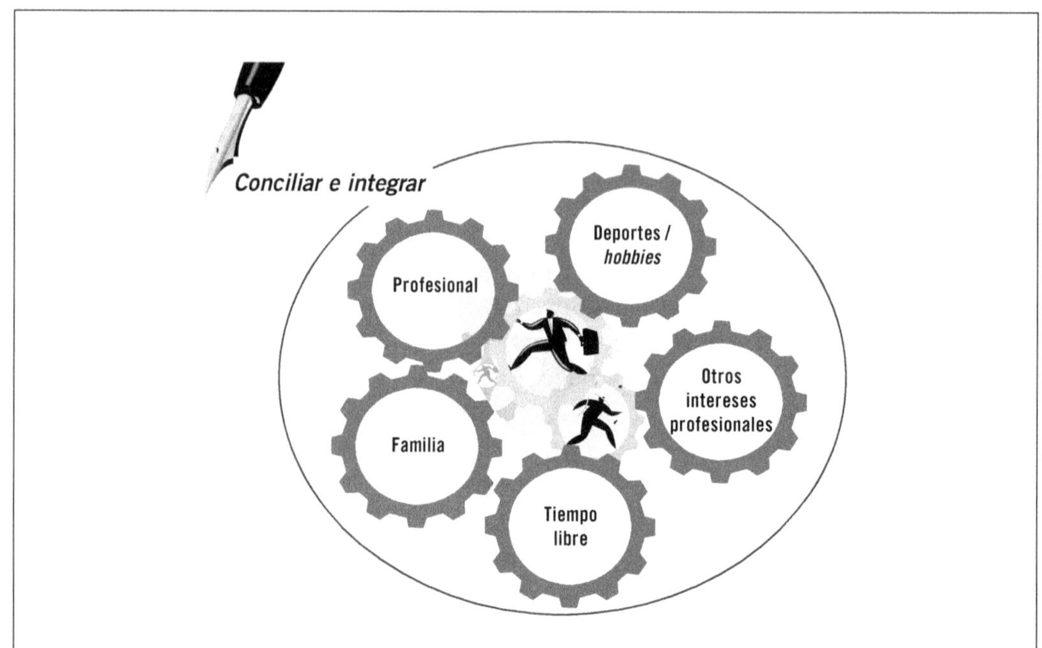

Planificar. Otro aspecto clave en el trabajo a distancia

Decía en la *Presentación* que competencias y motivación son dos temas transversales en todos los contenidos de esta obra. En relación específica con los temas de este apartado, nos referiremos a la siguiente competencia.

Capacidad de planificación y organización.[2] Capacidad para determinar eficazmente metas y prioridades de su tarea, área o proyecto, y especificar las etapas, acciones, los plazos y recursos requeridos para el logro de los objetivos. Incluye utilizar mecanismos de seguimiento y verificación de los grados de avance de las distintas tareas para mantener el control del proceso y aplicar las medidas correctivas necesarias.

Una competencia se abre en grados o niveles. Asimismo, para cada competencia que conforma un modelo de competencias, deben elaborarse ejemplos de compor-

---

2 La apertura en grados de esta competencia la encontrará en la obra *Diccionario de competencias. La trilogía. Tomo 1.* Ejemplos de comportamientos en relación con esta competencia los encontrará en la obra *Diccionario de comportamientos. La trilogía. Tomo 2.* Ambas obras en Ediciones Granica, Buenos Aires, 2015.

tamientos observables siguiendo la misma apertura en grados o niveles utilizada en el diseño del diccionario de competencias.

La capacidad para planificar y organizarse será muy útil en la conciliación de la vida profesional y personal. A mayor cantidad de intereses personales, será necesario contar con un nivel más alto de esa competencia.

Retomando la obra citada en la página 90 y en relación con la conciliación de intereses, un concepto allí tratado ayudará a una mejor realización de las tareas en el hogar.

En el *Apartado 8 - Agenda sin pendientes*[3] se presenta un concepto a través del cual se desea transmitir la idea de que al terminar el día se ha dejado el escritorio limpio, sin temas diferidos o incompletos.

> **Agenda sin pendientes.** Concepto que implica que los temas que conforman la agenda han sido procesados a través de: (i) su resolución, (ii) su planificación para una fecha futura, o bien (iii) su delegación en otra persona que será responsable de la ejecución.

Asumiendo que las personas necesitan trabajar como medio de sustento y que, usualmente, el trabajo no solo ocupa una cantidad importante de horas sino también de energía, una adecuada organización de la vida profesional que minimice el estrés permitirá una mejor realización de actividades vinculadas con los otros intereses personales. Por lo tanto, la mejor manera de organizarse y planificar, estableciendo prioridades, será un aspecto para considerar, tanto en la vida profesional como en la personal.

Agenda sin pendientes, desde la perspectiva organizacional, implica que se ha cumplido con las tareas o responsabilidades "del día", que otros temas –aún sin resolver– han sido asignados a otras jornadas, a otras personas, etc., y por lo tanto la *agenda* ha quedado "sin pendientes".

Desde el punto de vista personal, significa la tranquilidad de irse de la oficina (en el caso del trabajo presencial) o dejar de trabajar hasta el otro día (en el caso del teletrabajador), de alguna manera más *relajado,* sin el estrés que produce no haber terminado las tareas o no haber realizado todo aquello que nos habíamos propuesto. Es decir, sin sentirse abrumado por haber dejado "algo" sin hacer.

La *sensación* puede no estar originada en un hecho real, como haber dejado una tarea importante pendiente. Sin embargo, la persona tiene *la sensación de haber dejado algo sin realizar.*

Muchas personas viven y sienten así sus obligaciones, como una carga, como un peso. En la mayoría de los casos, esta "carga" desaparece con algunas acciones cotidianas para ordenar las tareas de modo tal que, al momento de terminar la jornada

---

3 *Conciliar vida profesional y personal.* Ediciones Granica, Buenos Aires, 2016.

laboral, la persona pueda retirarse sin esa *sensación de angustia* o incertidumbre sobre si se cumplió o no con lo esperado por la organización.

Agenda sin pendientes, ¿cómo lograrlo?

La idea que se expone en la figura siguiente es aplicable a todo tipo de tareas y niveles organizacionales. Representa a una persona que debe realizar actividades de diversa índole.

Una persona inicia el día de trabajo con un stock de pendientes. Una buena sugerencia será tenerlos clasificados por tema, por responsable, etc.

En este gráfico se consignan cinco tipos de pendientes; pueden ser más o menos, dependerá de cada caso en particular. También allí podrá observar que en el día llegarán nuevos temas que se sumarán a los de inicio de la jornada. Habrá que restar los temas terminados durante el día o derivados a otras personas, por lo cual, el stock al momento de retirarse será igual a:

Pendientes del stock inicio del día + nuevos (del día) – terminados = stock del final del día

---

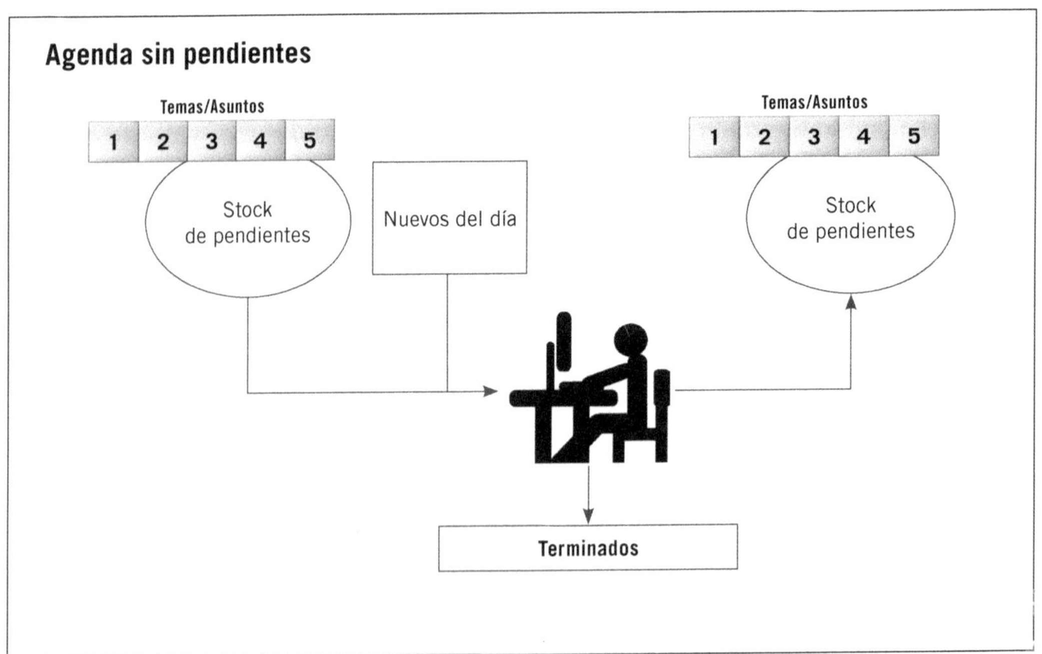

La persona deberá administrar esta fórmula todos los días, lo cual no implicará una tarea adicional. Es una forma de hacer las cosas. Le será de gran ayuda utilizar un organizador de pendientes. Podrá emplear un organizador personal, una agenda, un *software*, o cualquier otro método que permita organizarse de manera fácil y sencilla.

En el capítulo 8 de la obra *Conciliar vida profesional y personal*,[4] el análisis de la "agenda sin pendientes" se complementa con la delegación. En este punto, deseo recordar que no solo "delegan" los jefes; en ocasiones es posible delegar una tarea a un compañero de trabajo.

En el ámbito personal, se podría delegar a otro miembro de la familia, etc. Conciliar las distintas actividades, desde la mirada personal, es la temática de la obra *12 pasos para conciliar vida profesional y personal*.[5]

En resumen, planificar el día a día y, al mismo tiempo, determinar cuáles de los pendientes serán realizados al día siguiente, etc., es otro factor clave para un efectivo *home office*.

Tareas y responsabilidades según el descriptivo de puesto

En el *Apartado 3 - Cuestiones a tener en cuenta para trabajar a distancia* se hizo una mención acerca de los descriptivos de puesto. Retomaremos el tema a continuación.

Análisis y descripción de puestos

Es uno de los subsistemas de Recursos Humanos. En este subsistema se recaba información sobre los distintos puestos organizacionales y se analiza sus contenidos (análisis de puestos) para luego, como resultado final, contar con los *descriptivos de puesto* de cada una de las posiciones que integran la organización. Adicionalmente, será posible comparar los puestos entre sí para definir una estructura organizacional.

Una de las formas de comparar puestos es a través de la *puntuación de puestos*.[6] Por último, y dentro de un modelo de competencias, se asignan las competencias

---

4 *Conciliar vida profesional y personal*. Ediciones Granica, Buenos Aires, 2016.

5 *12 Pasos para conciliar vida profesional y personal*. Ediciones Granica, Buenos Aires, 2013.

6 *Puntuación de puestos*. Se denomina "puntuación de puestos" a una manera de valorar las posiciones de la organización a través de asignar un cierto puntaje a determinados factores definidos previamente. De este modo es posible llegar a un valor numérico total por cada puesto, con el propósito de poder compararlos tanto internamente –los distintos puestos entre sí– como externamente, con el mercado. Esto último solo será posible si las otras compañías utilizan valores similares para la realización de la mencionada puntuación.

con sus grados a los distintos puestos organizacionales. Los descriptivos de puesto de toda una organización suelen integrar el *Manual de puestos*.

Sobre la base de los descriptivos de puesto será posible seleccionar nuevos colaboradores, evaluar el desempeño de los ocupantes de dichos puestos, realizar acciones de formación para achicar brechas, sea en relación con el puesto actual o uno futuro, e implementar distintos programas para el desarrollo de las personas, como planes de carrera, planes de sucesión y/o diagramas de reemplazo. Por último, cuidar la equidad interna y externa en materia de remuneraciones.

La preparación de descriptivos de puesto, de acuerdo con las buenas prácticas, permitirá una más fluida relación jefe-colaborador. Cada ocupante de un puesto sabrá así qué se espera de él y cuáles son sus responsabilidades. Los jefes tendrán un documento que les servirá de guía. Esta claridad en la relación es buena para todos los involucrados: para el colaborador y sus compañeros de trabajo, para el jefe y para la organización en su conjunto.

La expresión "descripción de puestos" detalla la acción de analizar y describir los diferentes puestos de la organización, que luego se refleja en un documento especifico:

Descriptivo del puesto[7] **(descriptivo de cargo).** Documento interno donde se consignan las principales responsabilidades y tareas de un puesto de trabajo. Adicionalmente se registran los requisitos necesarios para desempeñarlo con éxito: conocimientos, experiencia y competencias.

Como decíamos, el documento denominado "Descriptivo de puesto" constituye la base de los restantes subsistemas de Recursos Humanos. Por esta razón, nuestro énfasis en la importancia de contar con descriptivos de puestos confiables, alineados con la estrategia organizacional.

La información se plasma en un formulario para cada posición. La forma en que deben incluirse los datos más relevantes se expone en la figura de la página siguiente.

El documento se complementa con otra acción que se denomina "asignación de competencias a puestos", la cual se verá a continuación.

---

7 *Descriptivo de puesto* es la herramienta N° 10 descrita en la obra *Las 50 herramientas de Recursos Humanos que todo profesional debe conocer.* Ediciones Granica, Buenos Aires, 2017.

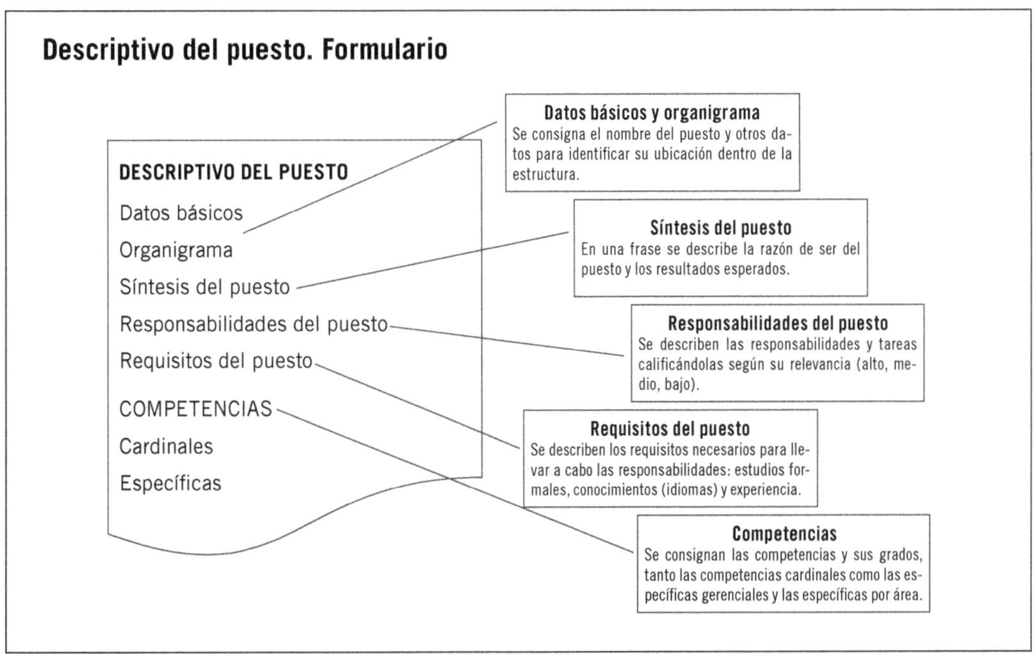

Las competencias integran el descriptivo del puesto

Como se expresara, las competencias están relacionadas de una manera u otra con todos los temas de la obra. Son necesarias para alcanzar la estrategia organizacional e integran todos los puestos de trabajo.

Este conjunto de competencias, que conforman el *Modelo de competencias*, se actualiza cuando la organización modifica su estrategia y también cuando se incorporan diferentes formas de hacer las cosas, por cualquier motivo. Dentro de estas, será posible incluir el teletrabajo y/o trabajo a distancia.

Asignación de competencias a puestos[8] **(o cargos).** Procedimiento interno por el cual se asignan competencias junto con sus grados a los distintos puestos de trabajo.

La asignación se refleja en un documento interno donde se indica, para los distintos puestos de trabajo, las competencias requeridas junto con los grados en que se necesitan.

---

8 *Asignación de competencias a puestos* es la herramienta N° 2 descrita en la obra *Las 50 herramientas de Recursos Humanos que todo profesional debe conocer.* Ediciones Granica, Buenos Aires, 2017.

Asignación de competencias a puestos dentro de un área

ÁREA DE RECURSOS HUMANOS
PUESTO: GERENTE DE RR.HH.

Competencias cardinales	A	B	C	D
Compromiso con la rentabilidad	X			
Responsabilidad personal	X			
Competencias específicas gerenciales				
Conducción de personas		X		
Competencias específicas área RR.HH.				
Desarrollo y autodesarrollo del talento		X		
Comunicación eficaz	X			
Credibilidad técnica	X			

Nota: Solo se consignan 6 competencias para la presentación del tema en un gráfico.

ÁREA DE RECURSOS HUMANOS
PUESTO: JEFE DE SELECCIÓN

Competencias cardinales	A	B	C	D
Compromiso con la rentabilidad		X		
Responsabilidad personal			X	
Competencias específicas gerenciales				
Conducción de personas				X
Competencias específicas área RR.HH.				
Desarrollo y autodesarrollo del talento		X		
Comunicación eficaz	X			
Credibilidad técnica		X		

Nota: Solo se consignan 6 competencias para la presentación del tema en un gráfico.

ÁREA DE RECURSOS HUMANOS
PUESTO: ANALISTA DE RR.HH.

Competencias cardinales	A	B	C	D
Compromiso con la rentabilidad				X
Responsabilidad personal				X
Competencias específicas gerenciales				
Conducción de personas				
Competencias específicas área RR.HH.				
Desarrollo y autodesarrollo del talento			X	
Comunicación eficaz			X	
Credibilidad técnica				X

Nota: Solo se consignan 6 competencias para la presentación del tema en un gráfico.

En la figura se expone, de manera esquemática, la asignación de competencias a puestos diferentes dentro de una misma área. Por lo tanto, las competencias son las mismas en cada uno de ellos, solo varían los grados o niveles requeridos. En la parte derecha, el nivel analista, al no contar con gente a cargo, su puesto no requiere las competencias gerenciales (*Conducción de personas*, en el ejemplo expuesto en el gráfico precedente).

Con frecuencia, en grandes organizaciones, la asignación de competencias se realiza por grupos de puestos (o cargos). Una forma de realizarlo es elaborando en primera instancia la *Estructura de puestos*.[9]

Descriptivo del puesto y teletrabajo

Como se expresó en la presentación de la obra, se denomina teletrabajo cuando las tareas que se realizan a distancia se relacionan con puestos y personas dentro de una organización, formando parte de una estructura.

---

9 *Estructura de puestos.* Documento interno en el cual se exponen los diferentes niveles organizacionales junto con las principales responsabilidades y los requisitos para ocuparlos. *Estructura de puestos* es la herramienta N° 23 descrita en la obra *Las 50 herramientas de Recursos Humanos que todo profesional debe conocer.* Ediciones Granica, Buenos Aires, 2017.

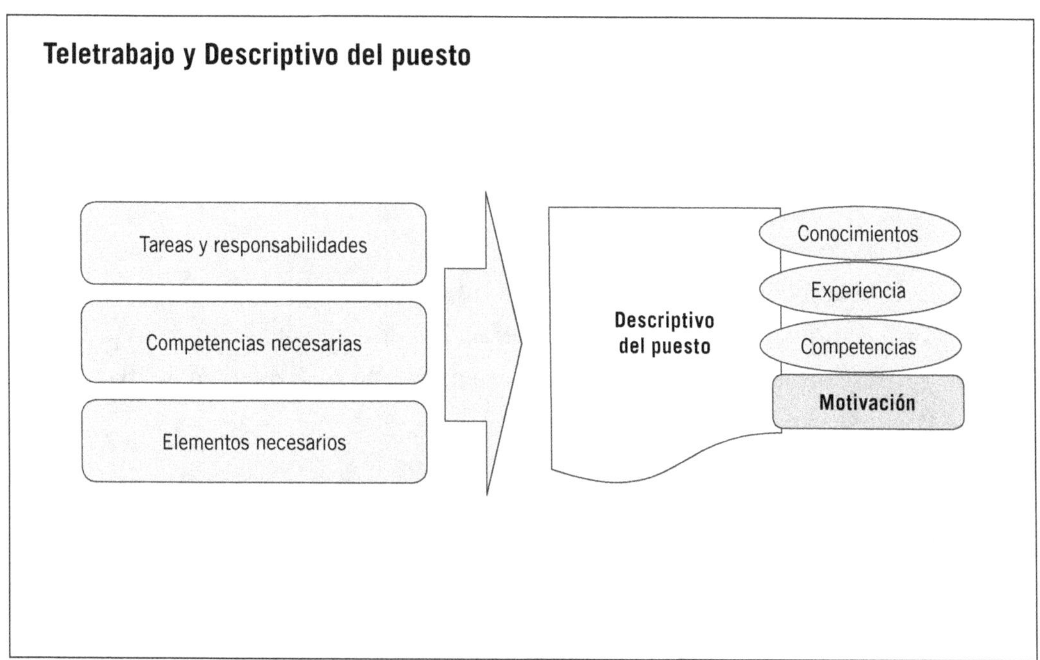

Por esta razón, la modalidad teletrabajo o trabajo a distancia deberá formar parte del descriptivo del puesto. Esto permitirá describir las tareas y responsabilidades, las competencias requeridas y los elementos necesarios para teletrabajar.

En la definición más usual, el término teletrabajo hace referencia al trabajo remunerado en relación de dependencia en el cual el empleado realiza sus tareas a distancia, utilizando las telecomunicaciones. Por lo tanto, un teletrabajador es un trabajador en relación de dependencia (de una organización) que realiza sus tareas a distancia utilizando las telecomunicaciones.

Teletrabajo, denominado con frecuencia *home office* o trabajo desde el hogar, también incluye la descentralización de funciones en otras ciudades o dependencias, usualmente para reducir costos. Entre los ejemplos frecuentes, diversos centros de recepción de pedidos y reclamos, de ventas, etc., usualmente conocidos por una denominación generalizada de *"call centers"*.

Además de las situaciones mencionadas, también se realiza trabajo a distancia en aquellos casos donde los colaboradores, por algún motivo, realizan sus labores en otra locación. Entre los ejemplos frecuentes podemos mencionar auditores, consultores que llevan a cabo parte de sus actividades en las oficinas de sus clientes... Asimismo, empresas de limpieza, de seguridad, entre otras, que realizan sus labores en distintas dependencias.

A su vez, centros de procesamiento y hasta asesoramientos a distancia, en temáticas diversas. Una amplia gama de temas a través de los cuales se logra, entre otros aspectos positivos, un mejor aprovechamiento de los conocimientos de los colaboradores.

Aspectos que facilitan el teletrabajo

- Tareas cuantificables.
- Que la actividad a realizar requiera un espacio físico reducido.
- Tareas individuales y/o de baja interacción –presencial– con otras personas.
- Tareas donde la comunicación necesaria pueda realizarse en forma remota.
- Poco herramental y de bajo costo.
- Fijar objetivos y plazos fáciles de determinar.
- Tareas que cada jefe pueda, con claridad, asignar a los distintos colaboradores, los cuales estarán trabajando desde sus respectivos hogares.

Competencias de jefes y colaboradores

Nos referiremos de manera más específica a las competencias de jefes y colaboradores en próximos apartados, además de las ya mencionadas.

Algunas de las aplicables a un gran número de actividades, factibles de realizarse bajo la modalidad de teletrabajo, son las siguientes.[10]

- Capacidad de planificación y organización.
- Comunicación eficaz.
- Flexibilidad y adaptación.
- Orientación a los resultados con calidad.
- Perseverancia en la consecución de objetivos.
- Responsabilidad personal.
- Temple y dinamismo.

Para los jefes, en especial:

- Conducción de personas.
- Liderar con el ejemplo.

10 La definición de las competencias mencionadas, así como su apertura en grados, podrá verlas en *Diccionario de competencias. La trilogía. Tomo 1.* Ediciones Granica, Buenos Aires, 2015,

Motivación para teletrabajar

Nos hemos referidos en varios apartados a la motivación, en general, y en particular respecto del teletrabajo y *home office.*

En una primera instancia hay que recordar que las personas se sentirán más motivadas para trabajar si poseen los conocimientos y competencias que las tareas requieren. Del mismo modo sucede en relación con el teletrabajo.

Si una persona, además de contar con las capacidades –conocimientos y competencias– requeridas, logra una conciliación entre su vida profesional y personal, su motivación aumenta.

Un factor adicional que habrá que tener en cuenta es la interacción social.

El trabajo en un ámbito laboral, oficina, fábrica, *mall/shopping,* negocio o cualquier otro, implica algún grado de relación social entre los trabajadores. Cuando el teletrabajo es total, es decir, toda la actividad laboral se realiza de esta manera, la interacción social será muy baja. Si el teletrabajo es parcial, por ejemplo, un día por semana, no afectará la socialización.

Lo descrito hasta aquí tendrá mayor o menor incidencia según la percepción que cada colaborador posea sobre el tema. En algún caso la falta de socialización podrá, incluso, ser un factor que incida en la falta de motivación.

Como se ha expresado, la motivación es un factor complejo, compuesto de ítems diversos y diferentes según cada persona y que, además, varía en el tiempo. No es perdurable y permanente. Usualmente se va modificando, quizá lentamente, pero el cambio se verifica.

Si entre los aspectos que motivan fuertemente a una persona se identificara la interacción social, el teletrabajo podrá transformarse en una mala idea para aplicarla a su posición.

Elementos necesarios
de considerar para el teletrabajo

El lugar físico en el cual se desarrollará el teletrabajo es un aspecto de alta relevancia. Nos hemos referido a esta cuestión al inicio del apartado.

El teletrabajador, dentro de sus posibilidades, deberá disponer de un espacio reservado para el desarrollo de su actividad. Contar con una cierta tranquilidad para la realización de su jornada laboral.

Si la organización le ha provisto equipamiento, maquinaria, etc., según el tipo de tarea a realizar, el colaborador deberá asumir una responsabilidad al respecto.

En algunas circunstancias podrá ser necesario contemplar aspectos tales como condiciones de conectividad, potencia eléctrica, iluminación y otras cuestiones relacionadas. También considerar aspectos del medio ambiente, como calefacción, frío o ventilación.

En el caso de requerir algún equipamiento, usualmente este es provisto por la organización. En este caso, estos bienes serán propiedad de esta. Por lo tanto, en eventuales reemplazos y mantenimiento, se procederá en línea con esta realidad.

Por último, según las tareas y responsabilidades, se deberán definir tanto reuniones como las diferentes comunicaciones virtuales. También considerar la necesidad de eventuales desplazamientos.

Por último, podemos observar que, según cuáles sean los métodos de trabajo organizacionales, se podrá realizar controles del teletrabajador en función de la conectividad realizada. En otros casos, se podrá apelar a otras variantes, como ser llamado/mensaje/comunicación al inicio y al final de la jornada, por ejemplo.

En cualquier caso, siempre será más provechosa para todos los involucrados la definición de objetivos precisos, así como de plazos y estándares de cumplimiento. Trabajar de este modo será más grato para todos, en contraste con el mero control horario.

La organización deberá instrumentar procedimientos de seguridad y protección de los datos/información y otras cuestiones relacionadas.

Por su parte, el teletrabajador deberá comprometerse a resguardar la información.

Aspectos económicos a considerar

Cada caso y situación podrá ser diferente del resto. Cada organización deberá analizar la situación en su conjunto y, también, considerar los casos particulares.

La Pandemia 2020 no solo llevó a las personas y empresas al teletrabajo sino que, muy lamentablemente, trajo aparejadas pérdidas económicas. Por lo cual el *home office* implicó, en muchos casos, reducciones de salarios o, en las situaciones más graves, despidos, cese de contratos de personal temporario, etc.

Cuando el teletrabajo no es obligatorio sino que, por el contrario, es una opción que las empresas ofrecen y los colaboradores aceptan, también habrá que considerar los aspectos económicos, con otro punto de vista.

En unos casos habrá que compensar al trabajador por mayores costos. En otros, los empleadores aducirán que sus colaboradores no incurren en gastos de traslado y similares, lo que implica una reducción de las erogaciones que deben hacer. Todo es posible. Cada caso será particular. Cada organización analizará su contexto.

Usualmente no se modifica el salario, y en ningún caso el teletrabajo debería significar una pérdida de las condiciones habituales de contratación y seguridad laboral con las que el colaborador contaba antes de iniciar la modalidad de teletrabajo.

En cuanto a mayores costos causados por el teletrabajo, las organizaciones optan por estimarlos y sumarlos a la remuneración, buscando un esquema más sencillo de implementación. En otros casos, se opta por el reconocimiento de dichos gastos a través de una liquidación específica extra. En resumen, si el teletrabajo origina, por algún motivo, gastos extras al teletrabajador, estos deberán ser considerados.

Por último, las organizaciones podrían definir la duración del período de teletrabajo. En este caso, se debería contemplar cómo será el regreso del colaborador a su situación anterior. Adicionalmente, considerar el tratamiento de aquellos teletrabajadores que no se adapten a la modalidad.

Ventajas y desventajas del teletrabajo para la empresa y para el trabajador

Las ventajas y desventajas, para unos y otros, podrán estar conformadas por ítems diversos. A continuación, un listado de las más frecuentes. Como en toda enumeración, esta podrá estar incompleta o, en algunos casos, mencionar un aspecto que no se corresponde con alguna realidad personal u organizacional.

Ventajas y desventajas desde la mirada de la organización

- Ahorros económicos de espacio físico y gastos relacionados (por ejemplo, alquiler de oficinas, electricidad, conectividad, comunicaciones, etc.).

- Menor ausentismo.

- Promueve las buenas prácticas, como la fijación de objetivos y, en consecuencia, la posibilidad de alcanzar una gestión basada en resultados.

- Incremento de la productividad.

Inconvenientes y atenuantes

- Eventual mayor costo por equipos necesarios para el teletrabajo.

En algunas organizaciones se teme perder el control de los colaboradores y su identificación con la organización. Estos temores se neutralizan con interacción virtual, facilitada de manera notable por la tecnología y las comunicaciones virtuales.

Las organizaciones deberían intensificar sus acciones para lograr la identificación de sus trabajadores a distancia, como un valor esencial de la cultura organizacional.

Ventajas y desventajas desde la mirada del colaborador

- Facilita la conciliación de los distintos intereses personales. Permite una mayor interacción con la familia. En algunos casos, posibilita solucionar problemas personales (cuidado de niños pequeños, de un familiar enfermo, etc.).

- Los teletrabajadores con alta productividad podrán tener más tiempo libre. También una mayor sensación de libertad.

- Desde la interacción grupal, se evita un eventual compañero que distraiga o perturbe al resto del equipo.

- Disminuyen algunos gastos: traslado, vestimenta, etc. Esto será así según la definición de salario acordado con la organización.

Inconvenientes y atenuantes

- Sensación de aislamiento y pérdida de la socialización que provee el trabajo presencial.

Muchas personas temen perder el apoyo de sus jefes y compañeros de trabajo, tanto en la realización de las tareas habituales como en relación con la carrera futura. Estos temores se neutralizan –al igual que se comentara antes, en relación con los inconvenientes desde la mirada organizacional– con interacción frecuente a distancia, tanto con jefes como con compañeros, facilitada de manera notable por la tecnología y las comunicaciones virtuales.

En cuanto a la pérdida de identificación con la organización y los compañeros –otro temor frecuente entre los teletrabajadores–, corresponde la misma reflexión que en el párrafo anterior.

Por último, y desde la mirada del teletrabajador, la identificación con la empresa dependerá, en gran medida, de su jefe directo y de las políticas organizacionales.

Ventajas y desventajas para todos los involucrados

Hemos manifestado con anterioridad que la experiencia obtenida durante la Pandemia 2020, en materia de teletrabajo, ha sido muy valiosa e interesante.

Si bien la situación no fue planeada ni deseada, un conjunto de personas se encontró, de un día para el otro, teletrabajando. Por aquellos días, un comentario frecuente, en ámbitos diversos y muy distantes entre sí, fue la mayor productividad en las reuniones, desde varias miradas.

Muchos destacaron que las reuniones se tornaron más productivas, porque *se iba directo al grano*. Se fijaba una hora determinada, todos estaban presentes puntualmente para iniciar el tratamiento de los temas. Quizá por falta de costumbre, por temor a que la reunión podía quedar grabada –o ya se había advertido que lo sería–, por falta de fluidez frente a la tecnología y por otras razones adicionales, cada responsable exponía los temas de forma más concisa. En resumen, menos tiempo, mejores resultados.

También muchos me han comentado, sumando a lo descrito en el párrafo precedente, que era evidente que las personas no solo habían estudiado el tema más profundamente de lo habitual, antes de iniciar la reunión, sino que, además, se advertía una mayor planificación.

Otro factor, en especial en grandes ciudades, era que no se requería tiempo de desplazamiento.

¿Habremos aprendido a hacer reuniones más productivas? Quizá sí. Quizá no. No obstante, todos hemos aprendido que esto es posible. Y será el primer paso para utilizar estas buenas prácticas en todo momento.

A modo de cierre del apartado

Si bien no me agrada atribuirme el rol de "dar consejos", la obra se complementa con cuatro apartados en los cuales planteo sugerencias, en algunos casos de tipo conceptual, en otros, más de detalle: *apartados 11 -* Tips *para números 1 y dueños; 12 -* Tips *para directivos y jefes*; *13 -* Tips *para todos*, y *14 -*Tips *para Recursos Humanos*

En los apartados mencionados, hemos iniciado cada uno, con la siguiente frase:

Tips, ideas, consejos, sugerencias y recomendaciones, para que cada uno considere cuáles son los apropiados a sus circunstancias. Adicionalmente, podrá incorporar sus propias ideas y experiencias, para mejorar.

En ningún caso son todos los *tips* posibles y, al mismo tiempo, en algunas circunstancias podrán no ser pertinentes.

Recuerde, además, que las miradas se complementan: directivos, jefes y colaboradores se desenvuelven en un mismo ámbito, con problemas y circunstancias muchas veces comunes.

Leer +++

☞ *Dirección estratégica de Recursos Humanos. Volumen 1.* Ediciones Granica, Buenos Aires, 2015.

☞ *Dirección estratégica de Recursos Humanos. Casos. Volumen 2.* Ediciones Granica, Buenos Aires, 2016.

☞ *Las 50 herramientas de Recursos Humanos que todo profesional debe conocer.* Ediciones Granica, Buenos Aires, 2017.

☞ *Diccionario de competencias. La trilogía. Tomo 1.* Ediciones Granica, Buenos Aires, 2015.

☞ *Diccionario de comportamientos. La trilogía. Tomo 2.* Ediciones Granica, Buenos Aires, 2015.

☞ *Conciliar vida profesional y personal.* Ediciones Granica, Buenos Aires, 2016.

☞ *12 pasos para conciliar vida profesional y personal.* Ediciones Granica, Buenos Aires, 2012.

Atrapado entre diferentes roles

De un modo u otro, todos estamos atrapados entre roles

En diferentes momentos

Frente al pedido de un hijo para ir a un determinado lugar, jugar hasta más tarde, ver más tiempo la TV o cualquier otra circunstancia similar, el "niño interior" del padre o de la madre lo incita a consentir, a seguir jugando, a seguir viendo más películas, etc. Sin embargo, su responsabilidad como padre/madre le indica que lo más conveniente para el niño es dormir temprano, cumplir ciertas rutinas... Lo mismo podría pasar frente al pedido de un helado extra, más chocolate, etc. El niño que habita dentro del padre o la madre también querría lo mismo. La responsabilidad de su rol parental, sin embargo, le indica lo contrario.

Un grupo de amigos organiza una salida de fin de semana, a una casa de campo, a la que asistirán todos los que conforman el grupo. Muy unidos. Muy entrañables. Uno de los amigos, que tiene su niño interno, desearía ir, participar, no quedar fuera de ese momento que intuye será grandioso. Por otro lado, el adulto responsable que también está dentro suyo le recuerda que ese fin de semana es el cumpleaños de su tía favorita, se hará una celebración y se comprometió a ayudar. Adicionalmente, concurrirán unos primos muy queridos que hace mucho no ve, porque viven en el exterior y están de visita, por el festejo mencionado. Sus afectos y responsabilidades, en pugna.

En vacaciones, en un viaje en familia, disfrutando de un paseo que le interesa, alguien recibe una comunicación en la cual se le solicita de manera imperiosa resolver una cuestión. No implica cancelar la actividad que está realizando, pero sí perder "algo" de ese disfrute. Su descanso, la actividad recreativa que está llevando adelante en el ámbito de su vida personal, deberá ceder su espacio, una parte de él, para atender una cuestión urgente de su vida profesional.

Y así podríamos citar muchos más ejemplos y anécdotas de la vida personal.

¿También nos sentimos atrapados entre sentimientos y roles en la vida laboral?

Realizando *home office*, cualquiera de nosotros ya habrá organizado sus horarios, sus rutinas, acordado con jefes y compañeros las reuniones virtuales y el seguimiento del avance de las tareas y los nuevos proyectos. Habrá logrado un equilibrio, más o menos estable, entre sus distintos intereses personales y laborales. Un día, una persona con la cual convive, un hijo, quizá su pareja, introduce en el ámbito del hogar un nuevo elemento (quizá cambió el televisor, o compró un instrumento musical), y el equilibrio ya no es tal. Se siente atraído por la novedad, su espíritu lúdico es muy fuerte, desea dejar de cumplir con sus compromisos para participar de la nueva distracción que ha irrumpido en el hogar. Por otro lado, su responsabilidad se lo impide. Debe cumplir con sus compromisos.

En la oficina puede suceder algo parecido al último caso. El compromiso asumido, la responsabilidad por entregar una tarea, más allá de que el jefe esté presente o no, es un factor de mayor peso, en las decisiones de un colaborador, que la tentación de charlar con un ex compañero de trabajo que pasó a saludar.

Todos y cada uno estamos permanentemente atrapados entre roles, en debates internos, cosas que queremos hacer que entran en colisión con otros intereses u obligaciones. Muchas veces hay que elegir entre dos cosas que deseamos hacer, que nos resultan igualmente satisfactorias. Pero solo se puede hacer una de ellas.

En las organizaciones

La mayoría de las personas, por el solo hecho de formar parte de una estructura jerárquica, pueden sentirse, en mayor o menor medida, atrapadas entre sus diferentes roles y responsabilidades. Nos referimos fundamentalmente al rol de un jefe en relación con su grupo de trabajo, por un lado, y por otro, respecto de esa misma persona, mirando hacia arriba, al rol de subordinado de su propio jefe.

Cuántas veces, desde un rol haríamos una determinada acción y, desde otro, quizá haríamos lo contrario…

Al estudiar el comportamiento de las personas en el ámbito organizacional, este es uno de los aspectos principales que deberían tenerse en cuenta.

¿Existe realmente un "enfrentamiento"? Muchas veces sí, y allí se podrán verificar problemas de diversa intensidad, llegando a situaciones extremas como huelgas y otros conflictos.

En la mayoría de los casos, solo se trata de percepciones, sentimientos, que quizá no originen conflictos serios, pero no por ello son poco importantes y se deben analizar, tener en cuenta y, en lo posible, resolver.

El comportamiento de directivos y jefes

Veíamos en el *Apartado 3 - Cuestiones a tener en cuenta para trabajar a distancia* las teorías sobre el comportamiento de los colaboradores; y sobre el final hice allí una breve mención a que quizá los jefes también puedan no estar motivados y/o comprometidos con el trabajo y la obtención de resultados. Retomemos esta cuestión para aplicarle, a su vez, otra mirada.

El comportamiento organizacional está determinado por una serie de elementos, tanto internos como externos a la organización. Para su estudio, desde la perspectiva interna de la organización, podría agruparse a todo su personal en dos grandes vertientes:

1. El comportamiento del universo de la dotación total de la organización. Cada colaborador evidencia comportamientos individuales. Esta mirada representa el comportamiento de los colaboradores, aunque estos ocupen niveles directivos.

2. El comportamiento de las personas con responsabilidades directivas de diferente nivel, desde el número 1 de la organización (CEO, Director General, Gerente General o cualquier otra denominación), los distintos gerentes de área hasta otros niveles de conducción, jefes y supervisores. Este grupo está también incluido en la dotación total.

Ahora bien, un gerente de área es al mismo tiempo directivo y colaborador. Forma parte de los dos grupos. Tendrá, quizá, diferentes comportamientos según se perciba a sí mismo ocupando un rol de dirección o de colaborador, por ejemplo, al analizar sus propias circunstancias desde una perspectiva individual. En realidad, debe existir un desdoblamiento natural de roles para poder adaptar su comportamiento específico frente a cada tema concreto según lo esté encarando como jefe o como subordinado. Cuando este desdoblamiento no es bien manejado por la persona, aparece esta sensación de estar atrapado por las circunstancias.

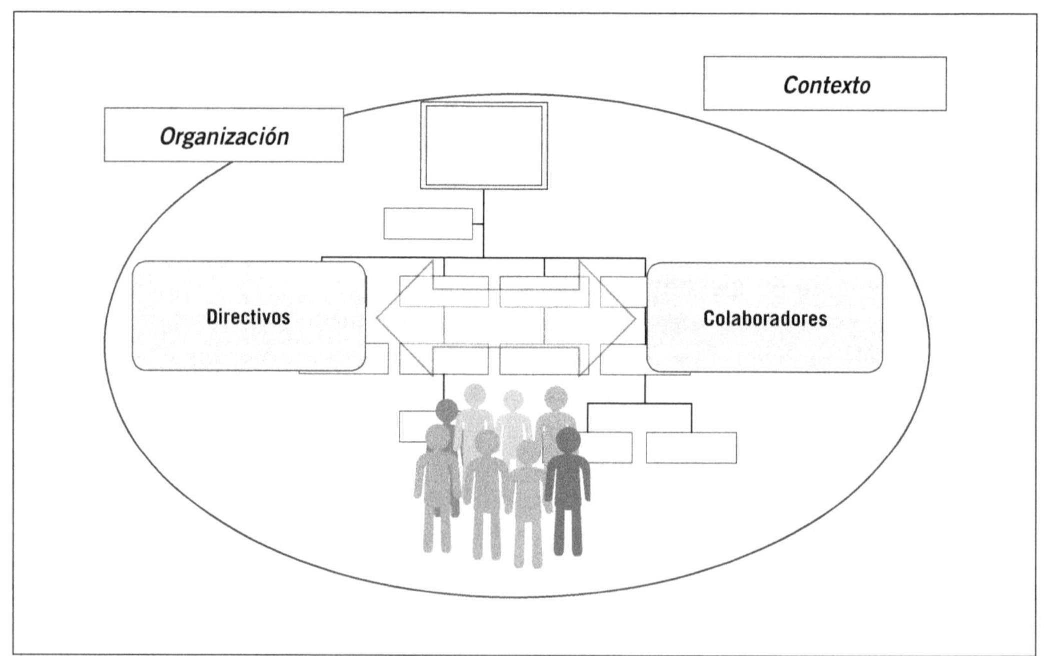

En su conjunto, los comportamientos de los directivos se retroalimentan con los comportamientos de los colaboradores, y viceversa. Es decir, la retroalimentación será siempre en ambas direcciones.

Los comportamientos no son constantes a lo largo del tiempo. Por otra parte, siempre se espera una determinada conducta, tanto de los directivos como de los colaboradores.

En la figura de la página anterior hemos incluido una flecha que conecta en ambas direcciones el comportamiento de los directivos y el de los colaboradores. Unos se retroalimentan con el comportamiento de los otros. Están en equilibrio. Si dicho equilibrio se "rompe" de algún modo, podrán presentarse problemas. Si los intereses, en alguna medida contrapuestos, se administran en forma adecuada, el equilibrio será perdurable en el tiempo.

Atrapado entre sus roles. Directivos y jefes. En ocasiones, también el número 1

En esta interrelación entre los comportamientos que se expone en la figura de la página precedente, muchos se sentirán atrapados: directivos, jefes y, quizá, también el número 1, cuando este a su vez reporta a un nivel superior, en un esquema regional/internacional. Desde esta perspectiva, una misma persona es directivo o jefe y, al mismo tiempo, colaborador.

La mayoría de las veces, una persona no expresa en palabras este sentimiento. Sin embargo, en algunas circunstancias esto puede hacerse evidente, por ejemplo, en una charla formal o informal con un asesor externo, al expresar su opinión sobre una cuestión y decir frases tales como: *la dirección de la empresa ha enfatizado a todos los gerentes que los objetivos de este año se deben cumplir sin excepción, en mi área esto es muy difícil. En mi caso en particular, me siento muy presionado entre mi jefe y mi propio equipo, además, tengo dos niños pequeños y mi esposa también tiene un trabajo muy exigente. No obstante, todos estamos haciendo nuestro mejor esfuerzo.* Su rol de gerente y su rol de colaborador, en colisión. Quizá no verbalice esta situación ni a su jefe ni a su equipo directo, pero en su fuero íntimo, lo vive como un problema.

Los consultores de Recursos Humanos vemos a diario este tipo de contradicciones.

En nuestra firma, entre otros asesoramientos, se brinda formación sobre diferentes cuestiones a líderes de diferentes áreas, en actividades que usualmente se realizan *"in company"/"in house"* (es decir, en la propia organización). Es frecuente que, en una actividad de este tipo, un colaborador de nivel intermedio cuestione la ausencia de su superior al sentir que a él se le está solicitando un esfuerzo, que realice determinada tarea, etc., y su jefe, al estar ausente, pareciera en una primera instancia que no debería realizar la misma tarea o el mismo esfuerzo.

Otro ejemplo, en la misma línea de temas: cuando se brindan sugerencias sobre la mejor forma de llevar a cabo una reunión de retroalimentación –etapa dentro de la evaluación del desempeño– se recomienda: "No se reúna con su colaborador para brindarle retroalimentación acerca de su desempeño el mismo día en que usted recibió la suya". ¿Por qué se sugiere esto? Más allá de que el imaginario jefe haya recibido a nivel personal una buena evaluación o una negativa, su desempeño como jefe se verá afectado por sus propias vivencias/emociones como colaborador. El desdoblamiento del que hablábamos en párrafos anteriores se podría ver afectado.

Continuando con los ejemplos, otro consejo habitual: "No se reúna con sus colaboradores si está enojado con su propio jefe". Siendo más amplios, no se reúna si está enojado, en general.

Desde ya, en la vida laboral y profesional se transitan circunstancias mucho más complejas, como reducir personal u otras similares, por ejemplo, cuando un jefe debe comunicar a su equipo de trabajo decisiones –de cualquier índole– tomadas por sus superiores, que él no comparte o bien que lo afectan personalmente.

Sin extenderme en ejemplos, la situación está planteada. Cada lector tendrá, seguramente, alguna experiencia similar, ya sea a nivel personal o en su entorno directo, para sumar a los casos mencionados.

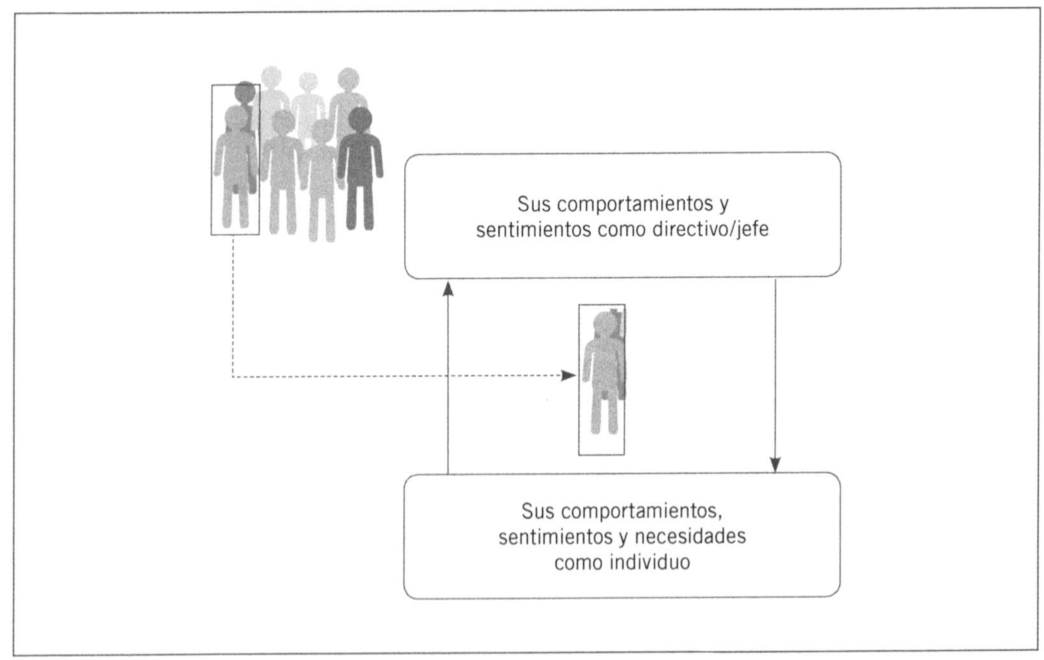

Los distintos integrantes de una organización verán afectados sus comportamientos, y estos serán influenciados por factores externos, tanto locales y regionales como globales.

Atrapado entre roles –también– al gestionar sin estar

En la vida laboral, como vimos, una persona puede verse atrapada entre roles y tener esta percepción más allá de las circunstancias.

En apartados previos se han mencionado las buenas prácticas y sus beneficios. La mayoría de las buenas prácticas, a través de sus métodos y procedimientos de trabajo, tienden a minimizar problemas que, eventualmente, pueden presentarse en el comportamiento organizacional y también ayudan a las personas a resolver cuestiones derivadas de sus diferentes roles cuando estos, en algún momento, se ven enfrentados entre sí.

Trabajar por resultados, fijar objetivos y medir el rendimiento sobre la base de ello, cuando los jefes delegan y entrenan, solo por citar algunos ejemplos, son iniciativas que marcan un camino hacia la objetividad, el trato justo entre las personas y otras cuestiones que minimizan los problemas más frecuentes.

Organizaciones con áreas presenciales y otras que trabajan a distancia

Si una organización adopta *home office*, la situación más frecuente será aquella en la cual unas áreas realicen sus tareas de manera presencial y otras lo hagan a distancia. Esta realidad permitirá la aplicación de una filosofía de trabajo que hemos denominado *gestionar sin estar*.

Las áreas presenciales tendrán algún grado de interrelación con las que se desempeñen en la modalidad a distancia. Un manejo adecuado desde la máxima conducción evitará ruidos y malentendidos; en especial, se deben minimizar las eventuales percepciones no positivas que puedan surgir por las distintas modalidades de trabajo.

Veamos un ejemplo simple para explicar la cuestión: un solo sector adopta el teletrabajo.

Si el sector elegido fuese Costos, el cual está a cargo de un jefe con cinco analistas, se deberá considerar si ello es factible, si se dispone de los recursos necesarios, definir los procedimientos de trabajo para esa área y, por último, establecer si las seis personas involucradas poseen las capacidades necesarias.

Adicionalmente, se deberá analizar la repercusión en otros involucrados, que seguirán trabajando en forma presencial, interactuando con Costos: el jefe del cual depende el jefe de costos junto con aquellos que le proveen información y los receptores del trabajo producido por el sector.

El esquema de análisis expuesto es válido si se está pensando en adoptar *home office* para un sector, para varias áreas o para toda la organización.

En resumen, se deberá considerar el comportamiento de directivos, jefes y colaboradores, tanto los involucrados directamente en las tareas que se realizan a través de *home office,* como la organización en su conjunto.

Las percepciones de directivos, jefes y colaboradores

En el ámbito laboral, las percepciones están presentes en la relación entre personas. Con frecuencia, de una manera quizá no consciente, se atribuye a otros sentimientos y sensaciones propias.

Un jefe al que le guste la tecnología y se sienta cómodo usándola esperará esa misma actitud en los otros.

Un jefe que no sienta o perciba la conciliación de vida profesional y personal como una cuestión a contemplar pensará que esa cuestión le es ajena.

Una persona con fuerte orientación al trabajo sentirá que ese es el camino más adecuado para encarar cualquier problemática.

Y esto mismo suele suceder con muchas cuestiones de la vida laboral y cotidiana.

Esta suerte de generalización, por la cual se considera que las propias percepciones son las adecuadas o las que deberían serlo para los demás, puede complicar la relación jefe-colaborador, en especial frente al teletrabajo.

Todo lo anterior, a su vez, debe ser visto desde la perspectiva individual de cada uno. Mencionaba en páginas previas, como un elemento a considerar dentro de la motivación, la valoración para cada persona de los beneficios de la interrelación personal en el trabajo. Si el jefe considera esta cuestión como algo banal y sin importancia, podrá seleccionar para teletrabajar a un colaborador para quien esta cuestión es fundamental. En un caso así, el nuevo colaborador no se adaptará favorablemente al teletrabajo, porque para él es importante el ambiente social que provee el trabajo presencial.

Percepciones diferentes frente a situaciones comparables

Para continuar con las percepciones, veremos que un jefe podrá sentirse atrapado entre sus propias emociones. Estas percepciones podrán intensificarse cuando quien las siente/sufre ha adoptado *home office,* ya sea que ocupe una posición de directivo, jefe o colaborador.

Por ejemplo, desde la mirada como colaborador/teletrabajador de su propia realidad, un jefe que trabaja a distancia puede sentir que no es satisfactoria la conciliación de su propia vida profesional y personal; al mismo tiempo, sabe o intuye que desde la perspectiva de su propio jefe, que realiza tareas presenciales, su situación no será comprendida porque su visión de la cuestión es distinta.

O, en un caso opuesto, un jefe/teletrabajador que siente que entre su vida profesional y su vida personal no hay nada para conciliar, porque los aspectos profesionales están por sobre los personales, podría no ser receptivo de los conflictos entre vida profesional y vida personal de un colaborador/teletrabajador.

En otra situación distinta, el jefe/teletrabajador, al analizar sus propias cuestiones individuales (conciliación de la vida profesional y personal, distribución de las horas de trabajo en el día, flexibilización de los horarios, etc.), podría hacerlo con una mirada comprensiva. Y desde otro ángulo, al analizar las mismas cuestiones en sus colaboradores –también teletrabajadores–, quizá percibirlas de una manera diferente.

En ninguno de los ejemplos estoy presuponiendo que se trate de jefes incomprensivos o que deseen perjudicar a sus colaboradores. Simplemente trato de describir cómo un jefe puede verse "atrapado" entre dos visiones, dos fuerzas contrapuestas, aun siendo una persona bienintencionada.

Tecnología y comportamientos

La tecnología, en general, también afecta el comportamiento organizacional y repercute, de un modo u otro, tanto sobre el comportamiento de los directivos como sobre el de individuos de otros niveles.

Las condiciones favorables, los beneficios que implica trabajar a distancia, así como también los eventuales inconvenientes, afectarán a directivos y colaboradores.

No obstante, cada uno deberá responder por las responsabilidades del puesto que ocupa.

Retomando una frase compartida al inicio del último punto de este apartado, las buenas prácticas en Recursos Humanos serán el camino a seguir para *gestionar sin estar* y encauzar de manera positiva los comportamientos de las personas en el ámbito de la organización: directivos y colaboradores. Esta afirmación se aplica a organizaciones cuyas actividades sean presenciales, a distancia o, en un esquema frecuente, combinadas entre modalidades presenciales y *home office*.

En el *Apartado 12 -* Tips *para directivos y jefes,* se hará una referencia para los que vivan esta circunstancia. La implementación de las buenas prácticas de Recursos Humanos es una responsabilidad compartida entre el número 1 de la organización y el responsable de Recursos Humanos.

Leer +++

☞ *Comportamiento organizacional.* Ediciones Granica, Buenos Aires, 2017. 

☞ *Rol del jefe.* Ediciones Granica, Buenos Aires, 2019. 

☞ *Cómo delegar en 12 pasos.* Ediciones Granica, Buenos Aires, 2010. 

☞ *Diccionario de competencias. La trilogía. Tomo 1.* Ediciones Granica, Buenos Aires, 2015. 

☞ *Diccionario de comportamientos. La trilogía. Tomo 2.* Ediciones Granica, Buenos Aires, 2015. 

☞ *Conciliar vida profesional y personal.* Ediciones Granica, Buenos Aires, 2016. 

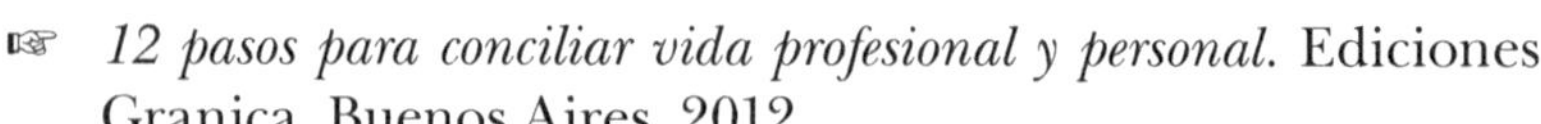

☞ *12 pasos para conciliar vida profesional y personal.* Ediciones Granica, Buenos Aires, 2012. 

Cambiar comportamientos, ¿sí o no?

Comprar y vender. Métodos y procedimientos. Competencias

El concepto de *gestionar sin estar* comprende diversos aspectos acerca de cómo conducir una organización, un grupo de trabajo, sin la necesidad de estar físicamente presente, mirándonos los unos a los otros. Una forma de hacer las cosas más allá de la situación en sí misma, del lugar donde se desarrollen las tareas, *gestionar sin estar* es una filosofía de trabajo.

La Pandemia 2020 ha llevado a un conjunto de personas a realizar una serie de acciones y actividades diferentes, entre ellas, comprar y vender *on line*. Las organizaciones que deseen continuar y profundizar dichas actividades deberán modificar y/o revisar métodos, procedimientos y otras cuestiones relacionadas.

Como vimos en páginas previas, una organización está conformada por un conjunto de elementos: equipos, *software*, métodos y procedimientos, etc. Si, por ejemplo, se desea modificar la forma de comprar y vender, esto implicará implementar algunos cambios en el conjunto de los elementos mencionados y también podrá requerir ciertas modificaciones en la estructura organizacional y la necesidad de nuevas capacidades en las personas que la integran.

La relación entre *métodos y procedimientos* con las personas que integran una misma organización es una suerte de ida y vuelta.

Serán estas personas las que habrán diseñado los métodos y procedimientos organizacionales. Luego, serán otras personas las que los aplicarán.

Una afirmación análoga podríamos hacer sobre otras cuestiones, por ejemplo, el *software* utilizado, aunque en ocasiones es adquirido a un proveedor externo.

En las compañías internacionales, los métodos y procedimientos podrán haber sido diseñados en sus casas matrices. Del mismo modo, en dependencias de gobierno, cuando los métodos y procedimientos han sido diseñados por el Gobierno central.

En todas las circunstancias mencionadas, siempre han sido personas, funcionarios, quienes han definido las políticas que luego se transformaron en los mencionados métodos y procedimientos.

¿Por qué esta referencia? El teletrabajo, el trabajo a distancia, *gestionar sin estar*, requerirá cambios y/o adaptaciones de métodos y procedimientos de trabajo. También, nuevos equipamientos, entre otros elementos.

Una empresa podrá elegir diversas áreas y funciones para teletrabajar sin que sea necesario un cambio rotundo en la forma de desempeñarse en la empresa, en su conjunto. O, por el contrario, modificar sustancialmente su cultura, incluyendo nuevas formas de comercialización que quizá se estaban llevando a cabo de manera marginal. Por esta razón he tomado dos funciones básicas como "comprar y vender", para analizar el cambio de comportamientos de la organización y de las personas en general.

Antes de continuar, me detengo en este punto porque, una vez más, la experiencia de la Pandemia 2020 dejó enseñanzas al respecto, a nivel organizacional y a nivel individual.

Modificar la cultura implicará:

Cambios en el comportamiento organizacional. Son difíciles de lograr, implican un conjunto de factores a modificar y, en algunos casos, exigen una inversión económica. El comportamiento organizacional se compone, entre otros factores, del comportamiento de los directivos y los colaboradores.

Cambios en el comportamiento individual. Personas que no lo hacían antes, no al menos con frecuencia, se transformaron en compradores *on line,* primero por obligación; luego, disfrutando los beneficios.

Comportamientos: ¿se pueden cambiar?

¿Es posible cambiar comportamientos? La respuesta es: sí, se pueden cambiar. ¿Es fácil cambiar comportamientos? La respuesta es: depende.

En un primer análisis, habrá que distinguir entre el comportamiento que se adopta por obligación y aquel que se despliega naturalmente, como resultado de poner en uso una capacidad desarrollada en algún grado.

Durante la Pandemia 2020 muchas personas, quizá por obligación, debieron realizar diversas acciones que, cuando esté permitido actuar de otra forma o se haya perdido el miedo que la situación originaba, dejarán de hacer. O las harán de otra manera.

A diario percibo cierta confusión respecto de una acción tan frecuente y cotidiana como la que representa el término "comportamiento".

Se confunde la capacidad de hacer algo con efectivamente hacerlo.

Un jefe dice con frecuencia: "mi colaborador A tiene la capacidad de XXX". Reemplacemos las "XXX" por cualquier tarea, desde confeccionar una planilla en Excel hasta trabajar en equipo, desde manejar una máquina compleja hasta comunicar adecuadamente una instrucción, o cualquier otra actividad que el lector desee analizar.

A partir de esta afirmación por parte del mencionado jefe –y asumamos que es genuina–, la pregunta a formular será si el "colaborador A" evidencia dicha capacidad en sus *comportamientos,* si hace aquello que el jefe afirma que puede hacer. En resumen, si traduce en comportamientos la capacidad que posee.

Luego habrá que preguntarse: ¿lo hace bien, con la calidad y los resultados esperados? Quizá sí. Quizá no.

Una persona, cualquiera de nosotros, puede tener la capacidad de hacer algo, pero no hacerlo.

Esta confusión, como decía al inicio del apartado, la observo en directivos y jefes, en personas comunes respecto de sus parejas, amigos, etc., y también en los especialistas de Recursos Humanos.

Cuando en el inicio del Apartado 1 me referí al cambio cultural, definí que este implica –en todos los casos– cambiar comportamientos. Evidenciar la nueva cultura en las acciones que las personas hacen y que pueden ser observadas por los otros. Hechos concretos. Acciones concretas y visibles.

¿Qué es un comportamiento?

Un comportamiento es aquello que una persona hace (acción física) o dice (discurso). El término es sinónimo de "conducta".

Por otra parte, "comportamiento observable" es aquel que puede ser visto (acción física) u oído (en un discurso).

La expresión "comportamiento humano" hace referencia a un contexto amplio y general que deberá ser estudiado por otras disciplinas.

En el ámbito de las organizaciones se trabaja con un concepto más restringido, es decir, se define el comportamiento deseado dentro del ámbito de cada organización, en función de sus objetivos y estrategia.

Por otra parte, la expresión "comportamiento individual" hace referencia a la conducta particular de una persona, sin relación con un contexto específico.

A nivel organizacional, primero se define el comportamiento deseado dentro de su propio ámbito, en función de sus objetivos y estrategia, y luego se compara con el comportamiento de cada uno de sus integrantes.

Cambiar comportamientos. Hábitos. Costumbres

Cuando de cambiar se habla, siempre me gusta comenzar por una reflexión sobre una novela escrita por Giuseppe Tomasi di Lampedusa, en la segunda mitad de los años 50 del siglo pasado, titulada *El Gatopardo*. Luego y con el mismo título, también convertida en película. De la trama de la obra surge el término "gatopardismo", para reflejar una propuesta algo cínica de uno de los personajes: hagamos "que todo cambie para que todo siga igual".

¿Por qué esta reflexión? En las organizaciones, de todo tipo, con frecuencia se lleva a cabo una serie de acciones para alcanzar un supuesto cambio cuando, en realidad, el efecto buscado es que todo siga más o menos igual que en la situación actual.

Al destinar este apartado al cambio de comportamientos haré referencia a los cambios reales de comportamiento, no a los coyunturales y/o que se realizan obligados por las circunstancias.

Como decíamos, quizá muchas personas han llevado a cabo ciertas acciones durante el aislamiento social/confinamiento que se determinó a raíz de la Pandemia 2020, pero no constituyen cambios de comportamiento efectivos. Al mismo tiempo, es cierto que, si un comportamiento pudo realizarse, podrá hacerse nuevamente en otro momento, ante otras circunstancias.

Al hablar de cambio de comportamientos plantearé varios escenarios, partiendo del individuo, para continuar con la actividad laboral individual –incluyendo el contexto cercano– y los cambios en el comportamiento organizacional.

Cambiar métodos y procedimientos con el propósito de incrementar la cultura organizacional orientada al trabajo a distancia

Desde la organización, el trabajo a distancia requiere cambios de métodos y procedimientos. En un sentido amplio, no solo respecto de sus trabajadores.

Retomando los párrafos iniciales de este apartado, y si bien no es propósito de este libro, haré una breve referencia a la cuestión.

Durante la Pandemia 2020 un gran número de personas, que no lo hacían con anterioridad, incorporaron a su vida personal un conjunto de acciones y actividades bajo la modalidad "a distancia". En este contexto, analicemos la compra-venta de cualquier tipo de productos, desde alimentos hasta el mundo *fashion*, desde productos de limpieza hasta pequeños electrodomésticos, etc. En muchos países, entre ellos un gran número de estados latinoamericanos, si bien existían canales de venta *on line*, estos no contaban con el mismo grado de desarrollo que se observaba en, por ejemplo, EE.UU. y Europa.

Las personas, por otra parte, no tenían incorporada entre sus usos y costumbres la compra a través de estos canales por un conjunto de razones, atendibles todas: páginas web y aplicaciones lentas y poco amigables para el usuario, logística de entrega más lenta aún, junto con un resultado azaroso en cuanto a los productos recibidos. A todo lo anterior se debe sumar el alto costo de los envíos. El resultado, clientes poco motivados a la compra *on line*. Desde ya, siempre es posible citar excepciones, la descripción es de tipo general.

Desde las ciudades muy alejadas de los grandes centros urbanos, las personas que allí habitan realizaban compras a distancia, utilizando esquemas combinados de compra *on line* con otros, no tan actualizados. Recibiendo así diferentes productos.

¿Qué pasó durante la Pandemia 2020? Las empresas oferentes de productos, en su mayoría, según sus posibilidades, encontraron distintos caminos para satisfacer una demanda que creció de una manera exponencial, literalmente, de un día para el otro. Debieron modificar métodos y procedimientos de venta, distribución y cobranza, con mayor o menor éxito, en pocas horas, en pocos días...

Pequeños negocios que, a través de distintas herramientas, siguieron adelante con la mejor buena disposición tanto del oferente de los productos como de sus clientes. Servicios de mensajería en combinación con supermercados.

Algunos servicios *on line* resultaron colapsados, otros funcionaron "casi" con normalidad.

Las redes y la imaginación de todos y cada uno crearon puentes temporales para solucionar problemas vitales de una población en crisis.

Las personas, en ese período, también modificaron sus comportamientos, en muy poco tiempo. Fue una situación excepcional y todos esperamos que no suceda nunca más, no al menos del mismo modo.

Situaciones análogas podrían mencionarse con relación a un sinnúmero de otras cuestiones, por ejemplo, consultas médicas *on line*, médicos ayudando a sus pacientes por WhatsApp, recomendaciones de todo tipo por medio de las redes sociales en general…

Como también ya se dijo, la experiencia deberá ser aprovechada para modificar métodos y procedimientos, comportamientos organizacionales y personales, de cara al futuro. Más allá de un período de excepcionalidad, durante el cual muchas cosas se hicieron "por obligación".

Cómo cambiamos "de verdad". Personas y organizaciones

¿Los comportamientos individuales –comprar, vender, entre otros– cambiaron para siempre? Sí y no.

Las organizaciones, la mayoría de ellas, además de enfrentar las cuestiones económicas devenidas de la crisis que originó la Pandemia 2020, han debido analizar y encarar cambios profundos y perdurables. Durante la referida pandemia, la mayoría de las soluciones fueron temporales, pensadas para ser puestas en práctica durante un período realmente excepcional.

La organización que desee crear un canal de venta a distancia y/o fortalecer el que ya tiene, pensando en las actividades con un horizonte de mediano y largo plazo, deberá encarar una serie de acciones. Algunas requerirán inversión.

Para continuar el análisis de los temas de este apartado, asumiré que la inversión es posible, o bien que ya se dispone del equipamiento y *software* necesarios.

Vimos en el *Apartado 2 - Ser jefe a la distancia,* la figura de la página siguiente. También analizamos el comportamiento organizacional en el *Apartado 5 - Atrapado entre diferentes roles.*

En una organización, las personas que la integran serán las que marcarán la diferencia, las que permitirán lograr este objetivo. Una forma de alcanzarlo será la definición de un modelo de competencias tendiente al trabajo a distancia, que de alguna manera lo posibilite; este será uno de los retos y sugerencias para el número 1, como veremos en el *Apartado 11 -* Tips *para números 1 y dueños.*

Si las personas que integran la organización poseen las competencias necesarias al definir los métodos y procedimientos, continuando con el ejemplo, se podrán fortalecer los canales de venta *on line* y/o diseñar los adecuados. Si, por el contrario, los responsables no están convencidos, piensan que todo es una moda y que, como tal, pasará, y, al mismo tiempo, estiman que hay que sostener exclusivamente los canales tradicionales, aquellos que llevaron a la organización a ser lo que era antes de la Pandemia 2020… Si estas fuesen sus creencias y comportamientos, el diseño que se obtenga no permitirá alcanzar los resultados esperados.

Los métodos y procedimientos reflejarán la cultura organizacional, pero más importante aún, deberán permitir alcanzar la nueva cultura deseada, el cambio organizacional necesario para lograr la visión y estrategia, de cara al futuro.

Un análisis similar podrá establecerse en relación con las compras y con otras áreas y funciones organizacionales.

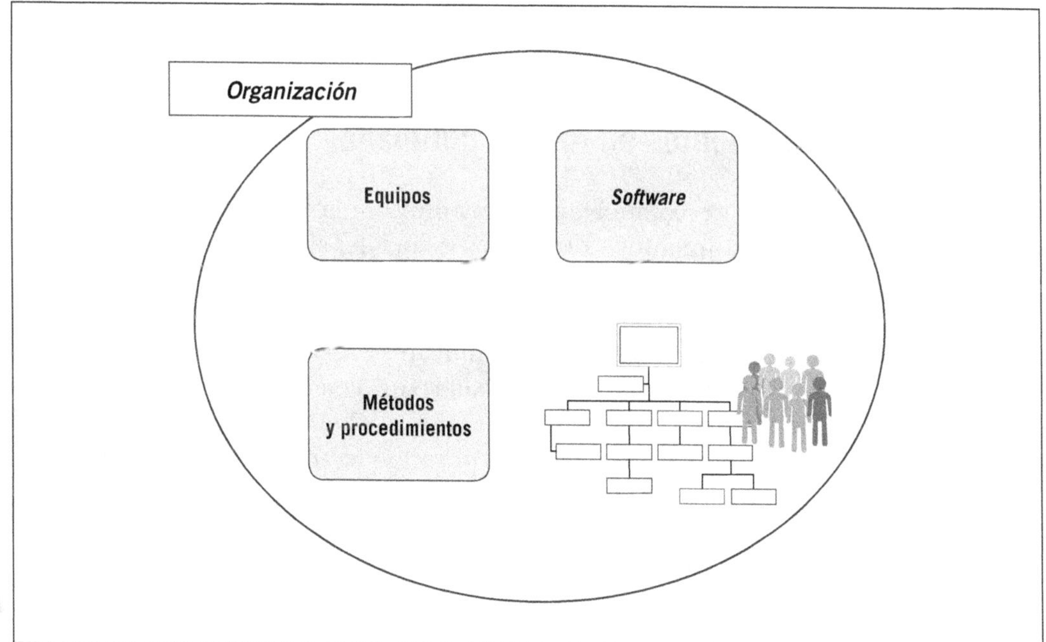

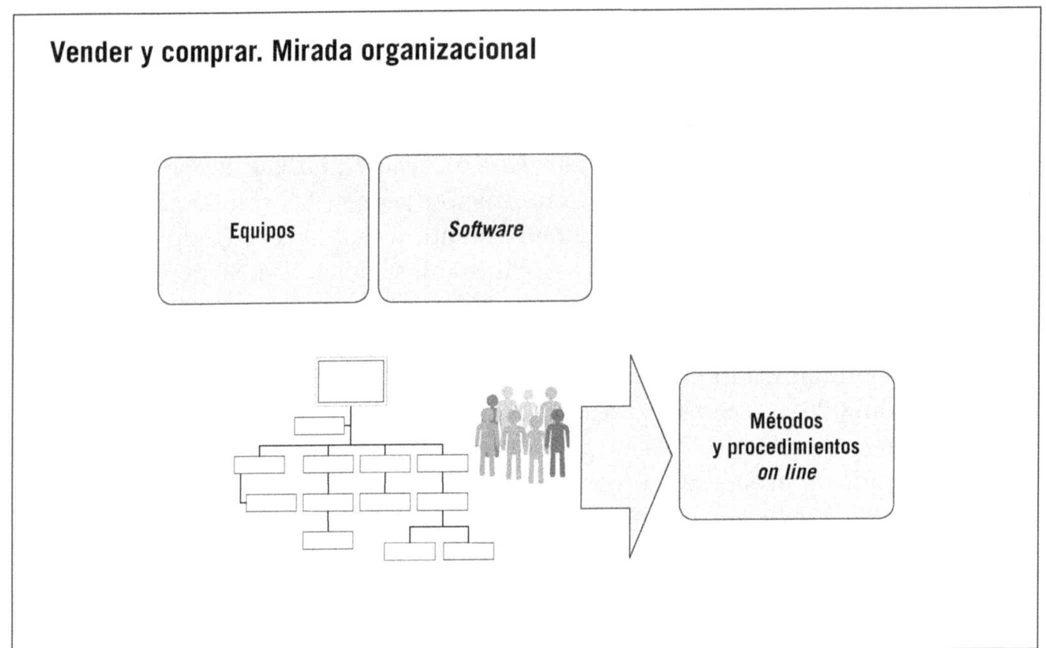

La figura expresa la idea descrita en los párrafos previos. Los responsables del diseño deberán poseer los conocimientos y competencias adecuados.

Cambiar comportamientos en la vida cotidiana

Describíamos el cambio de comportamientos, durante la Pandemia 2020, a través de la compra no solo de alimentos y productos esenciales sino también de otros que quizá hasta no hace mucho no se adquirían en forma virtual.

También se modificó la forma de comunicarnos con familiares y amigos, estar más presentes aun distantes, festejos de cumpleaños, apagar velitas en forma virtual… En muchos casos, la situación planteada reunió en la ceremonia a personas que, en otras circunstancias, por estar en otro país, no hubiesen estado "presentes".

¿Estos comportamientos se habrán incorporado efectivamente a nuestros usos y costumbres? Es difícil determinarlo. En unos casos sí, en otros no. Unas personas los habrán incorporado un poco más, otras un poco menos.…

Las organizaciones que deseen responder a la demanda de los nuevos compradores virtuales deberán modificar varias cuestiones, más allá de los equipos informáticos y el *software*. Se deberá modificar el comportamiento organizacional, cambiar la cultura.

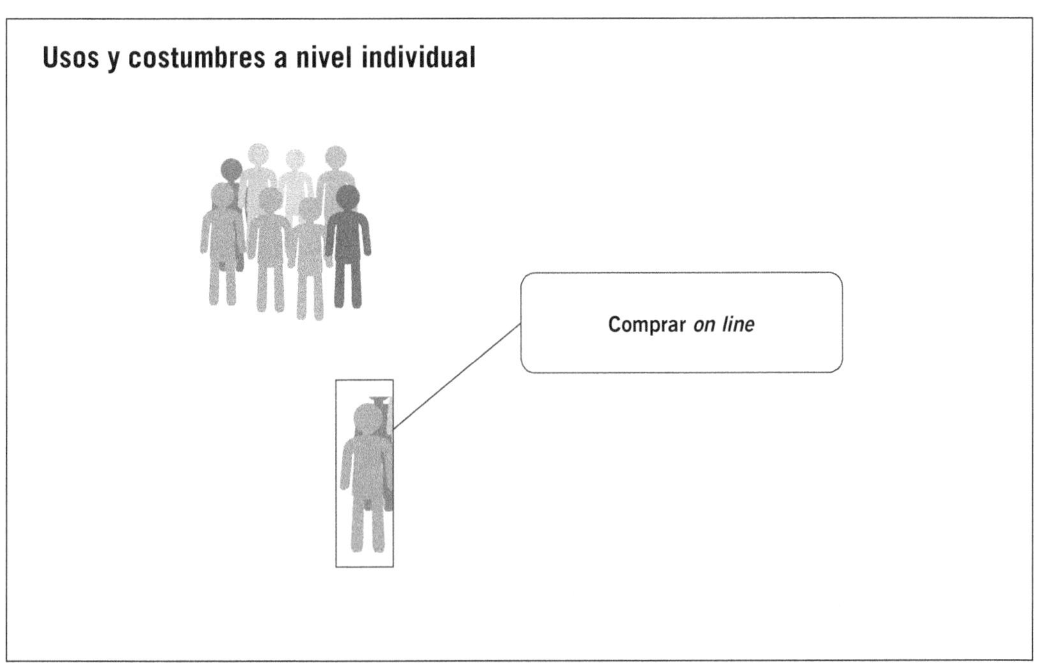

Las personas, en relación con la tecnología y cuestiones relacionadas, evidenciarán un comportamiento mixto. Virtual en unos casos, presencial en otros.

En la figura se desea expresar la idea de que las personas, individualmente, en actividades diversas relacionadas con su vida personal, evidencian ciertos comportamientos, por ejemplo, aquellos que les permiten "comprar *on line*" y otras cuestiones similares. Estos comportamientos, esta capacidad de manejarse en un entorno virtual, en su vida personal, podrán reflejarse en su desempeño profesional/laboral.

En una organización serán necesarios los comportamientos individuales para lograr, entre todos, el comportamiento organizacional que permitirá el cambio cultural que se desea alcanzar.

Cambiar comportamientos
en la actividad laboral individual

Adoptar el teletrabajo más allá de un período excepcional y que plantea su obligatoriedad implica cambios en todos los involucrados.

En un esquema ideal, las organizaciones cambian sus políticas y métodos de trabajo, y también su cultura. Las personas cambian sus comportamientos.

Como se ha dicho, las personas en general, directivos, jefes, colaboradores, en sus vidas personales han cambiado sus comportamientos, la virtualidad forma parte de nuestras vidas. Todos y cada uno de nosotros compramos productos y realizamos trámites financieros diversos *on line*, vemos por la web espectáculos de todo tipo y, en los últimos tiempos, hemos festejado cumpleaños y reuniones virtuales con familiares y amigos.

¿Y en lo cotidiano laboral? La Pandemia 2020 también nos obligó a cambiar.

Las grandes organizaciones estaban más preparadas; unas un poco más, otras debieron hacer cambios "a toda máquina". También se adaptaron a la situación pequeños comercios de cercanía que incluyeron repartos a domicilio, quizá de manera un poco improvisada, pero que ven allí una fortaleza de cara al futuro.

Los jefes, ¿se enfocan en el control visual de sus colaboradores o, por el contrario, delegan y controlan por objetivos? Hay exponentes de ambos estilos.

¿Y la relación de los jefes con sus propios jefes, de los jefes con sus compañeros, de los compañeros entre sí? También, con clientes y proveedores. ¿Es igual? ¿Ha cambiado?

La virtualidad está presente, pero, ¿en qué grado?

Gestionar sin estar nos plantea, como filosofía de trabajo, una nueva forma de hacer las cosas, tanto en las actividades *home office* como en las presenciales.

Cambiar comportamientos en las organizaciones

Para completar las ideas y el análisis del comportamiento en el ámbito organizacional comparto, a continuación, la siguiente definición.

Comportamiento organizacional (CO) es una disciplina que estudia el comportamiento de las personas en el marco de una organización. Para el estudio del comportamiento de las personas dentro de una organización se pueden identificar dos grandes grupos: el comportamiento de los supervisores directivos y el comportamiento de los individuos o colaboradores.

El comportamiento organizacional será el resultado de un diagnóstico de la realidad actual. Cuando las organizaciones desean realizar un cambio al respecto, deben llevar a cabo una serie de acciones para lograrlo.

Como se vio en párrafos anteriores, las personas cambiaron sus comportamientos individuales en la vida cotidiana y también cambiaron los comportamientos laborales, tanto individuales como del entorno cercano de cada persona.

En este último caso, si efectivamente se modificaron los comportamientos de las personas en el ámbito de una organización, también habrá cambiado el comportamiento de la organización en su conjunto. En consecuencia, dichos cambios habrán modificado métodos y procedimientos de trabajo, formas de comprar y vender, entre otros aspectos importantes.

A modo de cierre del apartado

Los nuevos escenarios, ¿implicarán un cambio de comportamientos? ¿Será necesario en todos los casos?

No hay un único camino.

Las organizaciones, las personas en general, hemos comprendido que es posible teletrabajar, realizar a distancia ciertas actividades que antes solo se realizaban de manera presencial, que otra forma de hacer las cosas es posible. La elección dependerá de cada uno.

¿Es posible cambiar comportamientos? Sí.

Gestionar sin estar, alcanzar una cultura alta orientada al trabajo a distancia, requiere que la organización en su conjunto y las personas en particular evidencien comportamientos que así lo posibiliten.

A partir de los apartados siguientes, se analizarán diferentes competencias que permitan alcanzar el comportamiento organizacional deseado para *gestionar sin estar*, cuando el teletrabajo es una opción que se implementa, con frecuencia, en combinación con actividades presenciales.

Esas competencias permitirán los necesarios cambios de comportamiento de la máxima conducción junto con directivos y jefes de distinto nivel y de los colaboradores en su conjunto.

Los especialistas en Recursos Humanos también podrán brindar apoyo a todos los mencionados en el párrafo anterior, para que mejoren en sus respectivos roles.

Cambiar comportamientos es fácil y difícil a la vez, e implica una serie de cuestiones que son tratadas en los distintos apartados de esta obra. Su lectura le permitirá unir conceptos y establecer relaciones entre ellos.

En todos los casos, en especial en materia de comportamientos, las miradas se complementan. El directivo, el jefe, el colaborador, todos se desenvuelven en un mismo ámbito, con problemas y circunstancias muchas veces comunes.

Las competencias de las personas son una cuestión transversal que, de un modo u otro, está presente en todos los temas que se tratan en este libro.

Por su parte, la motivación, en especial dentro del ámbito laboral, es un tema complejo y que preocupa por igual a directivos y jefes y a los especialistas de Recursos Humanos. La lectura de varios de los apartados de esta obra permitirá al lector un análisis más amplio del asunto.

Leer +++

☞ *Comportamiento organizacional.* Ediciones Granica, Buenos Aires, 2017.

☞ *Dirección estratégica de Recursos Humanos. Volumen 1.* Ediciones Granica, Buenos Aires, 2015.

☞ *Dirección estratégica de Recursos Humanos. Casos. Volumen 2.* Ediciones Granica, Buenos Aires, 2016.

☞ *Las 50 herramientas de Recursos Humanos que todo profesional debe conocer.* Ediciones Granica, Buenos Aires, 2017.

☞ *Rol del jefe.* Ediciones Granica, Buenos Aires, 2019.

☞ *Cómo delegar en 12 pasos.* Ediciones Granica, Buenos Aires, 2010.

☞ *Diccionario de competencias. La trilogía. Tomo 1.* Ediciones Granica, Buenos Aires, 2015.

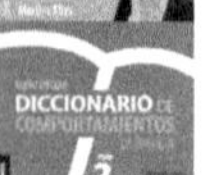

☞ *Diccionario de comportamientos. La trilogía. Tomo 2.* Ediciones Granica, Buenos Aires, 2015.

Los líderes.
Competencias necesarias

Gestionar sin estar y los líderes

El número 1 de una organización, CEO, Director General, Gerente General, el dueño a cargo de la gestión de una empresa, todos son los artífices de los planes futuros de sus respectivas organizaciones. Del mismo modo, el presidente un país, el gobernador de un Estado, una ciudad y demás entes gubernamentales.

Desde nuestra perspectiva, *gestionar sin estar* es una filosofía de trabajo basada en las buenas prácticas y que, de este modo, genera confianza mutua entre directivos y colaboradores de todos los niveles.

En las organizaciones, las actividades podrán llevarse a cabo combinando modalidades de trabajo presenciales y *home office*.

En este contexto, a partir de este apartado y los siguientes se hará una enumeración, no taxativa, de competencias y conceptos vinculados al comportamiento de las personas que, en un principio, consideramos necesarios para el desenvolvimiento de las actividades de organizaciones de todo tipo, privadas y públicas, ONG, gobiernos, etc.

En este apartado se hará especial énfasis en las competencias necesarias para ser un número 1 organizacional, en el marco del nuevo concepto de *gestionar sin estar*. En el término número 1 se incluye a líderes de todo tipo a cargo de gobiernos, organizaciones y empresas.

Un líder con estas características –número 1–, será quien marque el camino a seguir de la organización, tanto pública como privada. La fijación de la *misión*, la *visión* y la *estrategia* estará entre sus principales responsabilidades, así como también fijar políticas y demás lineamientos que involucren a la organización en su conjunto. En ocasiones, esta conducción no será en soledad; quizá las lleve a cabo de manera conjunta con un Comité de Dirección, una Junta Directiva u otra denominación que se le asigne a un cuerpo colegiado que ejerza el máximo nivel de decisión.

Las organizaciones, de cara al futuro, en especial por la Pandemia 2020 y sus consecuencias, requieren líderes con ciertos valores, con determinadas características que, sin ser nuevas, se han tornado imprescindibles frente a esta realidad. También se ha considerado este aspecto como relevante.

Gestionar sin estar es una filosofía de trabajo, una forma de hacer las cosas más allá del lugar donde se realicen las tareas; implica conducir una organización en la cual ciertas áreas desarrollarán actividades a la distancia, como consecuencia de lo cual algunos directivos y jefes cumplirán sus respectivos roles sin estar físicamente presentes.

Un número 1 deberá definir planes futuros que impliquen estas nuevas formas de hacer las cosas, estos nuevos estilos de relacionarse, de liderar. También el número 1 será quien defina el alcance de las actividades a distancia, cuáles se realizarán virtualmente, junto con las acciones necesarias para alcanzar una cultura orientada al trabajo a distancia de la organización en su conjunto. Estos cambios estarán relacionados con sus propios comportamientos y, también, con la impronta que impartirá a toda la organización.

Definiciones y concepciones diversas en torno al término "líder"

El término "líder", como tantos otros, se utiliza de manera amplia y en contextos diversos. Aquí, con ese término me referiré a aquellos que son verdaderos conductores de una organización, ya sea una empresa privada, una ONG o un gobierno, local, regional, etc. También a aquellos responsables de organismos públicos, por citar los entes más representativos.

Otras personas también podrán ser líderes, evidenciar comportamientos de liderazgo, constituirse en referentes informales de grandes grupos y otras situaciones frecuentes. Sin embargo, este apartado lo he pensado, escrito y analizado para los números 1 y responsables de organizaciones. En ocasiones, también denominados CEO.[1]

Líder, según el *Diccionario de términos de Recursos Humanos*,[2] es aquella persona que es reconocida por otros como jefe o guía. Liderazgo, según la misma obra, es la capacidad para influir y apoyar a los demás y lograr que participen con entusiasmo en la consecución de los objetivos. Se pueden destacar los siguientes aspectos de un líder: influye y apoya, generando en el otro una reacción entusiasta y positiva. Adicionalmente, fija metas que luego todos desean cumplir.

El término "líder", al igual que "liderazgo", cuenta con muchas definiciones y variantes.

De todas ellas deseo enfatizar la siguiente, relacionada con la temática de este libro.

Líder circular

Como hemos definido en el *Diccionario de términos de Recursos Humanos*, el "líder circular" es aquella persona reconocida por otros como su guía por sus valores personales, su visión del negocio y el rol que asigna a sus equipos de trabajo.

---

1 CEO, según el *Diccionario de términos de Recursos Humanos* es una sigla que corresponde a la expresión inglesa *Chief Executive Officer* y que se utiliza para denominar al número 1 de una organización.
2 *Diccionario de términos de Recursos Humanos*. Ediciones Granica, Buenos Aires, 2011.

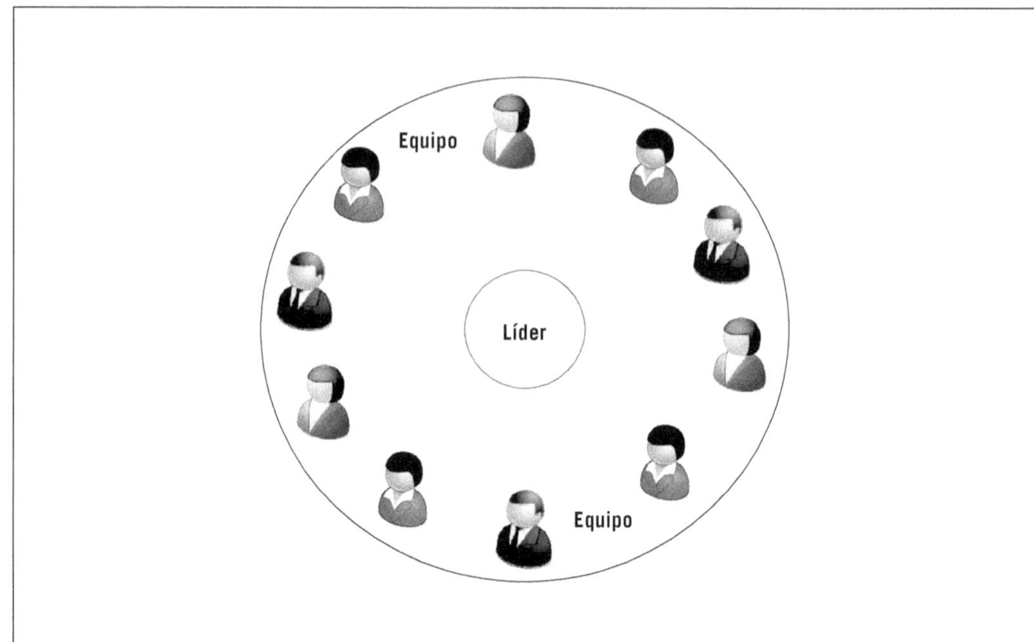

La expresión hace referencia a un estilo de liderazgo donde el líder se sitúa en el centro de la acción. Desde este lugar se encuentra cerca de sus colaboradores.
Esta ubicación en el centro de la escena permitirá al líder:

- Escuchar en forma atenta a sus colaboradores y luego decidir.

- Compartir la visión con su equipo.

- Descubrir talentos.

- Fomentar el trabajo en equipo.

- Otorgar y crear compromiso.

- Crear una cultura de respeto.

Entre otras facetas de su liderazgo y de sus responsabilidades se podría mencionar que el líder circular...

- Busca oportunidades.

- Experimenta y asume riesgos.

- Tiene una clara visión de futuro y la comparte con su equipo.

- Fomenta la colaboración.

- Fortalece a los demás.

- Da ejemplo.

- Construye el compromiso con la acción.

- Brinda aliento.

¿Por qué mencionar al líder circular?

En el contexto actual, con las nuevas generaciones –*millennials* y *centennials*– integrando las organizaciones y un mayor despliegue de esquemas de trabajo a distancia –*home office*, teletrabajo–, el liderazgo circular será más efectivo que otros estilos de conducción.

Un líder en el centro de la escena no es lo mismo que un líder que se pone a la altura del equipo como si fuese uno más. No. El líder circular asume y despliega su papel de liderazgo y, al mismo tiempo, escucha, comparte, fomenta el trabajo en equipo, logra compromiso y crea un clima de respeto, sin dejar de ser en ningún momento el conductor de la organización, área o sector, según corresponda.

Decíamos que *gestionar sin estar* es una filosofía de trabajo, una forma de hacer las cosas que implica conducir una organización en la cual ciertas áreas desarrollarán actividades a la distancia y otras continuarán en la modalidad presencial. Frente a estos desafíos, el líder circular, que se ubica "sin estar" en el centro de la escena, será el nuevo líder, combinando capacidades, saberes y competencias, motivando a los colaboradores a través de nuevas herramientas, con valores personales que promueve en la organización; se trata de un líder que es un modelo a seguir e imitar, también, en la virtualidad.

En síntesis, es un líder acorde a los tiempos.

El liderazgo de los números 1

Los líderes podrán ejercer este rol de maneras diversas. Los hay autocráticos, participativos, permisivos, etc. También existen líderes positivos y negativos, entre otras clasificaciones.

Cada uno de ellos tendrá sus conocimientos, competencias y experiencia. Aun los líderes que realizan gestiones poco exitosas y/o los líderes negativos evidenciarán en comportamientos sus competencias, que podrán estar desarrolladas en algún grado.

Los comportamientos se relacionan con alguna competencia, la cual podrá estar desarrollada en diferentes niveles positivos, así como también evidenciarse en un grado *no desarrollado*.[3] Esta última posibilidad también se denomina "ausencia de la competencia" o "comportamiento negativo".

Recordemos algunos conceptos sobre gestión por competencias

Modelos organizacionales

Las organizaciones, de cualquier tipo y tamaño, implementan una serie de procesos relacionados con las personas que integran la organización y que tienen como propósito alinearlas en pos de lograr los objetivos organizacionales o empresariales. A este conjunto de procesos lo denominamos "modelo de competencias".

Como ya viera en apartados previos, el término "competencia" hace referencia a las características de personalidad, devenidas en comportamientos, que generan un desempeño exitoso en un puesto de trabajo.

De acuerdo con las buenas prácticas, un modelo de competencias debería incluir un conjunto de competencias que permitan alcanzar los objetivos organizacionales, es decir la misión, la visión y la estrategia de la organización, en concordancia con sus *valores*.

Las competencias que conforman el referido modelo se pueden clasificar en grandes grupos.

Competencia cardinal. Competencia aplicable a todos los integrantes de la organización. Representan su esencia y permiten alcanzar la visión organizacional.

Competencia específica. Competencia aplicable a colectivos específicos, por ejemplo, un área de la organización o un cierto nivel, como el gerencial.

Cómo elegir los diferentes conceptos que conformarán el modelo organizacional de competencias

Los modelos, en todos los casos, se definen a la medida de cada organización, dado que cada una posee su propia visión y estrategia.

---

3 En la obra *Diccionario de comportamientos. La trilogía. Tomo 2* (Ediciones Granica, Buenos Aires, 2015) se exponen, para cada una de las 60 competencias que la integran, ejemplos de comportamientos para los niveles A, B, C y D, todos ellos positivos. También, ejemplos a través de los cuales será posible observar las competencias en un grado "No desarrollado".

Un aspecto esencial a tener en cuenta es la claridad en la definición de las competencias y el correcto uso del idioma al expresarlas, recordando que, con frecuencia, los conceptos se relacionan unos con otros, y en ciertos casos se solapan entre sí.

En la competencia *Liderazgo*, por ejemplo, se incluyen otras capacidades: capacidad para comunicarse de manera efectiva, fomentar el trabajo en equipo, entre otros aspectos. Es decir, la competencia *Liderazgo* implica, necesariamente, una *mezcla de competencias*.

Del mismo modo, podrán darse mezclas de conceptos similares en relación con muchas otras competencias. Al definirse un modelo de competencias se deberá evitar la duplicidad de conceptos.

Las competencias *cardinales* hacen referencia a lo principal o fundamental en el ámbito de la organización; usualmente representan valores y ciertas características que diferencian a una organización de otras y reflejan aquello necesario para alcanzar la estrategia. Por su naturaleza, las competencias cardinales serán requeridas a todos los colaboradores que integran la organización. Retomaremos esta cuestión en el *Apartado 9 - Los colaboradores. Competencias necesarias* y en el *Apartado 10 - Todos nosotros. Competencias necesarias.*

Las competencias específicas gerenciales

Las competencias específicas, como surge de su definición, se relacionan con ciertos colectivos o grupos de personas. En el caso de las específicas gerenciales se refieren –como su nombre lo indica– a las que son necesarias en todos aquellos que tienen a su cargo a otras personas, es decir, que son jefes de otros.

Las competencias para líderes se incluyen en la denominación genérica de "competencias específicas gerenciales", al igual que otras relacionadas con otros niveles de conducción dentro de una misma organización, que se verán en el *Apartado 8 - Los jefes. Competencias necesarias.*

Las competencias específicas por área

Dentro de las competencias específicas se cuentan también aquellas que solo serán asignadas a un área en particular.

Al igual que las competencias específicas gerenciales, se relacionan con ciertos colectivos o grupos de personas. En este caso se trata –como su nombre lo indica– de aquellas competencias que serán requeridas para los que trabajen en un área en particular, por ejemplo, Producción o Finanzas.

No se hará en esta obra una referencia detallada a las competencias específicas por área que, desde ya, serán consideradas en los *descriptivos de puesto* y en la *asignación de competencias a puestos*, temas que hemos visto en apartados previos.

Los líderes y sus competencias

Líder de líderes

En grandes organizaciones o grupos empresarios, el líder o número 1 que está a cargo de la corporación debe conducir, a su vez, a otros líderes. En estos casos, correspondería utilizar la expresión "líder de líderes".

Un líder que debe guiar a su vez a otros líderes requiere de una competencia especial, dado que su rol como ejemplo a seguir y su capacidad para motivar a otros deben ser superiores a los de los restantes líderes. Estos últimos deben considerarlo un ejemplo a seguir, y él debe ser, al mismo tiempo, inspirador para ellos sin coartar sus propias capacidades de liderazgo.

Sobre liderazgo se pueden formular diferentes y variadas definiciones; para este tipo de posiciones se sugiere un concepto específico. *Liderazgo ejecutivo* es el nombre asignado a la capacidad necesaria en un número 1 cuando este deba ser un líder de líderes, por ejemplo, al dirigir un grupo empresario o, en un caso muy diferente, cuando se trata del gobernante de un país, el cual deberá ser un líder a nivel nacional que deberá conducir a líderes locales.

Un líder, ¿es siempre un modelo?

Los líderes son un modelo para seguir, al igual que directivos y jefes, ya sea para imitar cómo actúan, o hacer todo lo contrario. En el marco de este trabajo, entre las diversas competencias y definiciones posibles, considero la siguiente especialmente interesante.

> **Liderar con el ejemplo.** Capacidad para comunicar la visión estratégica y los valores de la organización a través de un modelo de conducción personal acorde con la ética, y motivar a los colaboradores a alcanzar los objetivos planteados con sentido de pertenencia y real compromiso. Capacidad para promover la innovación y la creatividad, en un ambiente de trabajo confortable.

Esta competencia, al igual que otras, se abre en grados o niveles. Asimismo, para cada competencia que integra un modelo de competencias deben elaborarse ejemplos de comportamientos observables siguiendo la misma apertura en grados o niveles utilizada en el diseño del diccionario de competencias.[4]

Los líderes. Competencias para enfrentar el cambio

Como comentamos al inicio del apartado, existe una profusa cantidad de definiciones de los términos líder y liderazgo, así como definiciones de la competencia *Liderazgo*. Algo similar ocurre con los términos "cambio", "adaptabilidad al cambio" y similares.

Pensando en los números 1 organizacionales y en el contexto de este libro, comparto la siguiente definición.

> **Adaptabilidad a los cambios del entorno.** Capacidad para identificar y comprender rápidamente los cambios en el entorno de la organización, tanto interno como externo; transformar las debilidades en fortalezas, y potenciar estas últimas a través de planes de acción tendientes a asegurar en el largo plazo la presencia y el posicionamiento de la organización y la consecución de las metas deseadas. Implica la capacidad para conducir la empresa –o el área de negocios a cargo– en épocas difíciles, en las que las condiciones para operar son restrictivas y afectan tanto al propio sector de negocios como a todos en general. También, aprovechar una interpretación anticipada de las tendencias en juego.

Como comentamos en páginas previas, una competencia se abre en grados o niveles. Asimismo, para cada competencia que conforma un modelo de competencias deben elaborarse ejemplos de comportamientos observables siguiendo la misma apertura en grados o niveles utilizada en el diseño del diccionario de competencias.[5]

Esta capacidad, clave en el número 1, también podrá ser elegida como una competencia cardinal para todos los niveles organizacionales, ya que permitirá cambiar comportamientos de manera efectiva, como se planteaba en apartados previos.

"Cambio" no debería ser una palabra que se dice una y otra vez como quien recita un texto en una obra de teatro o en cualquier otro evento artístico, que implique repetición de texto o parlamento. El cambio en las organizaciones solo se verificará

---

4 La apertura en grados de esta competencia la encontrará en la obra *Diccionario de competencias. La trilogía. Tomo 1.* Ejemplos de comportamientos en relación con esta competencia los encontrará en la obra *Diccionario de comportamientos. La trilogía. Tomo 2* (ambas obras en Ediciones Granica, Buenos Aires, 2015).

5 La apertura en grados de esta competencia la encontrará en la obra *Diccionario de competencias. La trilogía. Tomo 1.* Ejemplos de comportamientos en relación con esta competencia los encontrará en la obra *Diccionario de comportamientos. La trilogía. Tomo 2* (ambas obras en Ediciones Granica, Buenos Aires, 2015).

realmente cuando pueda observarse en comportamientos, tanto individuales como de la organización en su conjunto.

Incluir valores en el modelo de competencias para líderes. Hoy y mañana

Los líderes de grandes organizaciones, países o estados requieren, para el desarrollo de sus funciones, una serie de características incluidas en sus descriptivos de puesto, como hemos visto en los apartados anteriores.

Los números 1 organizacionales, en adición a lo expuesto, y quizá por sobre todo lo anterior, deberán evidenciar valores, virtudes.

Según la RAE[6] "virtud" es la actividad o fuerza de las cosas para producir o causar efectos.

Releyendo los clásicos, tengo en mis manos el *Diccionario de Filosofía*, de J. Ferrater Mora[7], donde se puede leer que Platón, en uno de sus diálogos, presentó cuatro virtudes, consideradas cardinales o principales.

> *Una Ciudad-Estado bien organizada tiene que ser prudente, esforzada, moderada o templada y justa. Las cuatro virtudes correspondientes son la prudencia, la fortaleza, la moderación o templanza y la justicia.*

Luego, continúa Ferrater Mora

> *...ninguna de las virtudes indicadas es específica, en el sentido de aplicarse solo a una determinada actividad humana. Por otro lado, no parece que se pueda practicar ninguna de las virtudes mencionadas sin el auxilio o, cuando menos, la concurrencia de las otras; se ha hablado con frecuencia de 'la unidad de las cuatro virtudes platónicas'. Sin embargo, una virtud, como la prudencia, tiene un cierto predominio sobre otras en tanto por lo menos que es la virtud indispensable para un gobernante.*

El comentario continúa, pero me detendré aquí, para volver al tema que nos ocupa específicamente: ¿qué virtudes deberían guiar a los líderes, a los grandes líderes?

Pareciera que, como mínimo, las cuatro mencionadas por Platón: *prudencia, templanza, fortaleza, justicia.* En este trabajo y para el rol del número 1, se hará foco en la *prudencia.*

Las virtudes, como las competencias y los valores, se podrán observar en el comportamiento de los líderes organizacionales. Del mismo modo, en gobernantes de un país o Estado.

---

6 www.rae.es

7 Ferrater Mora, José. *Diccionario de Filosofía*, 4 tomos. Editorial Ariel, Barcelona, 1999; pp. 3704-3705.

A modo de síntesis podríamos decir que, como colaboradores o ciudadanos, se esperaría que el líder obre, en todo momento, con sensatez y moderación en todos los actos: en la aplicación de normas y políticas, en la fijación y consecución de objetivos, en el cierre de acuerdos y demás funciones inherentes a su puesto. Que, adicionalmente, posea la capacidad para discernir y distinguir lo bueno y lo malo para la organización, el país o el Estado, y todos sus integrantes.

Un conjunto de expectativas que no siempre se cumplen, desde la mirada del ciudadano común.

Las referencias mencionadas, junto con otras, fueron la base sobre la cual se han incorporado las virtudes a los modelos de competencias en los últimos veinte años. Es decir, transformando estos conceptos en competencias para que esos principios puedan ser llevados a la práctica organizacional cotidiana.

Sobre la base de los libros denominados *La Trilogía*, podríamos definir que de un líder organizacional se espera que…

* Diseñe políticas y normas organizacionales sobre la base del buen juicio, que permitan a todos los integrantes de la organización obrar con sensatez y moderación.

* Sea un referente en la organización y en el mercado por su prudencia, tanto en su vida laboral como en el ámbito personal. Es decir, que en su accionar distinga y diferencie entre lo bueno y lo malo para la organización en su conjunto, los colaboradores, los clientes y proveedores, así como para sí mismo.

Si usted es un líder o espera serlo algún día, reflexionar al respecto será siempre una buena idea.

Prudencia. Capacidad para obrar con sensatez y moderación en todos los actos: en la aplicación de normas y políticas organizacionales, en la fijación y consecución de objetivos, en el cierre de acuerdos y demás funciones inherentes a su puesto. Implica la capacidad para discernir y distinguir lo bueno y lo malo para la organización, los colaboradores, los clientes y proveedores y para sí mismo.

Para ejercer un liderazgo eficaz, un líder deberá desplegar un conjunto de competencias

Imagino que nunca habrá sido sencillo ser líder. Cuando leemos en libros de historia las increíbles anécdotas de líderes de otros tiempos, mi admiración se acrecienta cuando pienso que lograron las hazañas por las cuales hoy aún los recordamos con los recursos limitados de su época histórica.

Los líderes de hoy deberán serlo en el contexto actual y, especialmente, estar preparados para ejercer su liderazgo en el mundo por venir. Tampoco es posible ver esta cuestión como una tarea sencilla.

Para lograr ese objetivo de largo alcance, deberán contar con una amplia gama de recursos personales, que incluyen conocimientos y competencias clave. Hemos identificado un conjunto de ellas en los apartados previos.

Resumiendo los conceptos aquí tratados…

Una competencia, usualmente, se relaciona con otras y en ciertos casos se solapan entre sí. Para gestionar y dirigir proyectos hará falta un conjunto muy específico de competencias; la idea se expresa en la figura al pie.

En la figura se observa que, para ser un líder, especialmente cuando se es el número 1 de la organización –y, como decíamos, mirando el mundo por venir–, se deberá desplegar una serie de competencias: *Prudencia, Adaptabilidad a los cambios del entorno, Liderar con el ejemplo,* junto con aquellas identificadas para todos los jefes y directivos, que se verán en el apartado siguiente.[8]

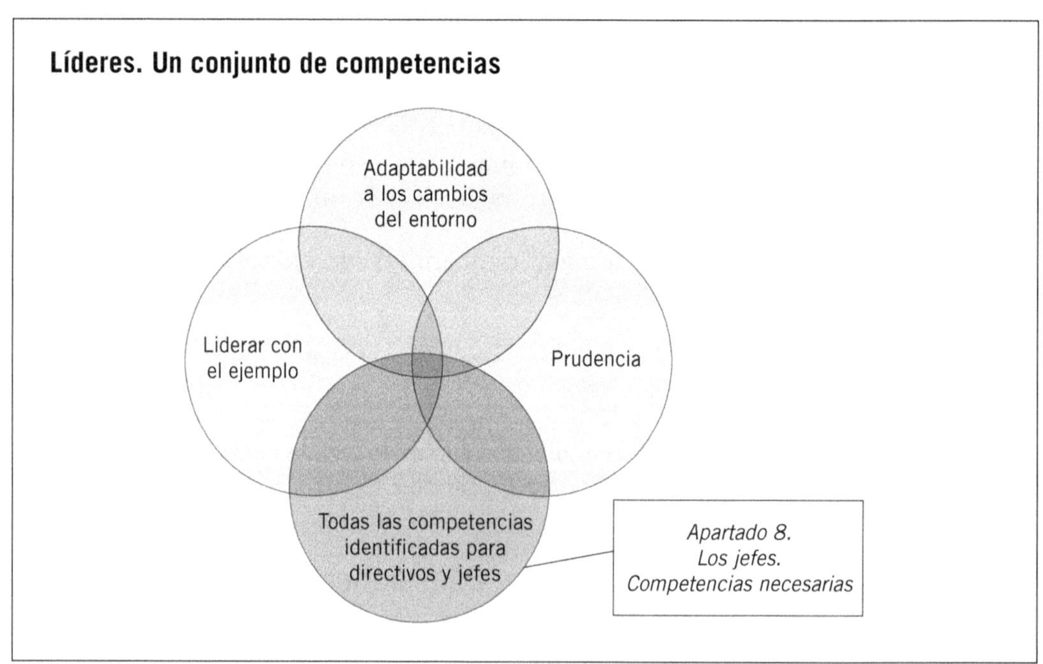

---

8 Las definiciones, así como su respectiva apertura en grados, de todas las competencias mencionadas las podrá encontrar en la obra *Diccionario de competencias. La trilogía. Tomo 1.* A su vez, los comportamientos relacionados los podrá encontrar en *Diccionario de comportamientos. La trilogía. Tomo 2.* Ambas obras en Ediciones Granica, Buenos Aires, 2015.

Otras competencias podrán ser necesarias, como *Liderazgo ejecutivo* –ya mencionada–, *Entrepreneurial, Ética, Visión estratégica* y muchas otras, según la visión, misión y estrategia organizacional.

A modo de cierre del apartado

Ser líder hoy –y más aún ser *un líder hoy con la mirada puesta en el mundo por venir*– no es sencillo. Los que ocupan niveles de conducción quizá no posean las competencias mencionadas, o no las evidencien en el nivel necesario. Todo es posible.

¿Cómo marcar un rumbo, dejar una impronta, ser recordado? Siendo un líder con virtudes y valores, siendo una persona –en cualquier rol– con virtudes y valores.

Los distintos temas tratados en esta obra –incluso el que se refiere a alcanzar un cambio cultural, necesario para lograr aplicar la estrategia en tiempos difíciles, como el de la Pandemia 2020 y sus consecuencias posteriores–, dependen, para su adecuada aplicación en el día a día, de las competencias del número 1, y de las competencias de los restantes integrantes de la organización.

Al lector le sugerimos la lectura de los distintos apartados para complementar los diversos temas abordados, así como para relacionar y unir conceptos. Recordando, a su vez, que las miradas se complementan. El número 1 junto con los distintos niveles directivos y de conducción y todos los colaboradores, se desenvuelven en un mismo ámbito, con problemas y circunstancias muchas veces comunes.

La motivación, en especial dentro del ámbito laboral, como se ha manifestado, es un tema complejo. En la mayoría de los casos es muy difícil identificar los factores que la componen. Un número 1 inspirador, sin dudas, influirá positivamente en la motivación de todos, no solo de los colaboradores, sino también de clientes y proveedores, e incluso de la comunidad en su conjunto.

Gestionar sin estar. Competencias

En los Anexos al final de la obra se ofrecen tablas con las principales competencias mencionadas en este libro.

- *Anexo I.* Gestionar sin estar. Competencias necesarias por orden alfabético.

- *Anexo II.* Competencias sugeridas para todos los integrantes de la organización.

- *Anexo III.* Competencias específicas para niveles de conducción: números 1 y dueños, directivos, jefes.

- *Anexo IV.* Gestionar sin estar. Competencias mencionadas en cada uno de los apartados.

Leer +++

☞ *Comportamiento organizacional.* Ediciones Granica, Buenos Aires, 2017.

☞ *Dirección estratégica de Recursos Humanos. Volumen 1.* Ediciones Granica, Buenos Aires, 2015.

☞ *Dirección estratégica de Recursos Humanos. Casos. Volumen 2.* Ediciones Granica, Buenos Aires, 2016.

☞ *Las 50 herramientas de Recursos Humanos que todo profesional debe conocer.* Ediciones Granica, Buenos Aires, 2017.

☞ *Rol del jefe.* Ediciones Granica, Buenos Aires, 2019.

☞ *Cómo delegar en 12 pasos.* Ediciones Granica, Buenos Aires, 2010.

☞ *Diccionario de competencias. La trilogía. Tomo 1.* Ediciones Granica, Buenos Aires, 2015.

☞ *Diccionario de comportamientos. La trilogía. Tomo 2.* Ediciones Granica, Buenos Aires, 2015.

Los jefes.
Competencias necesarias

Gestionar sin estar y el rol de directivos y jefes

Como hemos dicho, desde nuestra perspectiva, *gestionar sin estar* es una filosofía de trabajo, basada en las buenas prácticas, que se desarrolla generando confianza mutua entre directivos, jefes y colaboradores de todos los niveles.

Los directivos y jefes, junto con las áreas y de los sectores que les reportan, podrán desempeñar sus tareas y responsabilidades a distancia.

O bien, en otro escenario posible, encontraremos directivos a los cuales les reporten áreas/sectores que desarrollen sus actividades en las dos modalidades, presencial y a distancia.

También, en una organización, un directivo o jefe, junto con los equipos a su cargo, pueden realizar sus actividades en la modalidad presencial, al mismo tiempo que otras áreas o sectores desempeñan sus labores a distancia.

Aunque *Gestionar sin estar* sea un libro sobre el trabajo a distancia, el análisis se ha realizado con un enfoque más amplio, incluyendo en el abordaje a las áreas que realizan sus actividades en forma presencial. Por ejemplo, ciertos principios básicos relacionados con los jefes, como delegar y entrenar, le serán muy útiles a todos.

Adicionalmente, a las áreas que realizan sus labores presenciales, conocer y comprender cómo realizan sus actividades las áreas que lo hacen a distancia, en modalidad *home office*, les resultará muy enriquecedor. En definitiva, esta combinación puede convertirse en un factor altamente positivo para todos.

Una nueva realidad, en especial, por las consecuencias de la Pandemia 2020, nos ha llevado a repensar conceptos y nos ha traído otra vez los valores al presente; sin duda, de ahora en más serán cada vez más imprescindibles.

Mirando un mundo por venir y contemplando todas las miradas, *gestionar sin estar* será el camino a seguir.

A continuación se hará especial énfasis en las competencias necesarias para directivos y jefes.

Cada directivo o jefe evidencia una mezcla de capacidades

Cada persona es diferente de las demás. Por otra parte, una misma persona no siempre evidencia los mismos comportamientos.

Cada jefe utilizará sus capacidades según el momento y las circunstancias en que se encuentre. No obstante, un conjunto de sus comportamientos, los que despliega con frecuencia, será el que delimite su estilo de conducción y liderazgo.

Gestionar sin estar, como filosofía de trabajo, interpela de algún modo el liderazgo tradicional, como se viera en el apartado anterior. Además, y muy especialmente en el contexto de este libro, un jefe deberá ser, en mayor o menor medida, un transformador. También deberá cuestionarse a diario la forma en la cual él y su equipo hacen las cosas, someterse a un reto permanente para mejorar tanto las propias acciones como las del grupo de trabajo a cargo. Pasar de una conducción presencial al teletrabajo amplificará la importancia de asumir estos desafíos.

Entre los conceptos clásicos e imprescindibles en un contexto de *home office* podemos destacar lo que hemos llamado *conducción de personas*. Esta habilidad permitirá a cada jefe conocer a sus colaboradores, realmente. Esta capacidad es necesaria para delegar tareas, entre otras responsabilidades inherentes al rol del jefe.

Cuando un jefe es, para los otros, un ejemplo a seguir –concepto implícito en la competencia *Liderar con el ejemplo*– podrá ser un transformador de verdad para lograr el trabajo a distancia.

Se trata de ser un ejemplo, un modelo a seguir por las acciones que se llevan a cabo, siendo sincero, congruente entre el decir y el hacer (esta última afirmación se relaciona con la competencia *Integridad*).

Si el colaborador percibe que la postura del jefe no es auténtica, no lo verá como un ejemplo a seguir. Esta afirmación se relaciona con todo tipo de temas, y también con el trabajo a distancia

Todo jefe debe ser colaborativo, consciente del entorno, creando un hábitat de cooperación para que cada integrante del equipo despliegue sus capacidades y así, entre todos, lograr los objetivos comunes. Como se ha visto en páginas previas, un jefe es, con frecuencia, también un colaborador. Me referiré a la competencia *Colaboración* en el *Apartado 9 - Los colaboradores. Competencias necesarias.*

Otro factor de importancia, a considerar en jefes y colaboradores, es la *resiliencia*. Los nuevos escenarios serán más complejos, los colaboradorcs podrán verse afectados por cuestiones externas, también con clientes y usuarios más exigentes en todo sentido, y un entorno económico complejo. Retomaremos esta cuestión en el *Apartado 10 - Todos nosotros. Competencias necesarias..*

En este contexto, la posibilidad de alcanzar los objetivos será cada vez más difícil. Esta incertidumbre permanente requerirá una alta capacidad para adaptarse a las nuevas circunstancias. Por lo tanto, un jefe deberá motivar a su equipo más que nunca.

Competencias para directivos y jefes de todos los niveles

Como decíamos, el *descriptivo del puesto* incluye las competencias requeridas para esa posición específica. Para ser jefe, o sea, tener gente a cargo, en los distintos niveles organizacionales, es necesario evidenciar una serie de comportamientos inherentes al rol de jefe propiamente dicho.

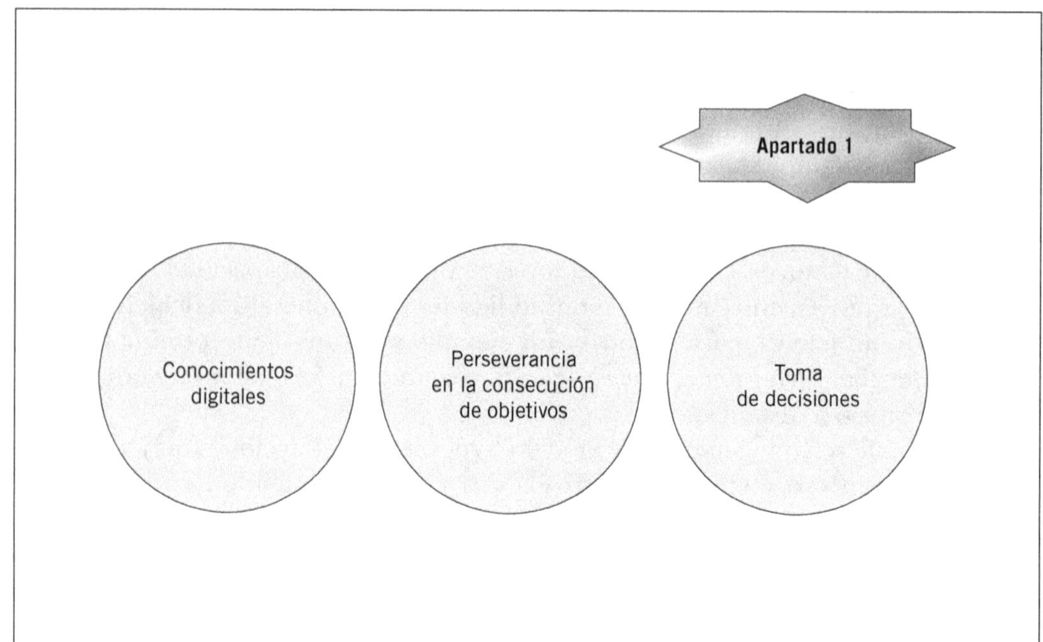

Nos hemos referido a las competencias en apartados previos. Las competencias consideradas, en cada uno de estos están relacionadas con directivos y jefes de todos los niveles. Veamos algunas de ellas.

En el *Apartado 1 - Gestionar. Dirigir proyectos. Tomar decisiones*, se identificaron algunas competencias necesarias, que se muestran en la figura precedente.

Para el conjunto de tareas y responsabilidades que implican "gestionar, dirigir proyectos y tomar decisiones", en el apartado mencionado precedentemente se identificaron también otras competencias adicionales (ver el Apartado 1).

Luego, en los *apartados 2 - Ser jefe a la distancia* y *4 - Tareas y responsabilidades al trabajar desde el hogar*, se identificaron otras directamente relacionadas con los jefes, al igual que en el *Apartado 7 - Los líderes. Competencias necesarias*, donde se explicita una competencia que es importante en todos los niveles de conducción. Un resumen, en el gráfico de la página siguiente.

En la figura, las competencias se han dispuesto señalando una cierta superposición de conceptos. Dicha interrelación es frecuente en muchos casos.

En el *Apartado 7 - Los líderes. Competencias necesarias* se expuso un breve resumen introductorio a la gestión por competencias, que se relaciona con los temas aquí planteados.

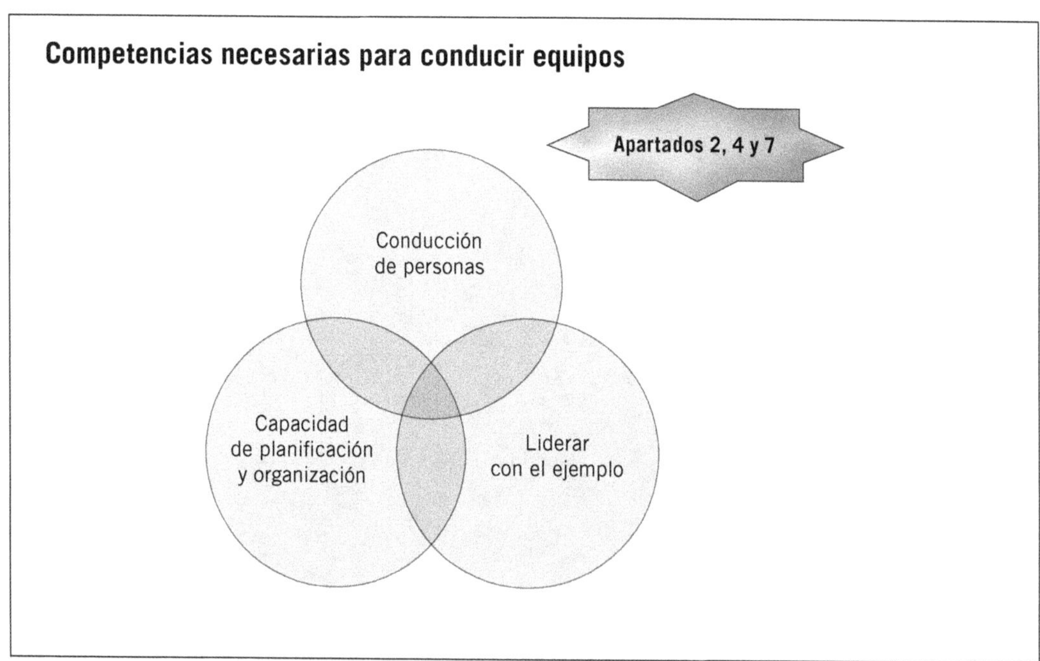

Un concepto para no olvidar

En el *Apartado 2 - Ser jefe a la distancia*, se expuso una figura (ver página 60) de la cual deseo resaltar la palabra "responde".

Un directivo o jefe, para "responder" según se vio en el apartado mencionado, deberá evidenciar ciertos comportamientos que se analizarán a continuación.

En el capítulo 6 de la obra *Rol del jefe*[1] se incluyen algunas competencias necesarias para ser un buen jefe, aplicables –especialmente– en un esquema de trabajo a distancia.

En la figura de la página siguiente, al igual que en otra expuesta en páginas previas, las competencias se han dispuesto señalando una cierta superposición de conceptos.

Todos los jefes de alguna manera deberán rendir cuentas de sus acciones, de acuerdo con sus niveles de responsabilidad. No será factible desligarse de una determinada responsabilidad diciendo "le delegué la tarea a XX". En este caso, XX será responsable de la tarea delegada y el jefe –que delegó la tarea– deberá responder por todas las acciones realizadas. En resumen, cuando delega, el jefe retiene la

---

1 *Rol del jefe*. Ediciones Granica, Buenos Aires, 2019.

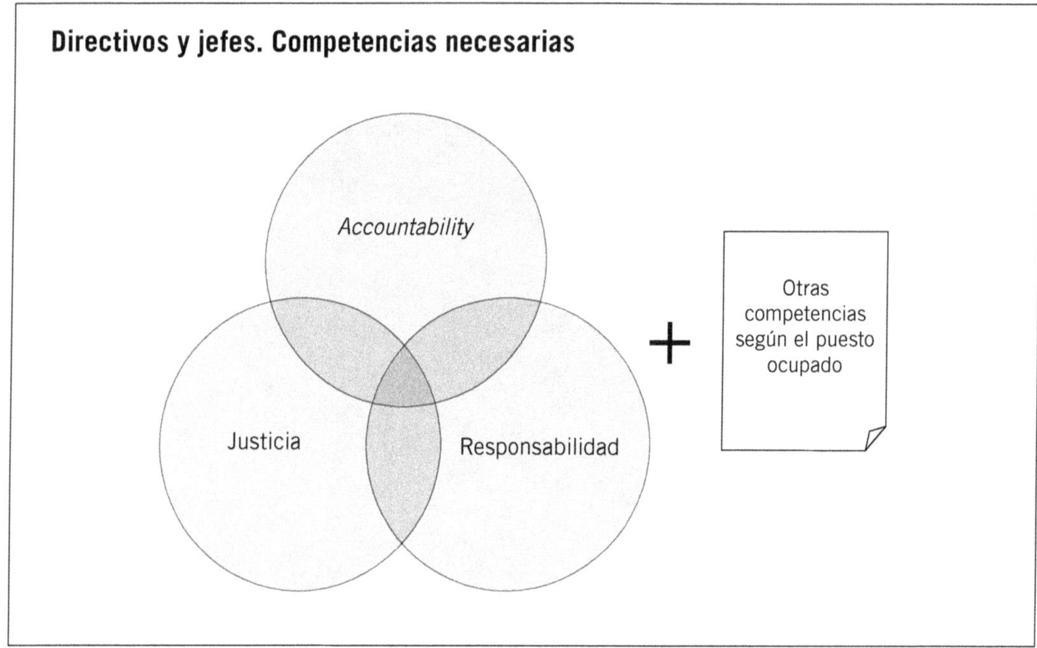

obligación de controlar a su colaborador y revisar su trabajo, en la medida que considere necesaria.

Accountability es una palabra inglesa que, en una primera instancia, podría traducirse como "responsabilidad". Sin embargo, es usual utilizarla en su lengua original, dado que su significado es más amplio que la traducción, más acotada. La palabra *accountability* se asemeja más al concepto de "obligación de rendición de cuentas".

Una definición posible para la competencia:

Accountability. Capacidad para actuar en todo momento con un claro sentido de compromiso y responsabilidad y ser consciente de la obligación permanente de rendir cuentas de sus actos y de los de sus colaboradores. Implica demostrar preocupación por realizar las tareas y los procesos con precisión y calidad, entendiendo en todo momento el impacto y las consecuencias de las decisiones y acciones propias. Habilidad para comprender que estos comportamientos conducen a la obtención de los resultados esperados, tanto para la propia organización como desde la perspectiva del cliente.

Accountability es un concepto relacionado, también, con otros roles y circunstancias; por ejemplo, puede aplicarse en la actividad de un profesional independiente, o de un colaborador que asume una determinada responsabilidad, y en términos más generales, en el comportamiento de un individuo ante la sociedad en la cual está inserto.

En el conjunto de obras que hemos denominado *La trilogía*[2] se ha incluido el concepto de *responsabilidad* con la siguiente definición.

> **Responsabilidad.** Capacidad para encontrar satisfacción personal en el trabajo que se realiza y en la obtención de buenos resultados. Capacidad para demostrar preocupación por llevar a cabo las tareas con precisión y calidad, con el propósito de contribuir a través de su accionar a la consecución de la estrategia organizacional. Capacidad para respetar las normas establecidas y las buenas costumbres tanto en el ámbito de la organización como fuera de ella.

Cada organización, según el diseño de su modelo de competencias, su visión y la forma de hacer las cosas que implique su estrategia, dará mayor énfasis a un concepto u otro.

Incluir en el modelo de competencias valores necesarios para directivos y jefes. Hoy y mañana

Como se mencionó, los temas de este apartado comprenden a todos los jefes, incluyendo al número 1. Para ser jefe, de cualquier nivel, se requiere poseer ciertos conocimientos, competencias y experiencia. Y, por sobre todo lo anterior, algunas virtudes.

En el *Apartado 7 - Los líderes. Competencias necesarias*, hice una mención a la relectura de los clásicos. Allí mencioné *el Diccionario de Filosofía*, en 4 tomos, de J. Ferrater Mora. Retomo uno de los diálogos de Platón en el cual presentó las cuatro virtudes cardinales, que cito aquí nuevamente: "Una Ciudad-Estado bien organizada tiene que ser prudente, esforzada, moderada o templada y justa. Las cuatro virtudes correspondientes son la prudencia, la fortaleza, la moderación o templanza y la justicia".

Continúa Ferrater Mora: "ninguna de las virtudes indicadas es específica, en el sentido de aplicarse solo a una determinada actividad humana. Por otro lado, no parece que se pueda practicar ninguna de las virtudes mencionadas sin el auxilio

---

2 Las competencias mencionadas, así como su apertura en grados el lector podrá encontrarlas en la obra *Diccionario de competencias. La trilogía. Tomo 1.* Ejemplos de comportamientos, en relación con cada una de las competencias mencionadas, los encontrará en la obra *Diccionario de comportamientos. La trilogía. Tomo 2.* Ambas obras en Ediciones Granica, Buenos Aires, 2015.

o, cuando menos, la concurrencia de las otras; se ha hablado con frecuencia de 'la unidad de las cuatro virtudes platónicas'"[3].

Un poco más adelante dice: "parece asimismo que la justicia desempeña un papel capital en tanto que representa la armonía. En este último caso, la justicia es la conjunción de las virtudes".

En otra parte del *Diccionario de Filosofía*,[4] el autor hace otra referencia interesante: "Platón declaró en el *Georgias,* que la justicia es condición de la felicidad. Platón dice, por boca de Sócrates, que el hombre injusto no puede ser feliz".

En la misma cita se dice que "la noción de justicia es uno de los temas capitales, si no el principal, de la *República,* de Platón, que se interesó por la justicia como virtud y como fundamento de la constitución –y de la estabilidad y orden social– del Estado-Ciudad. En un Estado-Ciudad ideal debe reinar la justicia. (Puede decirse también que cuando reina la justicia hay un Estado-Ciudad ideal)".

En la obra mencionada se hace un análisis más completo y detallado de la cuestión. Igualmente, lo expuesto hasta aquí nos alcanza para preguntarnos: ¿qué virtudes deberían guiar a jefes, de todos los niveles, ya sean responsables de grandes organizaciones o jefaturas de nivel intermedio, líderes de un país o gobernantes de una ciudad o dependencias pequeñas de gobierno?

De acuerdo con lo expuesto en los párrafos previos, en este apartado se hará énfasis en el concepto de *justicia*. Como mencionamos en el Apartado 7, las virtudes, como las competencias y valores, se podrán observar en el comportamiento de los jefes de todos los niveles, y en cualquier tipo de organización o gobierno.

Desde la perspectiva de los colaboradores, cuyas competencias analizaremos en el apartado siguiente, también como ciudadanos en relación con los gobernantes, se espera que cada jefe evidencie, en todo momento, su capacidad para dar a cada uno lo que le corresponde o pertenece, en las distintas circunstancias y los diferentes roles, velando –al mismo tiempo– por el cumplimiento de los valores, de los principios fundacionales para, todos juntos, trabajar en pos de la visión de la organización, del país o de la comunidad. Todo lo anterior implica obrar con equidad en cualquier circunstancia, tanto personal como laboral.

Los conceptos involucrados en el párrafo anterior enuncian un conjunto de expectativas que no siempre se cumplen; sin embargo, aun sin expresarlo, es lo que esperamos en todo momento.

Llevando el tema a nuestra especialidad, y como ya se ha manifestado en otras ocasiones, hemos considerado las referencias mencionadas, junto con otras, como una fuente fundamental sobre la base de la cual se han incorporado las virtudes a

---

3 Ferrater Mora, José. *Diccionario de Filosofía* (4 tomos). Editorial Ariel, Barcelona, 1999.
4 *Ibíd.* pp. 1980.

los modelos de competencias en los últimos veinte años. Es decir, transformando estos conceptos en competencias para que estos principios puedan ser operativos y ser llevados a la práctica organizacional cotidiana.

Sobre la base de los libros que componen *La trilogía*, podríamos definir que de un jefe organizacional, en especial los números 1 y la alta gerencia, se espera que...

- Diseñe políticas y procedimientos organizacionales con el propósito de dar a cada uno lo que le corresponde o pertenece, en los negocios, en la relación con clientes y proveedores, en el manejo del personal, o en una negociación.

- Dirija la organización aplicando principios de justicia (dar a cada uno lo que le corresponde o pertenece), y aliente a los otros directivos a obrar del mismo modo.

- Sea un referente en la organización y en el mercado por obrar con equidad en cualquier circunstancia, tanto personal como laboral.

De un gerente o jefe de nivel intermedio y, también, de toda aquella persona que tenga a cargo un pequeño grupo de colaboradores, se espera que...

- Implemente procedimientos para su sector con el propósito de dar a cada uno lo que le corresponde o pertenece, en los negocios, en la relación con clientes y proveedores, en el manejo del personal, o en una negociación.

- Dirija el grupo de personas a su cargo aplicando principios de justicia (dar a cada uno lo que le corresponde o pertenece).

- Sea un referente entre sus colaboradores y en su sector por obrar con equidad en cualquier circunstancia, tanto personal como laboral.

Tanto en el contexto del trabajo a distancia como en la relación jefe-colaborador de tipo presencial, se espera de quien ocupe el rol de superior o jefe comportamientos como los aquí descritos.

Justicia. Capacidad para dar a cada uno lo que le corresponde o pertenece, en los negocios, en la relación con clientes y proveedores, en el manejo del personal o en una negociación, y, al mismo tiempo, velar por el cumplimiento de los valores de la organización y trabajar mancomunadamente en pos de la visión y la estrategia de esta. Implica obrar con equidad en cualquier circunstancia, tanto personal como laboral.

Justicia, como otros valores, al ser incorporado al modelo de competencias organizacional se abre en grados o niveles. Del mismo modo que con las restantes competencias del referido modelo, se elaboran ejemplos de comportamientos observables siguiendo la misma apertura en grados o niveles utilizada en el diseño del diccionario de competencias.[5]

Un jefe, al ejercer sus roles, deberá hacerlo con justicia, dando a cada colaborador lo que le corresponde o pertenece en función de sus capacidades –conocimientos, competencias y experiencia– junto con la motivación que evidencie en la realización de sus tareas y el cumplimiento de sus responsabilidades. La idea se expresa en la figura siguiente.

Como se ha visto en párrafos previos, los jefes deberán desplegar, en su rol como tales, un conjunto de competencias, desde delegar hasta ser un ejemplo, incluyendo otras como, por ejemplo, la capacidad de planificación y organización. Los valores, en directivos y jefes de todos los niveles, son necesarios en un esquema de trabajo presencial, y quizá lo sean mucho más en esquemas de trabajo a distancia.

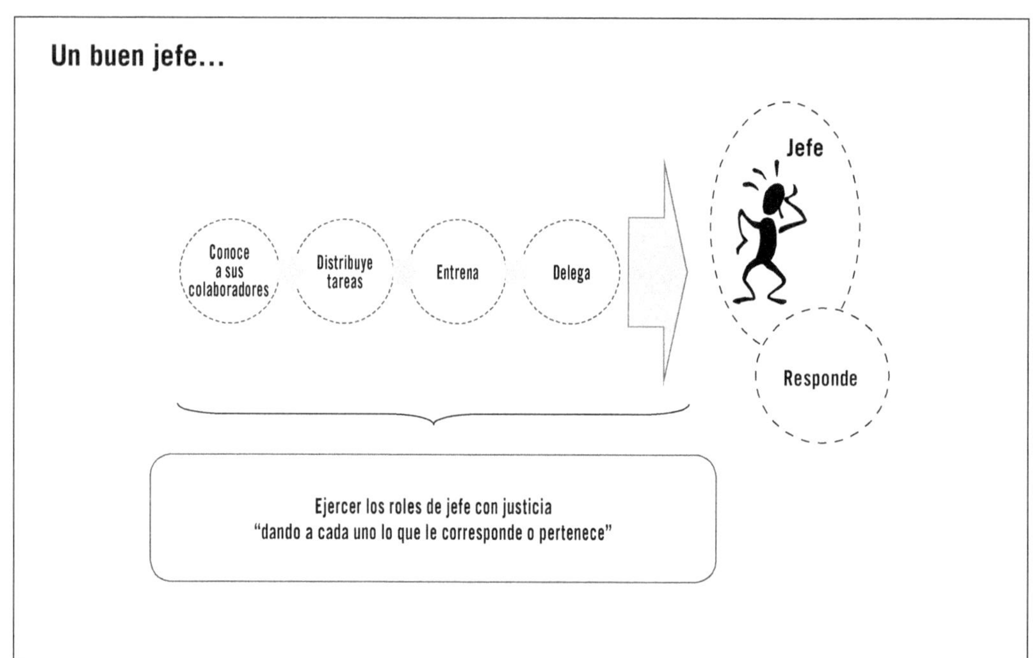

---

5 La apertura en grados de esta competencia la encontrará en la obra *Diccionario de competencias. La trilogía. Tomo 1.* Ejemplos de comportamientos en relación con esta competencia los encontrará en la obra *Diccionario de comportamientos. La trilogía. Tomo 2.* Ambas obras en Ediciones Granica, Buenos Aires, 2015.

A modo de cierre del apartado

Todos los que ocupan niveles de conducción, tanto el número 1 como los restantes niveles, deberán evidenciar un conjunto de competencias, mencionadas precedentemente (ver la figura siguiente, donde en un solo grafico se muestran los principales aspectos que podrían integrar las competencias gerenciales). Otras competencias han sido seleccionadas para los apartados siguientes. Además, según el área en que se desempeñe cada directivo o jefe, podrán considerarse conceptos adicionales.

¿Todas las competencias son necesarias? Quizá no. Dependerá de cada caso en particular. Adicionalmente, habrá que considerar que los conceptos tienen entre sí algún grado de interrelación. Al elegir un concepto se puede dejar de lado otro, que de algún modo quedará cubierto, al menos en alguna medida. Diferentes combinaciones son posibles. Por lo tanto, cada organización deberá realizar aquella combinación que mejor represente sus necesidades, mirando al futuro.

Al lector que es jefe o espera serlo algún día, le sugiero pensar en la competencia *Liderar con el ejemplo,* que se ha mencionado aquí y en el apartado anterior. Todos recordamos a los jefes que tuvimos en el pasado, a aquellos que nos inspiraron y a los que quisiéramos parecernos de algún modo, así como aquellos otros cuyo mo-

delo tomamos como el opuesto a seguir. Siempre se es un ejemplo, por lo bueno y por lo malo.

Como decíamos, todas las competencias mencionadas quizá no sean necesarias. No obstante, es una buena sugerencia tenerlas en cuenta como opciones posibles, en el momento de analizar un caso en particular. Al plantearlas, en el ámbito de esta obra, lo hago como un modo de reflexión acerca de los distintos aspectos que deben ser considerados.

Al lector le sugerimos la lectura de los distintos apartados para complementar cuestiones, relacionar y unir conceptos. Recordando, a su vez, que las miradas se complementan. El número 1, junto con los distintos niveles directivos y de conducción y todos los colaboradores, se desenvuelven en un mismo ámbito, con problemas y circunstancias muchas veces comunes.

La motivación, en especial, dentro del ámbito laboral, como se ha manifestado, es un tema complejo. En la mayoría de los casos son muy difíciles de identificar los factores que la componen. Un jefe inspirador influirá positivamente en la motivación del equipo a su cargo. También, en ciertos casos, podrá influir en compañeros, integrantes de otras áreas, y quizá clientes y proveedores.

Gestionar sin estar. Competencias

En los Anexos al final de la obra se ofrecen tablas con las principales competencias mencionadas en este libro.

- *Anexo I.* Gestionar sin estar. Competencias necesarias por orden alfabético.

- *Anexo II.* Competencias sugeridas para todos los integrantes de la organización.

- *Anexo III.* Competencias específicas para niveles de conducción: números 1 y dueños, directivos, jefes.

- *Anexo IV.* Gestionar sin estar. Competencias mencionadas en cada uno de los apartados.

Leer +++

☞ *Comportamiento organizacional.* Ediciones Granica, Buenos Aires, 2017. 

☞ *Dirección estratégica de Recursos Humanos. Volumen 1.* Ediciones Granica, Buenos Aires, 2015. 

☞ *Dirección estratégica de Recursos Humanos. Casos. Volumen 2.* Ediciones Granica, Buenos Aires, 2016. 

☞ *Las 50 herramientas de Recursos Humanos que todo profesional debe conocer.* Ediciones Granica, Buenos Aires, 2017. 

☞ *Rol del jefe.* Ediciones Granica, Buenos Aires, 2019. 

☞ *Cómo delegar en 12 pasos,* Ediciones Granica, Buenos Aires, 2010. 

☞ *Diccionario de competencias. La trilogía. Tomo 1.* Ediciones Granica, Buenos Aires, 2015. 

☞ *Diccionario de comportamientos. La trilogía. Tomo 2.* Ediciones Granica, Buenos Aires, 2015. 

Notas

Para reflexionar, implementar, llevar a cabo en la organización

Para reflexionar, implementar, llevar a cabo en mi práctica profesional y personal

Los colaboradores.
Competencias necesarias

Gestionar sin estar desde el rol de los colaboradores

Como hemos dicho, *gestionar sin estar* es una filosofía de trabajo, basada en las buenas prácticas, que se desarrolla generando confianza mutua entre directivos y colaboradores de todos los niveles.

También, como hemos visto con anterioridad, con frecuencia las organizaciones desenvuelven sus actividades combinando modalidades de trabajo presenciales y *home office*.

Los colaboradores se desempeñan en una u otra variante, y los que trabajan en actividades presenciales seguramente se relacionan con otras áreas de la organización que realizan *home office* y viceversa.

En este apartado se hará una enumeración, no taxativa, de competencias y conceptos que, en un principio, consideramos necesarios, en especial, para los colaboradores teletrabajadores.

Las buenas prácticas que se han mencionado en páginas previas serán el punto de partida para llevar a cabo sus tareas y responsabilidades desde otra perspectiva, utilizando aplicaciones diferentes, relacionándose de una manera novedosa con jefes, pares, compañeros de trabajo y, en algunos casos, también con personas que les reportan. En este último caso serán jefes y colaboradores al mismo tiempo.

Desde todas estas miradas y variantes, *gestionar sin estar* será el camino para seguir.

Los valores también serán considerados para los colaboradores organizacionales. La nueva realidad ya mencionada –la Pandemia 2020 y sus consecuencias– nos ha llevado a repensar e incluir conceptos imprescindibles para tener en cuenta.

Colaboradores de todos los niveles

Decíamos al inicio del *Apartado 2 - Ser jefe a la distancia,* que los términos jefe y colaborador son utilizados como conceptos específicos y, al mismo tiempo, amplios.

Colaborador es la persona que coopera con otra. En el ámbito de las organizaciones el término se utiliza para denominar a las personas que trabajan bajo la conducción de otra/s.

En ocasiones, el número 1 podrá ser al mismo tiempo colaborador, si pensamos en una estructura internacional o aun en un gran *holding* local. Del mismo modo podemos considerar a un alto directivo o un funcionario encumbrado en una estructura de gobierno.

En función de este enfoque dado a los términos, hemos visto también que una misma persona se puede sentir, de algún modo, atrapada entre sus roles.

Será propósito de este apartado analizar las competencias de las personas, de distintos niveles, en el marco de una organización, considerando esta forma de ver sus roles.

Realizo esta aclaración porque en algunos ámbitos, cuando se utiliza el término colaborador solo se hace referencia a personas de nivel inicial y/o empleados de poca relevancia. Si bien estos también son considerados, nuestra mirada es más amplia. Este enfoque globalizador del término es el que se ha considerado en la preparación de esta obra.

Cada colaborador reúne un conjunto de competencias

En apartados previos se ha visto la asignación de competencias a puestos. Sin extenderme en la cuestión, podemos señalar que, según el diseño adoptado en la implantación del modelo de competencias organizacional, a un puesto se le asignan entre diez y doce competencias (este número es solo referencial).

En el conjunto de competencias que se asignan a un puesto, se definirán *competencias cardinales*, es decir, aquellas que se aplican a todos los integrantes de la organización, junto con otras, específicas, en unos casos asignadas al rol de jefe, que denominamos *competencias específicas gerenciales*. También se definen competencias relacionadas con las distintas áreas y se denominan *competencias específicas por área* –ejemplos: Producción, Logística, Ventas, Administración, Finanzas, Tecnología informática, etc.–. Dentro del primer grupo, las competencias cardinales, usualmente se consideran aspectos que marcan el rumbo, la dirección a la cual se dirige la organización, es decir, su visión, considerando también la misión y dando como resultado la Estrategia. Utilizo la palabra "estrategia" con mayúscula, para señalar todos los aspectos allí involucrados. Con frecuencia, entre las competencias cardinales se incluyen valores.

En las obras que integran *La trilogía*, hemos identificado un grupo de competencias como cardinales, entre ellas, *Compromiso, Compromiso con la calidad de trabajo, Conciencia organizacional, Fortaleza, Iniciativa, Innovación y creatividad, Perseverancia en la consecución de objetivos* –tratada en el Apartado 1 de esta obra–, *Respeto, Responsabilidad personal, y Temple.*

En nuestra firma MAI, al diseñar modelos de competencias para nuestros clientes, hemos definido como competencias cardinales, además de las mencionadas, otras tales como *Adaptabilidad y flexibilidad, Colaboración, Orientación al cliente interno y externo,* etcétera.

Como puede apreciarse, la gama posible de competencias[1] a incluir es muy amplia. No obstante, tomaré unos pocos conceptos, aquellos que deseo destacar en el marco de esta obra.

---

1 Las competencias mencionadas, así como su apertura en grados, el lector podrá encontrarlas en la obra *Diccionario de competencias. La trilogía. Tomo 1.* Ejemplos de comportamientos, en relación con cada una de las competencias mencionadas, los encontrará en la obra *Diccionario de comportamientos. La trilogía. Tomo 2.* Ambas obras en Ediciones Granica, Buenos Aires, 2015.

Colaboración. Capacidad para brindar apoyo a los otros (pares, superiores y colaboradores), responder a sus necesidades y requerimientos, y solucionar sus problemas o dudas, aunque las mismas no hayan sido manifestadas expresamente. Implica actuar como facilitador para el logro de los objetivos, a fin de crear relaciones basadas en la confianza.

Para complementar la definición de la competencia *Colaboración* –y sin ánimo de extenderme demasiado–, comparto a continuación ejemplos de comportamientos Grado D o mínimo de la referida competencia.[2]

- Coopera y brinda soporte a las personas de su entorno cuando se lo solicitan.

- Tiene en cuenta las necesidades de los demás.

- Mantiene una buena relación con sus compañeros y establece buenos vínculos.

- Presta colaboración a su grupo de trabajo en temas de su especialidad.

- Está atento y bien dispuesto ante los requerimientos de su grupo de trabajo.

Por debajo de este nivel, el comportamiento evidenciado se correspondería a un estado "No desarrollado" de la competencia.

En el *Apartado 7 - Los líderes. Competencias necesarias,* se expuso un breve resumen introductorio a la gestión por competencias que se relaciona con lo que se expondrá a continuación. Igualmente están relacionados los aspectos tratados en el *Apartado 8 - Los jefes. Competencias necesarias.*

A las competencias mencionadas precedentemente agregaría *Responsabilidad,* que se ha mencionado en el apartado anterior. Igualmente, podríamos considerar otras que se especifican en el apartado siguiente.

Incluir valores en el modelo de competencias para colaboradores de todos los niveles. Hoy y mañana

En los apartados 7 y 8 analizamos las competencias necesarias para que líderes, directivos y jefes ocupen sus diferentes puestos, y así como para ellos observamos que se requieren ciertos conocimientos, competencias y experiencia, lo mismo podemos decir respecto de los colaboradores. Y, como en los casos anteriores, se requieren también algunas virtudes.

---

2 Ejemplos de comportamientos correspondientes a la competencia *Colaboración* según la obra *Diccionario de comportamientos. La trilogía. Tomo 2.* Ediciones Granica, Buenos Aires, 2015.

En los apartados mencionados hice una mención a la relectura de los clásicos. Allí mencioné el *Diccionario de Filosofía*, en 4 tomos, de J. Ferrater Mora y la cita en esa obra de uno de los diálogos de Platón en el cual se presentan las cuatro virtudes cardinales: prudencia, templanza, fortaleza y justicia.

Allí se señala que "ninguna de las virtudes indicadas es específica, en el sentido de aplicarse solo a una determinada actividad humana. Por otro lado, no parece que se pueda practicar ninguna de las virtudes mencionadas sin el auxilio o, cuando menos, la concurrencia de las otras; se ha hablado con frecuencia de 'la unidad de las cuatro virtudes platónicas'".[3]

En la obra mencionada se hace un análisis más completo y detallado de la cuestión. Igualmente, lo expuesto hasta aquí nos alcanza para preguntarnos: ¿qué virtudes deberían guiar a los colaboradores, definidos como se expusiera al inicio del apartado, es decir, colaboradores de todos los niveles, ya sean responsables de grandes organizaciones, a cargo de jefaturas de nivel intermedio, empleados que por su rol no tienen otros a su cargo, niveles iniciales, que se desempeñen en roles de gobierno nacional, estadual o en la comunidad a la cual pertenecen?

De las cuatro virtudes cardinales, voy a enfatizar en una, necesaria –en mi opinión– para todos los colaboradores: fortaleza. En este caso, el término hace referencia al coraje moral.

Como mencionamos en páginas previas, las virtudes, como las competencias y los valores, se podrán observar en el comportamiento de los colaboradores de todos los niveles y de cualquier tipo de organización o gobierno.

¿Qué implica la fortaleza en el caso de los colaboradores? Se espera que cada uno evidencie, en todo momento, la capacidad de obrar asumiendo el "punto medio" en cualquier situación, entendiendo como "punto medio" la capacidad de vencer el temor, pero sin caer en la temeridad. No se trata de alardes de fuerza física o de otro tipo; por el contrario, se relaciona con valores como la prudencia y la sensatez para optar por la posición intermedia, en distintas circunstancias.

Los conceptos involucrados en la frase del párrafo anterior enuncian un conjunto de expectativas que no siempre se cumplen; sin embargo, aun sin expresarlo, es lo que quisiéramos que suceda, en todo momento.

En relación con mis libros, y como ya se ha manifestado en otras ocasiones, las referencias mencionadas han sido una fuente relevante sobre cuya base se han incorporado virtudes a los modelos de competencias en los últimos veinte años. Es decir, transformando estos conceptos en competencias para que dichos principios puedan ser llevados a la práctica organizacional cotidiana.

---

3 Ferrater Mora, José. *Diccionario de Filosofía* (4 tomos). Editorial Ariel, Barcelona, 1999.

Sobre la base de los libros denominados *La trilogía*, podemos decir que de los colaboradores de distinto nivel se espera que…

- Implementen políticas y procedimientos organizacionales con el propósito de que el sector bajo su responsabilidad, así como todos sus integrantes, obren en todo momento con fortaleza (actuar respetando el punto medio, entendiéndolo como vencer el temor y huir de la temeridad), en la consecución de los planes estratégicos.

- Conduzcan y dirijan los equipos a su cargo bajo el principio definido de fortaleza mencionado en el párrafo anterior.

- Sean un referente –para otros colaboradores, jefes, compañeros, es decir, en el ámbito del área en la cual se desempeñan– en materia de fortaleza, tanto en lo personal como en relación con sus responsabilidades.

Para todas las personas y los colaboradores, de todos los niveles, reflexionar sobre estas cuestiones será siempre una buena idea.

En el contexto del trabajo a distancia y, también, en la relación jefe-colaborador presencial, comportamientos como los aquí descritos son fundamentales.

Fortaleza. Capacidad para obrar asumiendo el punto medio en cualquier situación. Entendiendo por punto medio vencer el temor y huir de la temeridad. No se trata de alardes de fuerza física o de otro tipo; por el contrario, se relaciona con valores como la prudencia y la sensatez para optar por la posición intermedia ante las distintas circunstancias sin caer en la tentación de actuar como todopoderoso o, por el contrario, como timorato.

Fortaleza, como otros valores, al ser incorporado al modelo de competencias organizacional se abre en grados o niveles. Del mismo modo que con las restantes competencias del referido modelo, se elaboran ejemplos de comportamientos observables siguiendo la misma apertura en grados o niveles utilizada en el diseño del diccionario de competencias.[4]

En la figura de la página siguiente veremos competencias relacionadas con colaboradores, de diferente nivel en la estructura organizacional, mencionadas en este apartado. También allí hemos incluido *Perseverancia en la consecución de objetivos*, que

---

4 La apertura en grados de esta competencia la encontrará en la obra *Diccionario de competencias. La trilogía. Tomo 1*. Ejemplos de comportamientos en relación con esta competencia los encontrará en la obra *Diccionario de comportamientos. La trilogía. Tomo 2*. Ambas obras en Ediciones Granica, Buenos Aires, 2015.

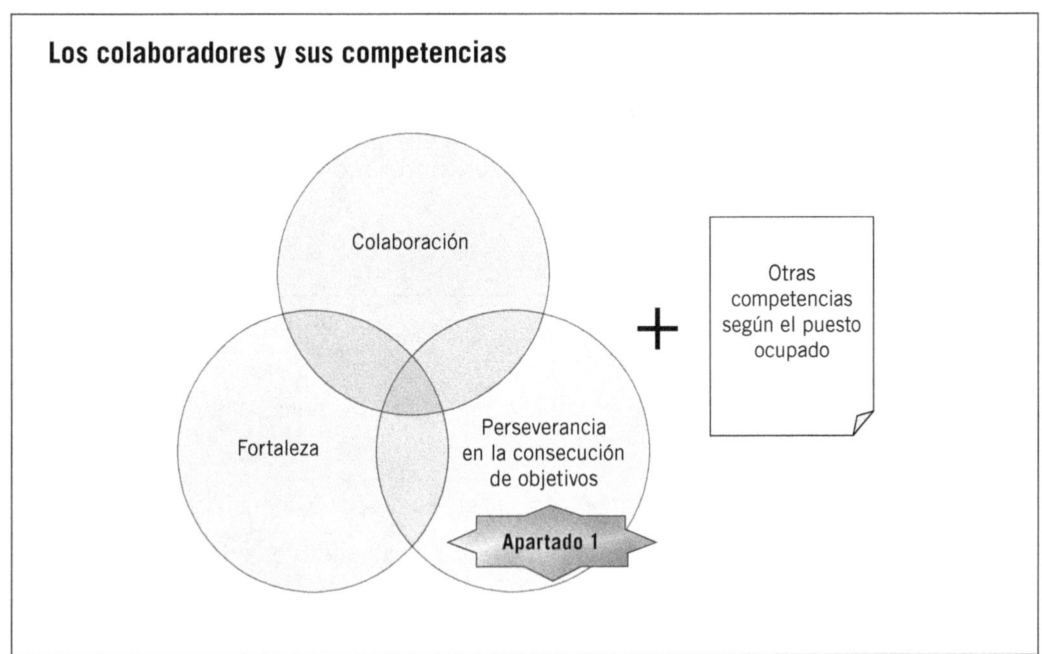

se mencionara en el Apartado 1. A estas competencias se sumarán otras, según el puesto del que se trate.

Los colaboradores de todos los niveles organizacionales, en tiempos que por circunstancias diversas se presentan difíciles, como los que nos ha tocado atravesar durante la Pandemia 2020 y sus implicancias posteriores, requerirán para desempeñar sus distintos roles y puestos de trabajo, en algún grado o nivel, la competencia, valor o virtud que hemos denominado *Fortaleza*.

A modo de cierre del apartado

Como se manifestara en la *Presentación*, las competencias son un tema transversal de la obra en su conjunto. Adicionalmente, he destinado cuatro apartados para referirme a ellas, señalando una serie de cuestiones a tener en cuenta.

Este apartado, así como el siguiente, involucra a todas las personas, a todos nosotros, independientemente de las profesiones, los roles y el lugar desde el cual desempeñemos nuestras labores.

Todos, potencialmente, podríamos trabajar bajo la modalidad de *home office*; también quienes nos rodean. Esta modalidad de trabajo es el futuro, quizá no para todos, pero sí para muchos.

Home office total o solo algunos días. Temporal o permanente.

Lo adoptamos durante la Pandemia 2020 y podremos seguir haciéndolo.

Todo es posible.

Gestionar sin estar. Competencias

En los Anexos al final de la obra se ofrecen tablas con las principales competencias mencionadas en este libro.

- *Anexo I.* Gestionar sin estar. Competencias necesarias por orden alfabético.

- *Anexo II.* Competencias sugeridas para todos los integrantes de la organización.

- *Anexo III.* Competencias específicas para niveles de conducción: números 1 y dueños, directivos, jefes.

- *Anexo IV.* Gestionar sin estar. Competencias mencionadas en cada uno de los apartados.

Leer +++

☞ *Comportamiento organizacional.* Ediciones Granica, Buenos Aires, 2017.

☞ *Dirección estratégica de Recursos Humanos. Volumen 1.* Ediciones Granica, Buenos Aires, 2015.

☞ *Dirección estratégica de Recursos Humanos. Casos. Volumen 2.* Ediciones Granica, Buenos Aires, 2016.

☞ *Las 50 herramientas de Recursos Humanos que todo profesional debe conocer.* Ediciones Granica, Buenos Aires, 2017.

☞ *Rol del jefe.* Ediciones Granica, Buenos Aires, 2019.

☞ *Cómo delegar en 12 pasos.* Ediciones Granica, Buenos Aires, 2010.

☞ *Diccionario de competencias. La trilogía. Tomo 1.* Ediciones Granica, Buenos Aires, 2015.

☞ *Diccionario de comportamientos. La trilogía. Tomo 2.* Ediciones Granica, Buenos Aires, 2015.

Notas

Para reflexionar, implementar, llevar a cabo en la organización

Para reflexionar, implementar, llevar a cabo en mi práctica profesional y personal

10

Todos nosotros.
Competencias necesarias

Todos nosotros incluye "a todos"

Gestionar sin estar desde la mirada individual, más allá del rol organizacional

La población, en general, sufrió de un modo u otro la Pandemia 2020 y sus consecuencias posteriores. En el "todos" del título del apartado incluyo a los *líderes*; *directivos y jefes*, y *colaboradores*, acerca de los cuales me he referido en los apartados 7, 8 y 9, describiendo para cada una de esas categorías las competencias necesarias junto con otras interrelaciones derivadas de los roles combinados.

Además de los aspectos mencionados, las personas en general, trabajadores o no, adultos y niños, personas de todas las edades y generaciones, vieron afectadas sus vidas por las circunstancias que hemos vivido. De un modo u otro, también, directa o indirectamente, todos y cada uno están y/o estarán vinculados por el trabajo a distancia. El obligatorio y el opcional.

En la figura siguiente hemos reflejado a personas que integran una organización, de todos los niveles. También, trabajadores independientes y/u otras personas en general, trabajadores o no.

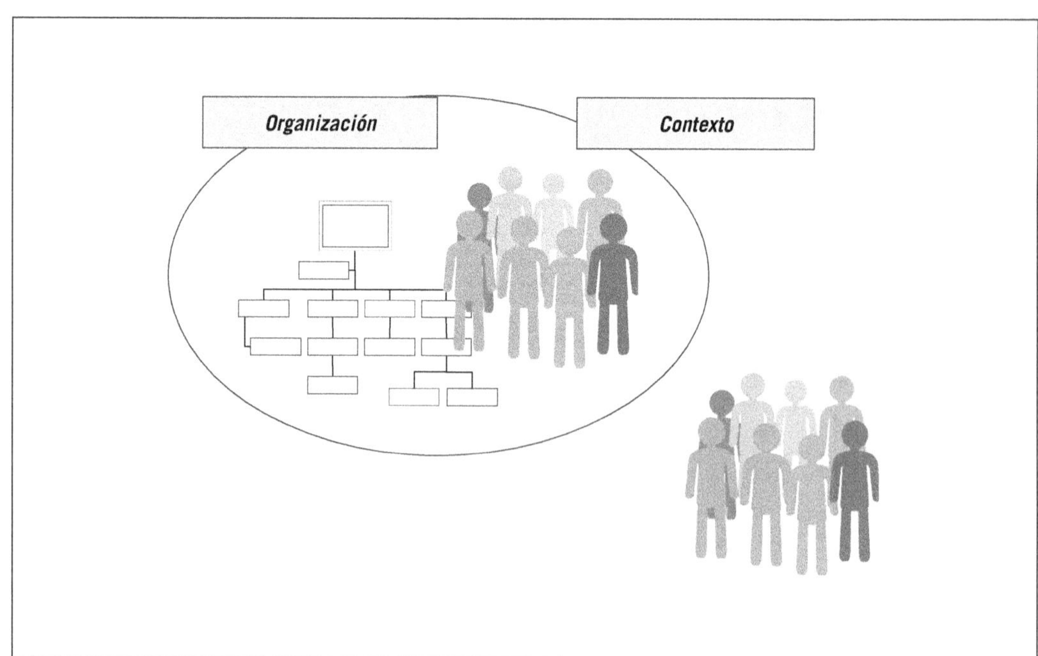

Mirando un mundo por venir y contemplando todas las miradas, *gestionar sin estar* es un nuevo enfoque que seguramente impregnará las relaciones entre las personas, frente a los nuevos desafíos.

Las competencias y los valores que se verán a continuación están relacionados con todos y cada uno de nosotros.

Capacidades para enfrentar los desafíos de un mundo por venir

La Pandemia 2020 y sus consecuencias plantearon –y nos siguen planteando– un conjunto de retos que requerirán un despliegue amplio de competencias, las mencionadas en este libro junto con muchas otras. Se presentan nuevas formas de hacer negocios, nuevas formas de comunicarnos, compartir, formarnos, etc. En este contexto, *gestionar sin estar* se convertirá, seguramente, en una nueva filosofía de trabajo producto de este cambio en las relaciones interpersonales, de algún modo más cercanas y más distantes, al mismo tiempo. ¿Por qué más cercanas, si estamos físicamente separados? En muchos casos se incrementó la frecuencia con la que nos conectamos estando lejos… En otros, quizá el contacto se perdió…

Nuevas preocupaciones y nuevos temas irrumpieron en nuestra vida cotidiana. La realidad había cambiado. Muchas personas descubrieron que había otra forma de hacer las cosas. *Home office* y teletrabajo empezaron a implementarse en ámbitos impensados, y surgieron nuevos usuarios de aplicaciones tecnológicas, de todas las edades.

Temple. Tolerancia a la presión. Resiliencia

El término "resiliencia", mencionado ya en apartados anteriores, según la Real Academia significa –en la primera acepción– *capacidad de adaptación de un ser vivo frente a un agente perturbador o un estado o situación adversos*. En la segunda acepción, significa *capacidad de un material, mecanismo o sistema para recuperar su estado inicial cuando ha cesado la perturbación a la que había estado sometido*.

Los nuevos escenarios serán más complejos, con industrias más competitivas, clientes y usuarios más exigentes en todo sentido, y un entorno económico complejo y volátil.

En este contexto, las posibilidades de éxito de los distintos proyectos serán cada vez más inciertas. Esta incertidumbre permanente requerirá una alta capacidad para adaptarse a las nuevas circunstancias. Cada jefe deberá motivar a su equipo en este contexto.

En las competencias de *La trilogía, Tolerancia a la presión de trabajo*, al igual que otras mencionadas en otros apartados, se ha utilizado en implementaciones, desde hace muchos años, en numerosas empresas de Latinoamérica.

Su definición representa adecuadamente las necesidades de todos nosotros frente a las circunstancias actuales.

Tolerancia a la presión de trabajo. Capacidad para trabajar con determinación, firmeza y perseverancia a fin de alcanzar objetivos difíciles o para concretar acciones/decisiones que requieren un compromiso y esfuerzo mayores a los habituales. Implica mantener un alto nivel de desempeño aun en situaciones exigentes y cambiantes, con interlocutores diversos que se suceden en cortos espacios de tiempo, a lo largo de jornadas prolongadas.

Para complementar la definición, los siguientes ejemplos de comportamientos se corresponden con el Grado D de la competencia (nivel mínimo), según el *Diccionario de comportamientos. La trilogía. Tomo 2.*

Esto implica que una persona…

- Trabaja con perseverancia y eficacia para alcanzar los objetivos que se le han fijado.

- Aplica procedimientos y métodos de trabajo que le permiten llevar a cabo sus labores en contextos complejos.

- Actúa de acuerdo con las decisiones de sus superiores que requieren compromiso y esfuerzo mayores a los habituales.

- Trabaja con energía y mantiene el nivel de desempeño esperado aun en situaciones exigentes y cambiantes, durante jornadas intensas y prolongadas.

- Es un ejemplo para sus compañeros en momentos difíciles.

La competencia *Tolerancia a la presión de trabajo* permite a quienes la poseen tener un desempeño acorde a lo esperado, en la mayoría de los puestos de trabajo y circunstancias de la vida personal. Si bien la redacción de los ejemplos expuestos utiliza –de algún modo– términos "organizacionales", los objetivos que una persona se haya fijado podrán ser estrictamente laborales o del plano netamente personal. Una persona puede haberse fijado como objetivo preparar un complicado pastel de cumpleaños a su pareja, o lograr comprar las entradas para un concierto que resultan difíciles de conseguir, o cualquier otro "desafío", e igualmente podrá aplicar en esas circunstancias esta competencia a la que nos estamos refiriendo.

El anteúltimo de los comportamientos expuestos entre los ejemplos, al decir que *trabaja con energía y mantiene el nivel de desempeño esperado aun en situaciones exigentes y cambiantes…*, podría relacionarse con una buena adaptación al teletrabajo, entre otras posibilidades.

En los modelos de competencias que definimos para nuestros clientes en nuestra firma (MAI) utilizamos competencias como *Tolerancia a la presión de trabajo* o *Temple* para contemplar e incluir en dichos modelos cuestiones relacionadas con la resiliencia. Entendemos que estas definiciones ofrecen un enfoque más amplio de la cuestión y, además, presentan una mayor conexión con el ámbito laboral y organizacional.

Incluir valores en el modelo de competencias marcará la diferencia. Hoy y mañana

Virtudes, valores, competencias… son conceptos a los cuales me he referido desde el inicio de este libro.

En relación con este apartado en particular, deseo analizar otros términos, para sumarlos a todos los mencionados hasta aquí. Una vez más, me voy a basar en comportamientos y competencias, temática que, como se comentó en la *Presentación*, es transversal a todos los contenidos tratados, de manera individual y, también, analizándolos en conjunto.

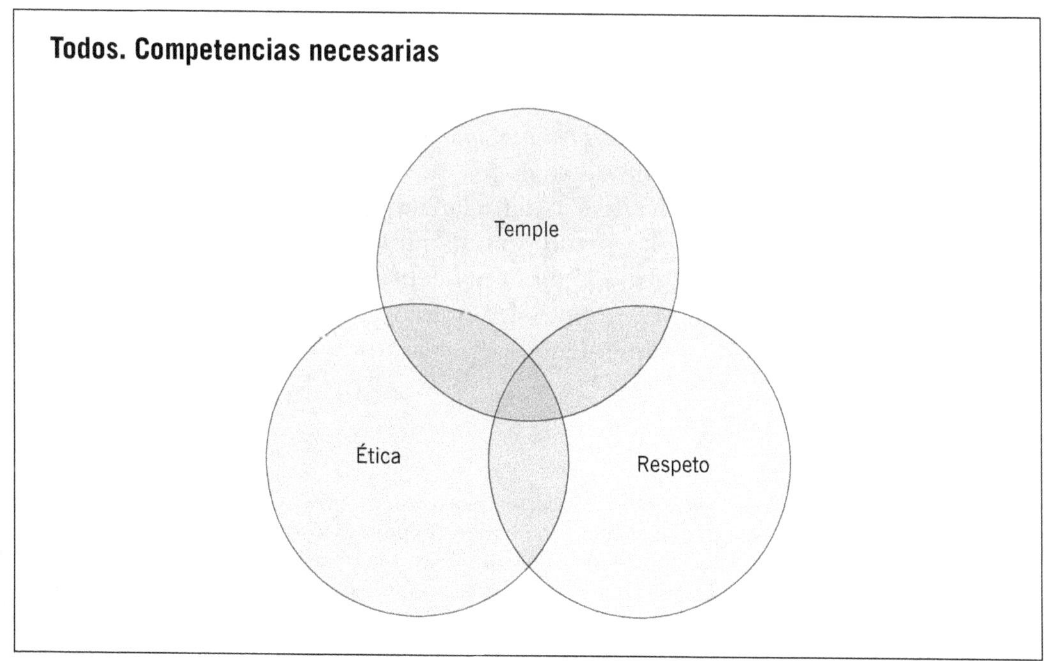

Ética y *Respeto* son competencias[1] que han conformado nuestros modelos de competencias desde hace muchos años, usualmente como competencias cardinales, es decir, aquellas relacionadas con todos los integrantes de una organización. Estos conceptos, también, son aplicables a las circunstancias presentes.[2]

Ética. Capacidad para sentir y obrar en todo momento de acuerdo con los valores morales y las buenas costumbres y prácticas profesionales, y respetar las políticas organizacionales. Implica sentir y obrar de este modo en todo momento, tanto en la vida profesional y laboral como en la vida privada, aun en forma contraria a supuestos intereses propios o del sector/organización al que pertenece, ya que las buenas costumbres y los valores morales están por encima de su accionar, y la organización así lo desea y lo comprende.

Respeto. Capacidad para dar a los otros y a uno mismo un trato digno, franco y tolerante, y comportarse de acuerdo con los valores morales, las buenas costumbres y las buenas prácticas profesionales, y para actuar con seguridad y congruencia entre el decir y el hacer. Implica la capacidad para construir relaciones cálidas y duraderas basadas en una conducta honesta y veraz.

Conceptos de ayer mirando al futuro

Del pasado al hoy y pensando en el mañana, con el propósito de introducir en todas las reflexiones el futuro, de corto, mediano y largo plazo.

La relectura de los clásicos me inspiró en la preparación de varios de los apartados anteriores; analizar y reflexionar sobre las virtudes, desde distintos ángulos. En las páginas 3704 y 3705 del *Diccionario de Filosofía*, en 4 tomos, de J. Ferrater Mora, se puede leer que Platón, en uno de sus diálogos, presentó cuatro virtudes consideradas cardinales o principales: prudencia, templanza, fortaleza y justicia.

Fui asociando cada una de las virtudes a una mirada. En el Apartado 7 las vinculé a los líderes y el liderazgo, con eje en la prudencia, guiada quizá por el mismo Platón, dicho esto con mi mayor respeto. De su mano, en el Apartado 8 conecté la virtud justicia con el rol de los que tienen personas a su cargo, directivos y jefes de diferentes niveles.

1　En el *Apartado 7 - Los líderes. Competencias necesarias*, se expuso un breve resumen introductorio a la gestión por competencias que se relaciona con lo que se expondrá a continuación.

2　La apertura en grados de esta competencia la encontrará en la obra *Diccionario de competencias. La trilogía. Tomo 1.* Ejemplos de comportamientos en relación con esta competencia los encontrará en la obra *Diccionario de comportamientos. La trilogía. Tomo 2.* Ambas obras en Ediciones Granica, Buenos Aires, 2015.

Dice Ferrater Mora:

...ninguna de las virtudes indicadas es específica, en el sentido de aplicarse solo a una determinada actividad humana. Por otro lado, no parece que se pueda practicar ninguna de las virtudes mencionadas sin el auxilio o, cuando menos, la concurrencia de las otras; se ha hablado con frecuencia de 'la unidad de las cuatro virtudes platónicas'. Sin embargo, una virtud como la prudencia tiene un cierto predominio sobre otras, en tanto que por lo menos es la virtud indispensable para un gobernante.[3]

Un poco más adelante dice: "parece asimismo que la justicia desempeña un papel capital en tanto que representa la armonía. En este último caso, la justicia es la conjunción de las virtudes".

En el Apartado 9 me referí a todas las personas incluidas en el término "colaborador", y concluí que deberían evidenciar la virtud fortaleza. En este caso, el término hace referencia al coraje moral. La referencia a la fortaleza, en este caso, no implica alardes de fuerza física o de otro tipo; por el contrario, se relaciona con valores como la prudencia y la sensatez para optar por una posición intermedia de valor y coraje, pero no de temeridad, en distintas circunstancias.

Todos nosotros, las personas en general, podremos sentirnos identificados con los roles de líderes, jefes, colaboradores; incluso con los tres al mismo tiempo. También podríamos no sentirnos incluidos en ninguno de los roles mencionados o bien no integrar una estructura formal o, por la razón que fuese, no trabajar. En cualquier circunstancia, como personas y ciudadanos, nos relacionamos con la virtud denominada templanza.

En la obra de Ferrater Mora se hace referencia a la templanza y al temple.

El temple de ánimo equivale al estado afectivo o emotivo por el cual un individuo se siente de una forma determinada frente a sí mismo y frente al mundo. Aunque el temple de ánimo se altera con frecuencia, pueden existir determinadas disposiciones fisiológicas, psicológicas o espirituales por las cuales tenga lugar una cierta constancia de un temple de ánimo y, con ello, una modificación de la forma individual de la concepción del mundo".[4]

Al hablar de *todos*, pensando del hoy al mañana, haré énfasis en la virtud templanza junto con un concepto relacionado, *temple*, que nos involucra a cada uno de nosotros.

Como ya hemos dicho, para ocupar todo tipo de puestos se requiere poseer ciertos conocimientos, competencias y experiencia. También, como en los casos anteriores, algunas virtudes.

---

3 Ferrater Mora, José. *Diccionario de Filosofía* (4 tomos). Editorial Ariel, Barcelona, 1999.
4 *Ibid*, pp. 3464-3465.

Las virtudes, como las competencias y los valores, se podrán observar en el comportamiento de todas las personas, independientemente de los puestos que ocupen, y el nivel y tipo de organización o gobierno.

El concepto *temple* implica evidenciar la capacidad para obrar con serenidad y dominio tanto de sí mismo como en relación con las actividades a su cargo. Implica, de algún modo, afrontar de manera serena las dificultades, los riesgos o acontecimientos negativos. En resumen, seguir adelante en medio de circunstancias adversas.

No todos evidenciamos este comportamiento; al menos, no siempre. Sin embargo, la mayoría de nosotros quisiéramos que así sucediera, en todo momento.

En nuestros modelos de competencias hemos considerado las referencias mencionadas, junto con otras, como una fuente fundamental sobre la base de la cual se han incorporado las virtudes a dichos modelos, en los últimos veinte años.

Es decir, hemos transformado estos conceptos en competencias, para que estos principios puedan tornarse operativos y ser llevados a la práctica organizacional cotidiana.

Sobre la base de los libros que integran lo que hemos denominado *La trilogía*, de aquellas personas que se desempeñen en el ámbito organizacional, en distintos niveles jerárquicos, se espera que…

- Apliquen en su sector las directivas recibidas aun en tiempos difíciles, obrando con serenidad y dominio tanto de sí mismas como en relación con las responsabilidades a su cargo; llevando adelante su sector en circunstancias adversas, con la determinación de "resistir las tempestades y llegar a buen puerto".

- Afronten de manera enérgica y al mismo tiempo serena las dificultades y los riesgos; dirigiendo el sector a su cargo bajo esas circunstancias, explicando a sus colaboradores problemas, fracasos o acontecimientos negativos.

- Dirijan su sector aplicando principios de *templanza* (actuar con moderación y sobriedad, y afrontar las dificultades y los riesgos con fortaleza enérgica y serenidad), alentando a sus colaboradores a obrar del mismo modo, ofreciendo su entrenamiento experto a quienes lo requieren.

De todas las personas, independientemente de su labor, se desempeñen en un trabajo formal o no, se espera que…

- Realicen sus tareas habituales aun en tiempos difíciles, obrando con serenidad y dominio tanto de sí mismas como en relación con las responsabilidades a su cargo.

- Afronten de manera enérgica y serena las dificultades, explicando a otros problemas, fracasos o acontecimientos negativos.

- Apliquen en la vida cotidiana principios de *templanza* (actuar con moderación y sobriedad, y afrontar las dificultades y los riesgos con fortaleza enérgica y serenidad), ofreciendo su entrenamiento experto a otros que lo requieren.

A modo de síntesis podemos agregar que, para todas las personas, reflexionar al respecto será siempre una buena idea.

Temple. Capacidad para obrar con serenidad y dominio tanto de sí mismo como en relación con las actividades a su cargo. Capacidad para afrontar de manera enérgica y al mismo tiempo serena las dificultades y los riesgos y explicar a otros problemas, fracasos o acontecimientos negativos. Implica seguir adelante en medio de circunstancias adversas, resistir tempestades y llegar a buen puerto.

Antes de finalizar, es necesario advertir que las virtudes consideradas en la preparación de esta obra – que, como comentáramos, las utilizamos transformadas en competencias en la preparación de modelos de competencias en empresas reales, del mundo real– no han sido elegidas por una mera preferencia personal. Todo lo contrario. Las actividades empresarias y de toda índole las requieren, porque son relevantes. Algunos líderes mundiales se diferencian de otros cuando evidencian virtudes. Las organizaciones se destacan positivamente cuando realizan sus negocios y actividades atendiendo sus valores. No se trata solo de "buenas costumbres". El reto es lograr, a través de las buenas costumbres, las virtudes y los valores, ser perdurables y sostenibles.

A modo de cierre del apartado

Gestionar sin estar implica una relación jefe-colaborador basada en la confianza. La confianza entre las personas se fundamenta en aquellos comportamientos observables en el otro que provocan en el observador una sensación de tranquilidad y seguridad.

Ética, Respeto, Temple son conceptos de ayer y de hoy, mirando al futuro.

En el cierre del apartado anterior hice un comentario relacionado también con este. En los apartados 7, 8 y 9, junto con el presente, me he referido específicamente a competencias, tema transversal a toda la obra.

El recorrido realizado por conceptos y competencias me ha permitido señalarle al lector una serie de cuestiones a tener en cuenta. Cada empresa, cada persona, podrá identificarse con todas ellas o solo con algunas.

Este apartado, así como el anterior, involucra a todas las personas, a todos nosotros, independientemente de nuestras profesiones, nuestros roles y el lugar desde el cual desempeñamos nuestra labor.

Todos nosotros, muy probablemente, podríamos trabajar a distancia. Las personas que nos rodean podrían adoptar esta modalidad. En el futuro, si la tecnología y la conectividad lo permiten, esto será una realidad quizá no para todos, pero sí para muchos.

El *home office,* el teletrabajo, el trabajo a distancia… podrá ser total o parcial. Temporal o permanente. Lo hicimos, podremos seguir haciéndolo. Todo es posible.

Gestionar sin estar. Competencias

En los Anexos al final de la obra se ofrecen tablas con las principales competencias mencionadas en este libro.

- *Anexo I.* Gestionar sin estar. Competencias necesarias por orden alfabético.

- *Anexo II.* Competencias sugeridas para todos los integrantes de la organización.

- *Anexo III.* Competencias específicas para niveles de conducción: números 1 y dueños, directivos, jefes.

- *Anexo IV.* Gestionar sin estar. Competencias mencionadas en cada uno de los apartados.

Leer +++

☞ *Comportamiento organizacional.* Ediciones Granica, Buenos Aires, 2017.

☞ *Dirección estratégica de Recursos Humanos. Volumen 1.* Ediciones Granica, Buenos Aires, 2015.

☞ *Dirección estratégica de Recursos Humanos. Casos. Volumen 2.* Ediciones Granica, Buenos Aires, 2016.

☞ *Las 50 herramientas de Recursos Humanos que todo profesional debe conocer.* Ediciones Granica, Buenos Aires, 2017.

☞ *Rol del jefe.* Ediciones Granica, Buenos Aires, 2019.

☞ *Cómo delegar efectivamente en 12 pasos.* Ediciones Granica, Buenos Aires, 2010.

☞ *Diccionario de competencias. La trilogía. Tomo 1.* Ediciones Granica, Buenos Aires, 2015.

☞ *Diccionario de comportamientos. La trilogía. Tomo 2.* Ediciones Granica, Buenos Aires, 2015.

Notas

Para reflexionar, implementar, llevar a cabo en la organización

Para reflexionar, implementar, llevar a cabo en mi práctica profesional y personal

Tips *para números 1 y dueños*

Tips. Ideas. Consejos. Sugerencias. Recomendaciones

Como decía en la *Presentación*, no me agrada atribuirme el rol de "dar consejos"; aquí me limito a incluir algunas ideas a modo de cierre o conclusiones de los apartados previos.

El objetivo es proponer sugerencias, en algunos casos de tipo conceptual, en otros, con un detalle mayor.

En ningún caso pretendo agotar todas las cuestiones ni exponer todos los *tips* posibles. Simplemente mover o invitar a la reflexión personal a fin de encontrar vías rápidas y concretas para poder llevar todas estas cuestiones a la práctica.

Al mismo tiempo, en algunas circunstancias las ideas, los consejos y sugerencias brindados podrán no ser pertinentes.

Además, las miradas se complementan: directivos, jefes y colaboradores se desenvuelven en un mismo ámbito, con problemas y circunstancias comunes, lo cual hace que algunas sugerencias sean válidas incluso para todos.

El número 1 de la organización, CEO o dueño a cargo de la gestión

En mis libros utilizo la expresión "número 1 de la organización" para referirme a las distintas denominaciones atribuibles a quienes la dirigen: Director General, Gerente General, CEO y, también, aquel dueño que está a cargo de la gestión empresarial. También funcionarios públicos que ocupen posiciones similares en ministerios u otros organismos públicos.

A partir de este apartado nos ocuparemos de algunas cuestiones relevantes a tener en cuenta, comenzando por el número 1.

El número 1 tendrá, como en otras cuestiones, un rol crucial. Al igual que respecto de otros temas, para analizar/definir la aplicación de *home office* en una parte de la organización, así como para diseñar otras actividades, como nuevas formas de venta *on line,* etc., podrá conformar un equipo de trabajo multidisciplinario, incorporando otros niveles organizacionales, requerir el apoyo de un consultor o llevar a cabo la tarea en soledad. Cada organización elegirá el mejor camino a seguir.

Los números 1 y dueños son los responsables de señalar el rumbo, de darle forma y hacer realidad una nueva visión, implementar cambios y modificaciones sustanciales para la organización. En este apartado comenzaré analizando este rol. Luego se analizarán otros temas que, no siendo "nuevos", adquieren un papel protagónico especial cuando se desea implementar el concepto *gestionar sin estar.*

Desde la mirada de los números 1 y dueños, serán muy pocas las actividades y escasos los negocios en que sea posible aplicar *home office* a toda la organización, en su conjunto. La situación más frecuente será aquella en la cual pueda implementarse una

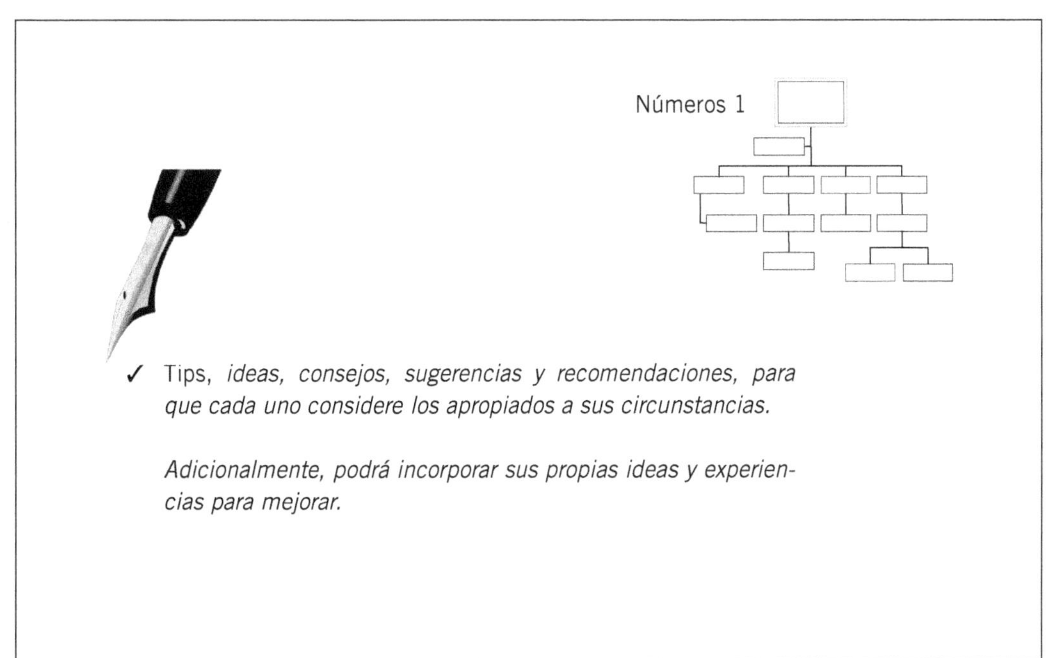

✓ Tips, *ideas, consejos, sugerencias y recomendaciones, para que cada uno considere los apropiados a sus circunstancias.*

Adicionalmente, podrá incorporar sus propias ideas y experiencias para mejorar.

modalidad de trabajo a distancia para una o varias áreas y, las restantes, continuar con la modalidad presencial. También, en algunos casos, será posible implementar trabajo a distancia de manera parcial en el tiempo, por ejemplo, uno o dos días por semana.

La experiencia vivida durante la Pandemia 2020 será, como ya lo hemos manifestado, muy valiosa para definir o redefinir métodos y procedimientos aplicables al trabajo a distancia y la mejor forma de dirigir y llevar adelante una organización aplicando el concepto *gestionar sin estar.*

Cuestiones a tener en cuenta para alcanzar una cultura organizacional orientada al trabajo a distancia

Una cultura orientada al trabajo a distancia para la organización en su conjunto

Retomando algunos conceptos que se vieron en el *Apartado 1 - Gestionar. Dirigir proyectos. Tomar decisiones,* vimos allí que en una organización podrán coexistir el trabajo presencial y el trabajo a distancia. Como decíamos, en muy pocas actividades o en escasos negocios será factible adoptar el trabajo a distancia para la organización en su conjunto.

El esquema más frecuente se conforma por áreas que realizan sus labores de manera presencial y otras en las cuales es factible realizar el trabajo a distancia. Veamos la figura al pie (expuesta en el Apartado 1).

Podríamos identificar áreas de trabajo presencial en fábricas, talleres y negocios de venta minorista de todo tipo de productos, solo por citar unos pocos ejemplos. En la misma organización –en la figura representada por un organigrama–, otras áreas podrían realizar sus tareas a distancia. Entre unos y otros, señalamos la posibilidad de que haya áreas o sectores que implementen un esquema combinado.

Frente a un esquema como el expuesto en este gráfico, será conveniente que la organización en su conjunto, no solo aquellos que conforman las áreas donde es factible el trabajo a distancia, adopte y comprenda la filosofía que hemos denominado *gestionar sin estar.*

Solo para el análisis de la cuestión planteada, imaginemos un sector dentro de una fábrica en el que, por sus características, las tareas que se desarrollan sean de tipo presencial. Los jefes podrán dirigir a sus equipos aplicando las buenas prácticas descritas para el trabajo a distancia, en los apartados previos. Sus colaboradores, en el esquema presencial, se verán beneficiados por un jefe que delega y entrena. Al mismo tiempo, estos colaboradores comprenderán que sus colegas que realizan

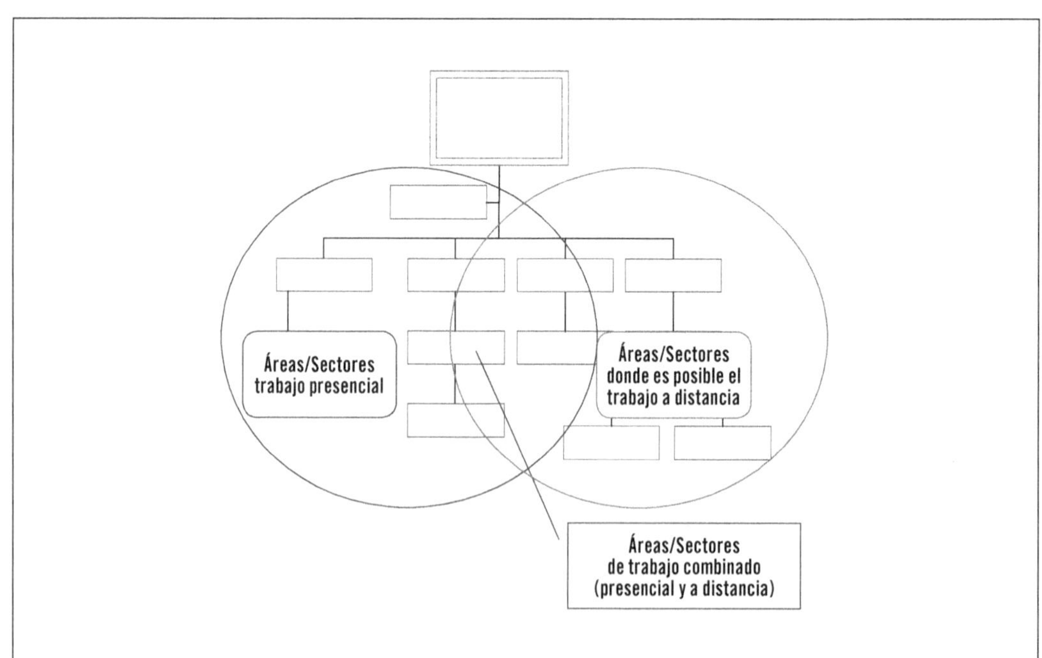

home office comparten los mismos principios, en otra modalidad de trabajo (a distancia).

Aunar la organización en una nueva filosofía de trabajo será beneficioso para todos los involucrados.

Realizar un diagnóstico sobre la cultura organizacional

"Realizar un diagnóstico" sobre si la organización se encuentra orientada al trabajo a distancia no implica, necesariamente, una tarea extensa en horas y/o de alto costo. Quizá formulando unas cuantas preguntas a sus colaboradores directos, el número 1 pueda hacerse una composición de lugar, más o menos cercana a la realidad, acerca de la situación en la cual se encuentra la organización a su cargo,

Retomando varios temas tratados en apartados anteriores, en el *Apartado 1 - Gestionar. Dirigir proyectos. Tomar decisiones,* vimos un esquema que mostraba un propósito específico, pasar de una cultura a otra. Allí se expuso la necesidad de cambiar la cultura para lograr un efectivo trabajo a distancia.

Sin el propósito de explayarme sobre temas conceptuales, unas pocas palabras para introducir un aspecto fundamental que todo número 1 debería tener en cuenta.

Comportamiento organizacional (CO) es la disciplina que estudia el comportamiento de las personas en el marco de una organización. Dicho comportamiento está compuesto por el comportamiento de sus directivos y jefes y el de los colaboradores en general.

El resultado visible del comportamiento –en conjunto– de todos los integrantes de una organización será posible identificarlo en determinados patrones de conducta que representan su cultura. Por ejemplo: lenguaje, rutinas, rituales, formas de hacer las cosas, propios de una organización.

La expresión "cultura organizacional" hace referencia al conjunto de valores esenciales compartidos en una organización, los cuales proveen información implícita y/o explícita acerca de los comportamientos preferidos en ella. Implica ciertos supuestos, creencias aceptadas, percepciones y sentimientos.

En resumen, el número 1 deberá reflexionar sobre la organización a su cargo para determinar los aspectos a modificar si desea alcanzar un nivel alto en materia de trabajo a distancia. Entre otros aspectos habrá que considerar el grado de digitalización de la organización, tanto en equipos, *software*, disponibilidad para almacenar información en la nube, métodos y procedimientos de trabajo como en las capacidades de los colaboradores, de todos los niveles, para lograr la transformación deseada.

Como se vio en el *Apartado 1 - Gestionar. Dirigir proyectos. Tomar decisiones,* por un lado, el número 1 puede recurrir a expertos en alguna disciplina que no domine. También, como vimos en dicho apartado, los aspectos directamente relacionados con la tecnología implican, por un lado, inversión económica y, por otro, formación de las personas que integran dicha organización, en mayor o menor medida, según las circunstancias.

Este último aspecto, según el grado de desarrollo de las personas, podrá ser difícil de identificar en detalle, pero es necesario hacerlo para luego poder cuantificar y realizar un diagnóstico fundado.

El diagnóstico incluirá por un lado aspectos relacionados con tecnología y, por otro, el desarrollo de personas. Ambos interactúan entre sí.

En el detalle de los *tips* para el número 1 que se está realizando en este apartado, dentro del marco de esta obra, solo me estaré refiriendo a los aspectos relacionados con la gestión de personas que integran la organización.

El gran desafío de los números 1 será transformar una organización con una cultura con baja orientación al trabajo a distancia en una organización con alta cultura de trabajo a distancia. Como decíamos en la *Presentación,* en muchos países latinoamericanos el trabajo a distancia, antes de la Pandemia 2020, era prácticamente inexistente. Por lo cual en estos casos, esta transformación es difícil, pero posible.

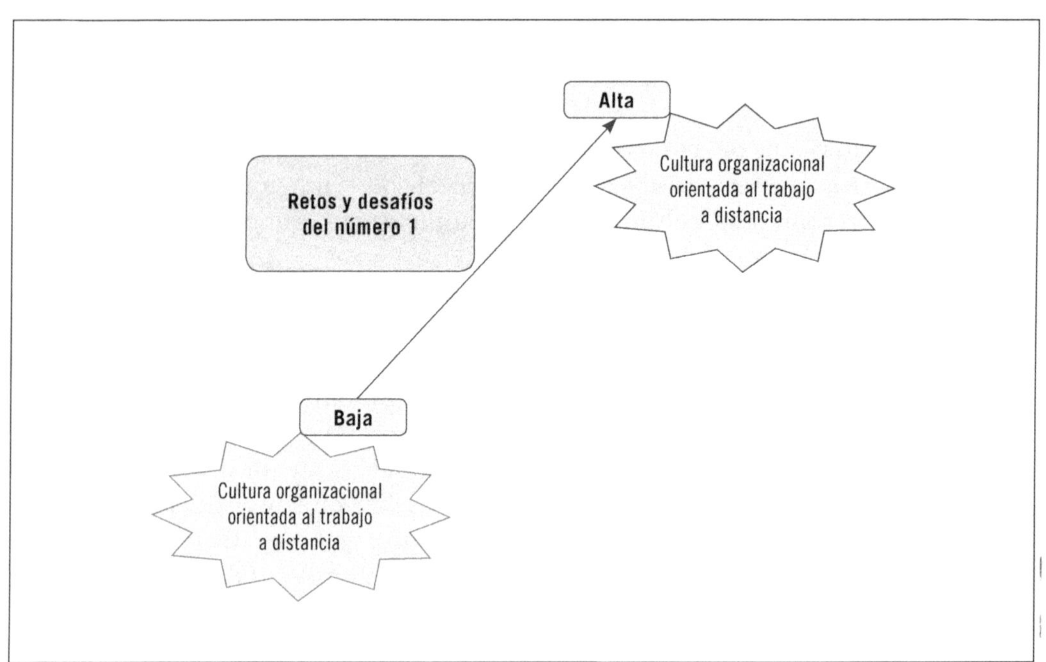

Una cultura organizacional orientada al trabajo a distancia también para las áreas que realicen trabajo presencial

El número 1 de toda organización reúne en su puesto un conjunto de responsabilidades inherentes al mismo que son, al mismo tiempo, un factor clave para el éxito de su propio desempeño y, muy especialmente, para la consecución de los objetivos organizacionales.

La mirada que proponemos, sobre la organización en su conjunto, es un reto complejo y necesario. A partir de allí, se deberán tomar decisiones de diversa índole.

No será suficiente analizar *home office* solo en relación con las personas involucradas en el trabajo a distancia. Se deberá –al mismo tiempo– darle un enfoque más amplio, abarcando a la organización en su conjunto.

El reto será alcanzar, en todas las áreas de la organización, una cultura de trabajo a distancia, contemplando una nueva filosofía de hacer las cosas: *gestionar sin estar.*

Un aspecto a tener en cuenta será que, con frecuencia, no todos los puestos de trabajo podrán llevarse a cabo a distancia ni, tampoco, todas las personas serán

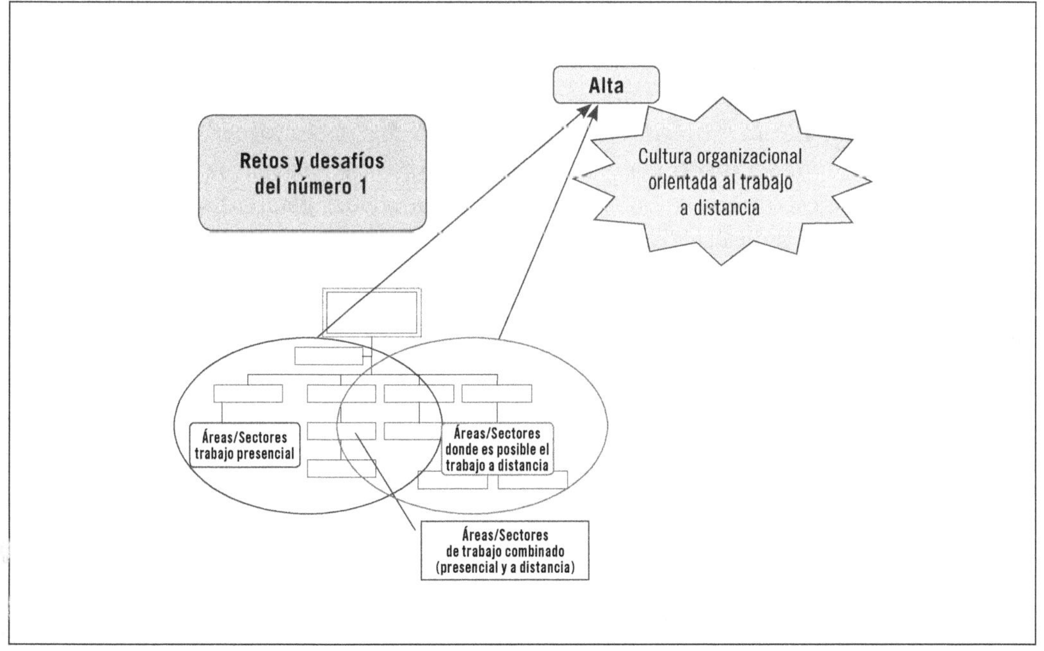

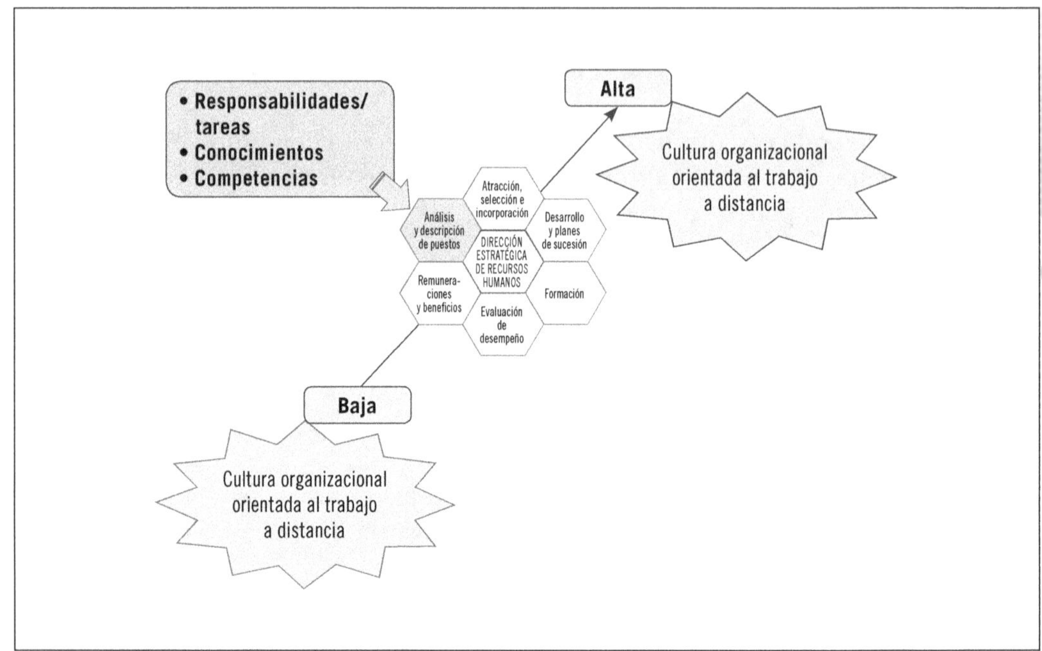

buenos colaboradores trabajando a distancia, aun contando con los conocimientos necesarios. Esta última afirmación no implica una consideración disvaliosa de una persona con estas características. Por el contrario, dicha persona, en la posición adecuada, podrá evidenciar un desempeño muy positivo.

En resumen, habrá que determinar primero áreas/sectores/puestos factibles de ser desempeñados a distancia, y luego determinar las tareas y responsabilidades junto con los conocimientos y competencias necesarios. Esta información deberá estar reflejada en los descriptivos de puesto.

Identificar aspectos a mejorar, cambiar, reforzar

El primer paso para lograr un cambio cultural es la identificación de los aspectos que se desea cambiar. Si bien el concepto en sí es sencillo, no siempre lo es tanto realizar una adecuada identificación de los aspectos necesarios que se deba mejorar, cambiar, reforzar.

Una vez que se ha logrado identificar los aspectos principales necesarios para alcanzar una cultura con alta orientación al trabajo a distancia, será posible modificar y/o diseñar un modelo de competencias.

Modificar el modelo de competencias para alcanzar el cambio cultural

Para alcanzar el cambio cultural hay un solo camino: modificar o diseñar, según corresponda, el modelo de competencias. Usualmente no se contempla y/o no se lleva a cabo de la manera adecuada. Por esta y otras razones, con frecuencia los cambios culturales no llegan a buen puerto, fracasan.

En otros casos, quizá se logra el cambio buscado, pero produce consecuencias no deseadas, causando efectos negativos en las personas que integran la organización.

Las buenas prácticas indican, ya sea frente a un cambio cultural o en otras circunstancias, que el cambio buscado será perdurable en el tiempo cuando en su implementación se logre un efecto ganar-ganar[1], bueno al mismo tiempo para todos.

Con esta perspectiva, la organización deberá definir su visión y estrategia contemplando actividades a distancia, no solo en relación con el trabajo de los colaboradores, sino también incluyendo aquellas actividades relacionadas con su *core business*, que sean factibles de realizar a distancia, por ejemplo, canales de venta *on line*.

Los modelos de competencias se definen sobre la base de la misión, la visión, los valores y la estrategia. Desde esta perspectiva, dichos modelos deberían incluir aquellas competencias necesarias para alcanzar una cultura organizacional con alta orientación al trabajo a distancia, desde el hogar, en sus distintas facetas. En la medida en que el modelo de competencias incluya las competencias necesarias mencionadas, será posible diseñar métodos y procedimientos que permitan el trabajo a distancia.

Una vez diseñado el modelo de competencias –que incluya las competencias necesarias para un efectivo *home office*– se podrá seleccionar colaboradores y evaluar su desempeño, así como brindarles la formación necesaria. Adicionalmente, se contemplarán dichas competencias para los distintos programas internos de desarrollo.

---

1 *Ganar-ganar:* expresión ampliamente difundida en relación con las buenas prácticas en negociación. Implica que el resultado obtenido es bueno para ambas partes. El concepto *ganar-ganar* va mucho más allá del resultado concreto de una negociación. En la disciplina de Recursos Humanos se considera que se alcanza un nivel *ganar-ganar* cuando, por ejemplo, un procedimiento se ha implementado de acuerdo con las buenas prácticas, siendo el resultado, en consecuencia, bueno tanto para la organización como para el colaborador, los jefes y, también, los pares del colaborador (compañeros de trabajo), así como para otras áreas internas relacionadas y, en adición a lo anterior, externos vinculados, como clientes y proveedores, según corresponda en cada caso.

¿Qué competencias considerar?

En apartados previos se han mencionado numerosas competencias, las que se encuentran tabuladas, con diferentes enfoques, en los Anexos publicados hacia el final de la obra. Todas y cada una podrán ser utilizadas para alcanzar una cultura altamente orientada al trabajo a distancia.

A continuación, compartiré una selección que he realizado para la preparación de estos apartados, sin ser la única posible.

Para alcanzar una cultura organizacional con alta orientación al trabajo a distancia podría mencionar, como competencias cardinales –es decir, para todos los integrantes de la organización– las siguientes.

Nombre de la competencia[2]	Sugerida como	Apartado en el cual es mencionada
Adaptabilidad a los cambios del entorno	Competencia cardinal. Aplicable a todos los integrantes de la organización. Se la identificó como relevante para números 1 y dueños	*Apartado 7. Los líderes. Competencias necesarias*
Colaboración	Competencia cardinal. Aplicable a todos los integrantes de la organización	*Apartado 9. Colaboradores. Competencias necesarias*
Perseverancia en la consecución de objetivos	Competencia cardinal. Aplicable a todos los integrantes de la organización	*Apartado 1. Gestionar. Dirigir proyectos. Tomar decisiones*
Responsabilidad	Competencia cardinal. Aplicable a todos los integrantes de la organización. Competencia específica gerencial. Aplicable a todos aquellos que tengan personas a su cargo	*Apartado 8. Directivos y jefes. Competencias necesarias*

Para la preparación de un modelo de competencias, también, se deberían considerar algunas específicas para los colaboradores que se desempeñen en la modalidad *home office*, así como para jefes que trabajen a distancia, y, si corresponde, se podrían contemplar otros colaboradores y jefes que, sin desempeñarse a distancia, deban interactuar con quienes sí lo hacen.

---

2 Todas las competencias mencionadas forman parte de *La trilogía*.

Nombre de la competencia[3]	Sugerida como	Apartado en el cual es mencionada
Capacidad planificación y organización	Competencia específica por área o grupos de puestos	*Apartado 4. Tareas y responsabilidades al trabajar desde el hogar*
Conocimientos digitales[4]	Competencia cardinal. Aplicable a todos los integrantes de la organización. También podrá considerarse como una competencia específica, para un conjunto de puestos y personas	*Apartado 1. Gestionar. Dirigir proyectos. Tomar decisiones*

Para los directivos y jefes, además de las competencias mencionadas, se deberán contemplar otras específicas relacionadas con sus roles de jefes.

En apartados previos se ha identificado un conjunto de competencias que facilitan un desempeño efectivo, dentro de la filosofía de trabajo que hemos denominado *gestionar sin estar,* y que son interesantes para todos los niveles de conducción.

Me permito señalar las siguientes.

Nombre de la competencia[5]	Sugerida como	Apartado en el cual es mencionada
Accountability	Competencia específica gerencial. Aplicable a todos aquellos que tengan personas a su cargo	*Apartado 8. Directivos y jefes. Competencias necesarias*
Conducción de personas	Competencia específica gerencial. Aplicable a todos aquellos que tengan personas a su cargo	*Apartado 2. Ser jefe a la distancia*
Justicia	Competencia cardinal. Aplicable a todos los integrantes de la organización. También: Competencia específica gerencial Aplicable a todos aquellos que tengan personas a su cargo	*Apartado 8. Directivos y jefes. Competencias necesarias*
Liderar con el ejemplo	Competencia específica gerencial. Aplicable a todos aquellos que tengan personas a su cargo.	*Apartado 7. Los líderes. Competencias necesarias Se retoma en Apartado 12. Tips para directivos y jefes*

---

3 Todas las competencias mencionadas forman parte de *La trilogía.*
4 Para la apertura en grados de la competencia *Conocimientos digitales* su definición de puede asimilar a la denominada *Conocimientos técnicos.* Esta última forma parte de *La Trilogía.*
5 Todas las competencias mencionadas forman parte de *La trilogía.*

Comentarios sobre los tres grupos de competencias mencionadas.

1. La elección realizada no implica un juicio de valor. Las competencias mencionadas podrán ser las más adecuadas; igualmente podrán considerarse otras que se han mencionado en otros apartados, según las circunstancias de cada organización.

2. En el armado de un modelo de competencias se definen competencias cardinales, competencias específicas gerenciales (para todos los niveles de conducción) y competencias específicas por área o grupos de puestos.
    Los tres grupos de competencias integrarán los distintos descriptivos de puesto organizacionales, según las tareas y responsabilidades de cada posición.

Se complementará este análisis en el *Apartado 14 -* Tips *para Recursos Humanos.*

Fortalecer los roles de directivos y jefes

Directivos y jefes cumplen un rol relevante en organizaciones de todo tipo y tamaño. En esta obra nos hemos referido a esta cuestión de manera detallada, enfocándonos en la modalidad a distancia, en todo aquello que implica *gestionar sin estar.*

La razón de incluir este aspecto entre los *tips* del número 1 es enfatizar la importancia de la cuestión: fortalecer los roles de los jefes de todos los niveles es esencial para alcanzar una cultura orientada al trabajo a distancia.

La expresión "programas para jefes" hace referencia al conjunto de programas dirigidos a todas las personas con gente a cargo, usualmente a partir del número 1 de la organización, con el propósito de fortalecer sus competencias y difundir las obligaciones adicionales que todo jefe debe asumir, inherentes a su rol específico de conductor de colaboradores.

Los programas específicos para jefes pueden ser de índole diversa; entre las temáticas que consideramos "imprescindibles" podría mencionar –por orden alfabético y para jefes de todos los niveles– las siguientes.

*   Cómo llevarme bien con mi jefe.

*   Conciliar vida profesional y personal.

*   Delegación.

*   Jefe entrenador.

*   Rol del jefe.

En apartados previos se han mencionado casi todas las temáticas. Se podrán incorporar otras, por ejemplo, cómo manejar las diversas generaciones en el ámbito laboral, diversidad, cómo gestionar equipos multidisciplinarios, etc.

En todos los casos se recomienda la impartición de las diferentes temáticas para jefes comenzando por el número 1 de la organización. La idea se expresa en la figura al pie.

La temática de Recursos Humanos, tal como se la concibe en la actualidad, es vasta y diversa. No es una disciplina de interés solo para especialistas. Por el contrario, es un tema que involucra a *todos*. Atañe a los jefes, dado que ellos conducen equipos de trabajo, de diferentes índole y magnitud. También resulta de interés para el colaborador, quien muchas veces no comprende el porqué de algunas políticas o determinados procedimientos.

En este contexto, es muy importante trabajar sobre el rol de los jefes y el de los colaboradores. Cuando ambas miradas y perspectivas se ensamblan adecuadamente, la relación se torna del tipo *ganar-ganar*.

La relación entre un jefe y sus colaboradores puede ser analizada desde diferentes perspectivas.

Los términos jefe y colaborador involucran conceptos que, de algún modo, son complementarios. La idea se expresa en la figura de la página siguiente. El jefe lo es al contar con un grupo de colaboradores. Estos últimos son colaboradores al contar con un jefe al cual le reportan.

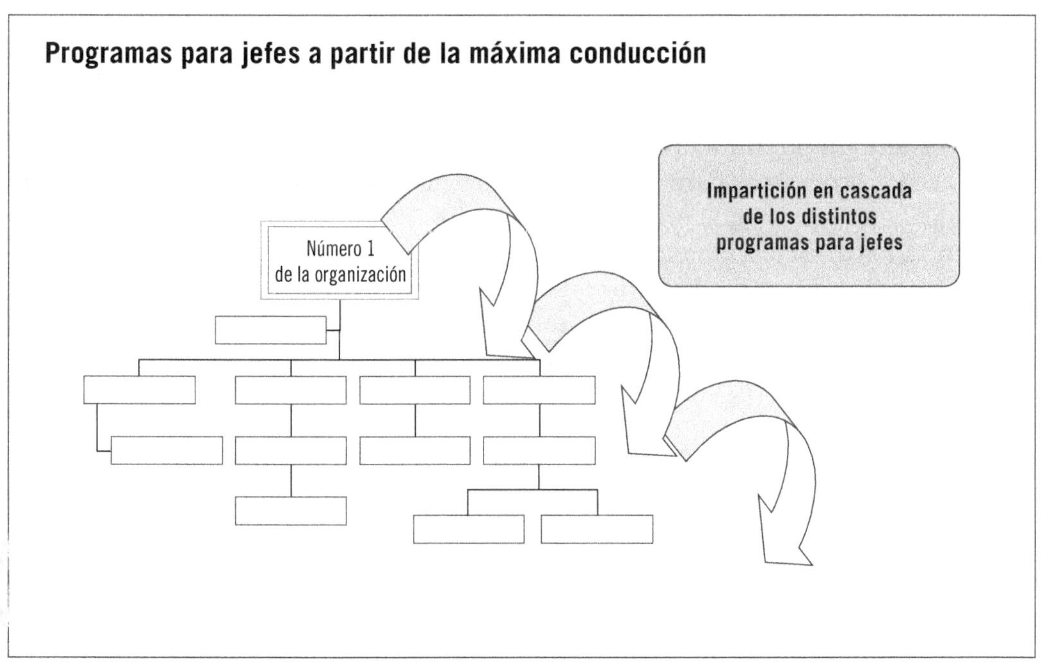

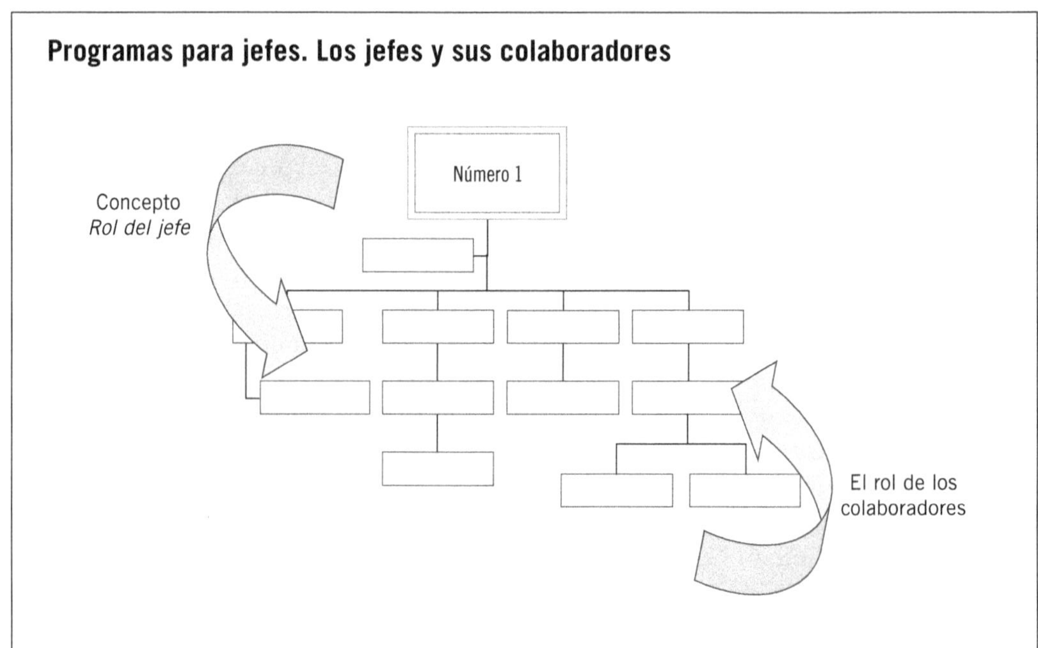

Adicionalmente, y como ya hemos visto, en muchas ocasiones una persona es al mismo tiempo jefe y colaborador. De allí la importancia de trabajar en simultáneo sobre los dos roles.

Dentro de esta línea, *Cómo llevarme bien con mi jefe* integra las temáticas para jefes y se considera un programa de liderazgo.

Entre los programas para jefes hemos mencionado "conciliar vida profesional y personal", cuestión tratada en apartados previos. Por su importancia, será considerada entre los *tips* seleccionados de este apartado y los siguientes.

Cómo administrar los distintos intereses personales, cómo conciliar la vida profesional y personal es una temática relevante en todo contexto, y especialmente cuando se adopta *home office*/teletrabajo.

Conciliar vida profesional y personal en organizaciones con alta cultura organizacional orientada al trabajo a distancia

Un jefe que es "buen jefe" será el primero en detectar cuándo un colaborador no logra alcanzar una adecuada conciliación entre vida profesional y personal.

El número 1 es un jefe que, usualmente, es jefe de otros jefes. Una cadena con varios eslabones. En las empresas grandes, con muchos niveles, esta situación es aún más evidente.

Todos y cada uno deberán estar atentos al tema de la conciliación de intereses. En la modalidad de trabajo a distancia, lograr este equilibrio puede ser más complejo para algunas personas que para otras.

Como se vio en el *Apartado 3 - Cuestiones a tener en cuenta para trabajar a distancia*, el concepto "conciliar vida profesional y personal" hace referencia a la tarea constante que todas las personas realizan para llevar adelante, con equilibrio, su desarrollo laboral y profesional, por un lado, y por otro la plena realización de las necesidades y los deseos personales.

Es un error pensar que la conciliación entre los diferentes planos es un tema de interés puramente individual.

Muy por el contrario, la temática es una cuestión organizacional.

Las personas, todas, tienen distintos intereses personales. Por un lado, la vida profesional. Por otro, no contrapuesto, sino sumándolo, la vida personal, que incluye la familia; esta categoría puede incluir al grupo familiar más cercano o, en una concepción, más amplia, otros vínculos familiares y relaciones de amistad. Deportes, *hobbies*, tiempo libre. Actividades recreativas no incluidas en otras categorías. Otros intereses, como los comunitarios, políticos, espirituales, religiosos, culturales… En este grupo se puede incluir cualquier manifestación cultural, desde la música hasta el arte plástico.

El poseer múltiples intereses es una situación que se presenta tanto en varones como en mujeres, y esa multiplicidad de tópicos debe ser administrada adecuadamente.

Entre los intereses personales, expresamente no se han mencionado aquellas otras tareas que las personas realizan y son necesarias, como asistir a controles médicos o la reparación de desperfectos en el hogar.

¿Por qué mencionamos estos temas en este apartado? Decíamos en párrafos previos que la temática es una cuestión organizacional. Por esta última afirmación, la he considerado un aspecto relevante, desde la mirada del número 1, en organizaciones de todo tipo y tamaño. Es un error conceptual pensar que solo es un tema de cada uno de los individuos.

Si bien es cierto que cada uno deberá tomar decisiones y realizar determinadas acciones para alcanzar una mejor conciliación entre sus distintos intereses, al mismo tiempo es una cuestión organizacional, en su conjunto y como parte del rol de cada jefe.

Un jefe, desde el número 1, deberá estar atento al grado de conciliación de la vida profesional y personal de cada una de las personas a su cargo.

Detectar a tiempo un problema en la conciliación de intereses permitirá que sea solucionado, o al menos encauzado. En caso contrario, el problema surgirá como conflicto y quizá entonces ya sea demasiado tarde para arribar a una solución adecuada para todos los involucrados.

Trabajar desde el hogar puede ser una solución para muchas personas. Adicionalmente, en un ambiente familiar favorable, el teletrabajo será un aliciente para mejorar, incluso, la productividad.

En una situación opuesta, la presencia en el hogar podría ser una fuente de conflictos. Los problemas, quizá, sean previos, atenuados por la modalidad de trabajo fuera del hogar, pero la mayor permanencia en el domicilio podría incrementarlos.

También pueden acarrear inconvenientes otras situaciones como horarios, reintegro o no de gastos, equipos asignados, etc. Si bien, desde una mirada del proyecto en su conjunto, podría considerarse adecuado, puede no ser percibido del mismo modo por alguna persona en particular.

Podríamos enumerar otras situaciones y otros ejemplos.

La idea que deseo resaltar, siempre desde el rol del número 1 de la organización, es la necesidad de contar con directivos y jefes que consideren como un tema que les incumbe la conciliación de la vida profesional y personal de los colaboradores a su cargo.

Desde la organización, desde el rol del número 1, desde el rol del jefe, no siempre será posible ayudar al colaborador para que este logre alcanzar un nivel de conciliación adecuado. No obstante, detectar a tiempo problemas en los colaboradores será bueno para todos los involucrados.

El número 1 y los roles del directivo de Recursos Humanos

Con frecuencia, los altos directivos afirman la importancia que para ellos y sus organizaciones tienen los temas relacionados con Recursos Humanos. Luego, si a estos mismos directivos se les repregunta al respecto, con frecuencia queda en evidencia un manejo desactualizado del área, aplicación de métodos de trabajo que han quedado en desuso o que, al menos, han sido superados por otros, más acordes a las necesidades actuales y futuras.

Algunas ideas y sugerencias para compartir, analizando "qué hacer" desde la mirada del número 1 de la organización con relación al área/función de Recursos Humanos, son las siguientes.

- Para lograr un cambio y alcanzar la cultura deseada –en el contexto de esta obra, una cultura orientada al trabajo a distancia– la organización deberá contar con personas que posean las capacidades necesarias para alcanzar la visión y la estrategia, mirando al futuro. Para ello será necesario identificar claramente cuáles son las características necesarias y desarrollarlas. En todos los casos, contemplando las necesidades y los intereses de las personas que integran la organización.

- Elegir/seleccionar para ocupar la posición de número 1 de Recursos Humanos a un profesional que posea, al mismo tiempo, un manejo experto y valores personales y que, además, comprenda el negocio, los propósitos y fines de la organización, en resumen, su visión y planes estratégicos.

- Sobre la base de lo anterior, integrar con voz y voto al responsable de Recursos Humanos al ámbito donde se toman las decisiones estratégicas.

Incorporar el concepto gestionar sin estar

Gestionar sin estar es un concepto que recorrerá la organización, abarcando la estructura en su conjunto. Será una filosofía de trabajo, un modo de encarar la cuestión aun en las áreas que desenvuelvan sus actividades de manera presencial.

Desde esta perspectiva, el número 1 deberá asegurarse de que esta filosofía de trabajo es compartida por quien lidere el área de Recursos Humanos, que deberá estar consustanciado con esta forma de ver las cosas.

Luego, se deberá preparar un plan de acción que contemple los distintos aspectos señalados y otros, para alcanzar una cultura organizacional con alta orientación al trabajo a distancia, junto con los principios mencionados precedentemente: alcanzar la estrategia contemplando los intereses de las personas que integran la organización.

Complementando aspectos en relación
con la función del área de Recursos Humanos

Adicionalmente a todo lo anterior, el número 1 deberá informarse sobre las buenas prácticas de Recursos Humanos, las que le permitan –al mismo tiempo– alcanzar la visión considerando a las personas.

Determinar los indicadores de gestión para evaluar y medir al número 1 de Recursos Humanos, tanto su gestión personal como la del área a su cargo. Para ello, fijar indicadores que contemplen tanto alcanzar la estrategia como considerar a las personas (siempre al mismo tiempo, no por separado).

El número 1 en un ambiente proclive al *home office*

A modo de una síntesis sobre lo tratado en este apartado, el número 1, como en tantos otros temas, es un referente.

Por esta razón, deberá promover la cultura orientada al trabajo a distancia. Si el número 1, por necesidad o simplemente por preferencia, transcurre más tiempo en las oficinas que trabajando a distancia, igualmente podrá realizar reuniones *on line*, vídeoconferencias y otras actividades, para fortalecer la cultura del trabajo a distancia en sus directivos y colaboradores.

Deberá liderar un equipo, junto con especialistas en tecnología, tanto informática como de otras especialidades, según el tipo de actividad de cada organización.

Entre sus desafíos también será preciso que diseñe un plan de acción para alcanzar el nivel necesario en materia de recursos y otros aspectos indispensables: equipos/maquinarias (si corresponde este ítem), ordenadores, conexiones necesarias (internet, electricidad, etc.).

Ser un promotor, a través de implantar modelos de competencias, de las competencias necesarias para llevar a cabo las distintas funciones organizacionales en las cuales es posible el trabajo a distancia.

Adicionalmente deberá alentar al número 1 de Recursos Humanos y demás niveles profesionales del área para diseñar métodos y procedimientos que permitan esta modalidad de trabajo. Y formar a colaboradores de distintos niveles en conocimientos y competencias, según las necesidades detectadas.

Por último, en este pequeño *check-list*, considerar las necesidades de los colaboradores. Todos, en conjunto, lograrán el cambio deseado.

El número 1 será el líder responsable de la implementación de todas las acciones necesarias para lograr la transformación.

Elabore sus propios *tips*

Con seguridad, al leer este apartado, le han surgido ideas de todo tipo. Construya sus propias sugerencias, para sí mismo y también para su equipo.

Por último, los *tips* para el número 1 se complementan con los expuestos en los siguientes *apartados*: *12 -* Tips *para directivos y jefes; 13 -* Tips *para todos, y 14 -* Tips *para Recursos Humanos.*

Mis tips

Leer +++

☞ *Rol del jefe.* Ediciones Granica, Buenos Aires, 2019.

☞ *Diccionario de competencias. La trilogía. Tomo 1.* Ediciones Granica, Buenos Aires, 2015.

☞ *Diccionario de comportamientos. La trilogía. Tomo 2.* Ediciones Granica, Buenos Aires, 2015.

☞ *Comportamiento organizacional.* Ediciones Granica, Buenos Aires, 2017.

☞ *Las 50 herramientas de Recursos Humanos que todo profesional debe conocer.* Ediciones Granica, Buenos Aires, 2017.

☞ *Diccionario de términos de Recursos Humanos.* Ediciones Granica, Buenos Aires, 2011.

☞ *Conciliar vida profesional y personal.* Ediciones Granica, Buenos Aires, 2016.

☞ *12 pasos para conciliar vida profesional y personal.* Ediciones Granica, Buenos Aires, 2013.

Tips *para directivos y jefes*

Tips. Ideas. Consejos. Sugerencias. Recomendaciones

Como he comentado, no me agrada atribuirme el rol de "dar consejos", por lo cual aquí me limito a compartir algunas ideas a modo de cierre o conclusiones de los apartados previos. El objetivo es proponer sugerencias, en algunos casos de tipo conceptual, en otros, con un detalle mayor.

En ningún caso pretendo agotar todas las cuestiones ni exponer todos los *tips* posibles. Simplemente invito a la reflexión personal a fin de encontrar vías rápidas y concretas para poder llevar todas estas cuestiones a la práctica. Al mismo tiempo, en algunas circunstancias, las ideas, los consejos y las sugerencias podrán no ser pertinentes.

Además, las miradas se complementan. El número 1 del apartado anterior es también un directivo o jefe, al igual que el dueño de una empresa que tiene a su cargo la gestión. Todos los mencionados, junto con los colaboradores, se desenvuelven en un mismo ámbito, con problemas y circunstancias muchas veces comunes.

Gestionar sin estar, trabajar a distancia, son cuestiones en las cuales los directivos y jefes tienen un rol relevante.

En algunos casos, quizá, han participado –junto con el número 1– en equipos de trabajo para definir los distintos aspectos relacionados con la modalidad *home*

✓ Tips, *ideas, consejos, sugerencias y recomendaciones, para que cada uno considere los apropiados a sus circunstancias.*

Adicionalmente, podrá incorporar sus propias ideas y experiencias para mejorar.

office. Si los jefes, por cualquier circunstancia, no formaron parte de estos equipos iniciales en los cuales se tomaron las primeras decisiones, será una buena idea recolectar la mayor cantidad posible de información.

Los números 1 y dueños son los responsables de señalar el camino a seguir, de darle forma a una nueva visión y hacerla realidad, implementar cambios y modificaciones sustanciales para la organización. Por lo tanto, los restantes niveles directivos y jefes deberán conocer e informarse al respecto.

El escenario más frecuente será la implementación de la modalidad de trabajo a distancia para una o varias áreas de la organización. En muy pocas actividades y escasos negocios es posible aplicar *home office* en toda la organización. También podrá considerarse el teletrabajo parcial en el tiempo, uno o dos días por semana, por ejemplo, lo cual dependerá de cada situación. En materia de trabajo a distancia, para todas las personas, de todos los niveles, la experiencia vivida durante la Pandemia 2020 será muy valiosa. Este será un buen punto de partida para realizar un análisis.

En el *Apartado 11 -* Tips *para números 1 y dueños*, se planteó una cuestión inherente, también, a directivos y jefes: la necesidad de alcanzar una cultura orientada al trabajo a distancia para la organización en su conjunto. En los esquemas organizacionales más frecuentes hay áreas que deberán realizan sus labores de manera presencial y otras en las cuales es factible realizar el trabajo a distancia. Por esta razón, será conveniente que no solo las personas que están incluidas en las áreas donde es factible el trabajo a distancia adopten y comprendan la filosofía que hemos denominado *gestionar sin estar.*

En los apartados previos, se analizó detalladamente el *rol del jefe*. Si un jefe hasta hoy no ha llevado a cabo las funciones allí identificadas, podrá comenzar a hacerlo a partir de ahora. Leer sobre qué se espera de cada uno de los jefes, tanto desde la mirada organizacional como desde la óptica de los colaboradores, será una buena sugerencia, sea para desenvolverse en un esquema presencial o en uno a distancia.

La relación jefe-colaborador es la base. En toda relación laboral; también en la modalidad *home office.*

¿Atrapado entre roles?

¿Se siente atrapado entre roles? ¿Percibe que "no se mide con la misma vara" una situación u otra? Todo es posible.

Un jefe que es colaborador al mismo tiempo podrá analizar esta cuestión desde ambos roles.

El diálogo será un buen camino. Como colaborador, puede plantearle a su jefe cuál es su percepción acerca de las cuestiones con las cuales no está de acuerdo. Analice, además, si su jefe no es también colaborador respecto de un jefe de nivel aún más alto. Esta cadena de dependencias suele originar problemas en cascada. No pretenda que su jefe "baje" a su nivel para conversar de "colaborador a colaborador". Recuerde: sigue siendo el jefe. No obstante, tenga en mente la eventual situación por la cual su jefe podría estar sintiéndose, él también, atrapado entre roles.

Como jefe, proponga a su colaborador, sin enojos ni cuestionamientos, analizar juntos la situación con la cual no está de acuerdo. La mayoría de las veces se trata de detalles pequeños, algunos malentendidos, se solucionan a través de una conversación tranquila.

Cuando un jefe deba señalar algo que no se hace bien, algo con lo que no está de acuerdo o que podría ser mejorado, en todos los casos deberá expresarlo a través de la descripción de hechos concretos, sin utilizar adjetivos, detallando de manera objetiva y con palabras simples los comportamientos observados.

Cuando un colaborador deba señalar a su jefe algo con lo que no está de acuerdo, una indicación que no puede cumplir, o cualquier otra situación similar, conviene expresarlo a través de ejemplos concretos, sin utilizar adjetivos, describiendo de manera objetiva los comportamientos u obstáculos observados.

Del mismo modo, en el caso que el planteo deba realizarse ante un responsable del área de Recursos Humanos, un funcionario de la casa matriz, etc.

Un diálogo constructivo no soluciona todos los problemas. Sin embargo, siempre es un buen punto de partida para alcanzar un cambio positivo.

Directivos y jefes. De todos los niveles

Las acciones que realiza un jefe siempre son "vistas" por su equipo de trabajo, tanto en el trabajo a distancia como en el presencial.

Como decíamos, la mayoría de los "jefes" son también "colaboradores". Por lo tanto, el binomio "jefe-colaborador" podrá ser ubicado en diferentes niveles organizacionales.

A su vez, las acciones de un jefe, en todo nivel organizacional, tendrán un efecto en cascada. Dichas acciones podrán ser observadas en "lo que dice" y, especialmente, "en lo que hace".

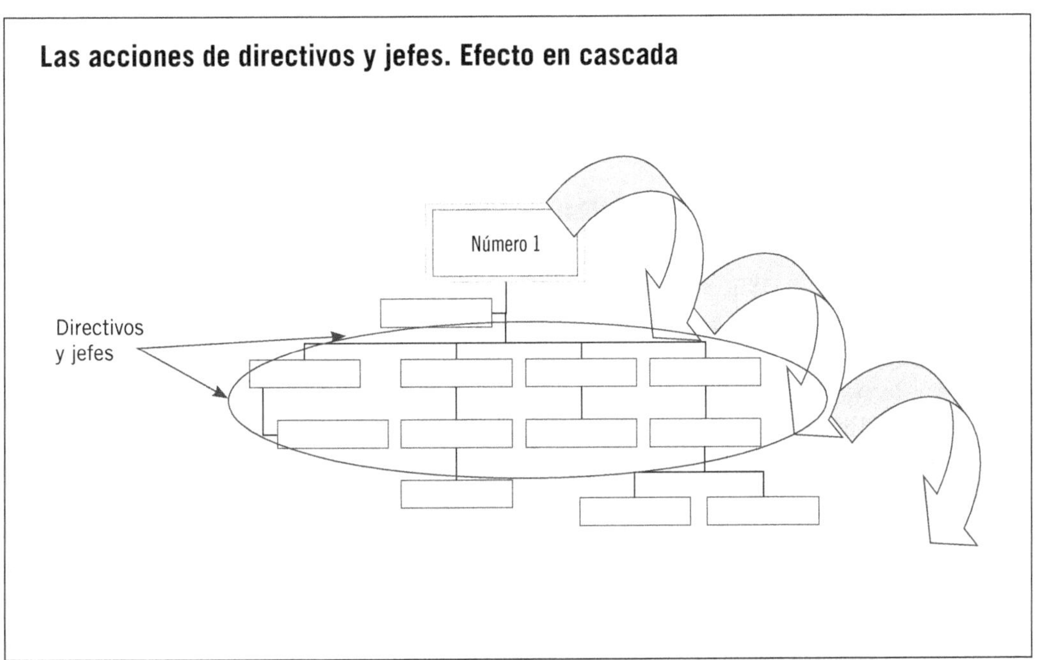

Vimos en apartados previos que un jefe es un modelo por seguir, bueno o malo. Quizá un colaborador "sueñe" con parecerse a su jefe o, en un esquema opuesto, su anhelo sea transformarse en todo lo contrario.

En materia de trabajo a distancia, también.

En el *Apartado 7 - Los líderes. Competencias necesarias,* se vio la definición de la siguiente competencia.

Liderar con el ejemplo. Capacidad para comunicar la visión estratégica y los valores de la organización a través de un modelo de conducción personal acorde con la ética, y motivar a los colaboradores a alcanzar los objetivos planteados con sentido de pertenencia y real compromiso. Capacidad para promover la innovación y la creatividad, en un ambiente de trabajo confortable.

El "modelo de conducción personal" allí mencionado, enfocado desde la filosofía planteada en este libro: *gestionar sin estar,* será esencial que se lleve a cabo de acuerdo con la ética, motivando a los colaboradores.

Como en otras circunstancias, el propósito final será alcanzar los objetivos planteados.

La competencia *Liderar con el ejemplo* se abre en grados o niveles. La asignación del grado se realiza en relación con las tareas y responsabilidades de cada puesto.

Asimismo, para cada competencia que conforma un modelo de competencias, deben elaborarse ejemplos de comportamientos observables siguiendo la misma apertura en grados o niveles utilizada en el diseño del diccionario de competencias.[1]

Ser directivo/jefe en un esquema de trabajo *home office*

Antes de iniciar un esquema de trabajo *home office*/teletrabajo

En este libro se está analizando la modalidad de *home office* como una opción. Sin embargo, la mayoría de los directivos y jefes cuenta con la experiencia del trabajo a distancia obligatorio, como consecuencia del confinamiento/aislamiento social durante la Pandemia 2020. Dicha experiencia será una base muy valiosa a tener en cuenta.

En el *Apartado 2 - Ser jefe a la distancia*, se hizo un detallado análisis acerca de cómo conducir colaboradores sin estar presentes, unos y otros, físicamente. En la página siguiente se expone un gráfico que resume los pasos más relevantes a seguir.

Desde la mirada del directivo o jefe, el análisis comenzará por determinar qué puestos podrían ser desempeñados a distancia. Para ello se tendrá en cuenta tanto el tipo de tareas y responsabilidades como la necesidad de recursos, maquinarias, ordenadores y otras cuestiones concretas relacionadas.

Luego, habrá que decidir si las personas podrán trabajar efectivamente bajo esta modalidad. En algunos casos, el análisis se realiza invirtiendo los términos, al considerar primero a la persona y luego las tareas que deberá desempeñar. Si bien podría realizarse una consideración de este tipo frente a alguna circunstancia excepcional, no es este el camino que se recomienda seguir. En todos los casos, primero hay que determinar el puesto susceptible de ser desempeñado a distancia y, a continuación, evaluar a la persona que, en principio, ocupará dicho puesto.

Para elegir a los colaboradores se deberán medir sus conocimientos sobre la tarea a realizar en sí misma y, además, los conocimientos digitales necesarios para desempeñarse a distancia. Como se vio en apartados previos, habrá que determinar si los conocimientos digitales requeridos tienen carácter de usuario –saber utilizar las aplicaciones tecnológicas– o desarrollador –de dichas aplicaciones–, siendo la

---

1 La apertura en grados de esta competencia la encontrará en la obra *Diccionario de competencias. La trilogía. Tomo 1.* Ejemplos de comportamientos en relación con esta competencia los encontrará en la obra *Diccionario de comportamientos. La trilogía. Tomo 2.* Ambas obras en Ediciones Granica, Buenos Aires 2015.

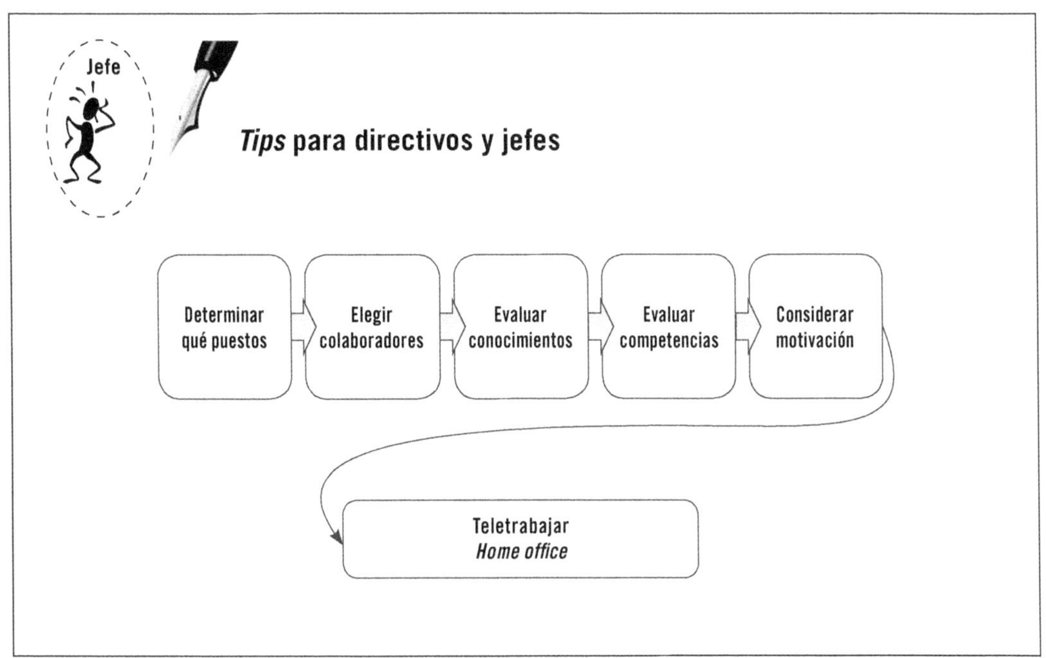

primera de estas opciones la más sencilla de solucionar, en el caso de existir alguna brecha entre lo requerido y los conocimientos del colaborador.

Luego de considerar los conocimientos, habrá que evaluar las competencias de los colaboradores, según el puesto a ocupar.

Por último, pero no menos importante, se debe considerar la motivación de cada colaborador en particular, en especial en relación con el trabajo a distancia.

Como se viera en el Apartado 2, ya mencionado, un jefe debe conocer a sus colaboradores; de ese modo podrá conocer qué tareas delegar, y el tipo de entrenamiento que cada uno necesita para realizar sus tareas. En forma complementaria, debe estar atento a otras cuestiones. Una de las más importantes es evaluar la motivación frente a la opción de trabajar desde el hogar, en un centro de teletrabajo u otra posible opción, según corresponda.

El directivo deberá cuestionarse a diario la forma en la cual se realizan las tareas, y de alguna manera plantearse un reto permanente para mejorar tanto las propias acciones como las del equipo a cargo.

Los directivos, los jefes, en muchos casos, deberán transformar las formas de hacer las cosas, para lograr el trabajo a distancia. La manera de actuar del jefe deberá ser genuina, tendrá que obrar con sinceridad. También en este aspecto será un modelo que el colaborador deseará seguir o no, según las circunstancias.

Leer +++

☞ *Rol del jefe.* Ediciones Granica, Buenos Aires, 2019.

☞ *Diccionario de competencias. La trilogía. Tomo 1.* Ediciones Granica, Buenos Aires, 2015.

☞ *Diccionario de comportamientos. La trilogía. Tomo 2.* Ediciones Granica, Buenos Aires, 2015.

☞ *Comportamiento organizacional.* Ediciones Granica, Buenos Aires, 2017.

☞ *Las 50 herramientas de Recursos Humanos que todo profesional debe conocer.* Ediciones Granica, Buenos Aires, 2017.

☞ *Diccionario de términos de Recursos Humanos.* Ediciones Granica, Buenos Aires, 2011.

☞ *Conciliar vida profesional y personal.* Ediciones Granica, Buenos Aires, 2016.

☞ *12 pasos para conciliar vida profesional y personal.* Ediciones Granica, Buenos Aires, 2013.

Tips *para todos*

Tips. Ideas. Consejos. Sugerencias. Recomendaciones

Como ya he comentado, no me agrada atribuirme el rol de "dar consejos", por eso en estos apartados me limito a incluir algunas ideas a modo de cierre o conclusión de los apartados previos. El objetivo es proponer sugerencias, en algunos casos de tipo conceptual, en otros, con un detalle mayor. Del mismo modo, no pretendo agotar todas las cuestiones ni exponer todos los *tips* posibles. Solo invitar a la reflexión personal a fin de encontrar vías rápidas y concretas para poder llevar todas estas cuestiones a la práctica. Adicionalmente, en algunas circunstancias, las ideas, los consejos y sugerencias podrán no ser pertinentes.

Los temas a tratar en este apartado, como lo indica el título, involucran a todos: números 1, dueños, directivos, jefes y, también, trabajadores independientes que trabajen desde el hogar. Como se ha dicho, todos los mencionados se desenvuelven en un mismo ámbito, con problemas y circunstancias muchas veces comunes.

En las organizaciones, la situación más frecuente será aquella en la cual pueda implementarse una modalidad de trabajo a distancia para una o varias áreas y, también, ofrecer dicha modalidad de manera parcial, uno o dos días por semana; considerando que en algún caso esto podría no ser posible.

✓ Tips, *ideas, consejos, sugerencias y recomendaciones, para que cada uno considere los apropiados a sus circunstancias.*

Adicionalmente, podrá incorporar sus propias ideas y experiencias para mejorar.

Hasta hace relativamente poco tiempo, solo un número reducido de organizaciones practicaban teletrabajo como eje principal de su forma de gestionar. Entre ellas, las denominadas empresas del conocimiento o industrias del conocimiento. En las restantes, y con un despliegue dispar, el teletrabajo solo se aplicaba de manera excepcional y/o parcial.

Aprender de la propia experiencia

Para todas las personas, de todos los niveles, la experiencia vivida durante la Pandemia 2020 será muy valiosa. Comenzaremos el análisis a partir de esta circunstancia.

En esa oportunidad, nuestra firma MAI[1] realizó varias actividades utilizando las fabulosas posibilidades que ofrecen las redes sociales. La mayoría de estas actividades están disponibles en nuestro canal oficial de YouTube. Adicionalmente, en el mes de abril de 2020, también a raíz de la situación, publicamos una *Guía de RRHH en tiempos de Pandemia. Cómo seguir sumando valor a la organización.*

En aquel momento el foco fue la crisis y, también, proyectar qué hacer una vez que se saliera de esa situación.

Recordemos que el aislamiento social/confinamiento obligatorio y preventivo implicó que un gran número de personas dejara de concurrir a sus lugares de trabajo. Unos pudieron continuar sus actividades a través del *home office*, muchos otros no tuvieron esa suerte y fueron suspendidos. También se perdieron numerosos puestos de trabajo.

Todos y cada uno de nosotros, si analizamos ese período, podremos sacar nuestras conclusiones. Separar aspectos positivos de los negativos. Aprender.

Hoy, en este libro, se está considerando una situación diferente. La modalidad de *home office*, teletrabajo, como una opción, no como obligación.

¿Cuál fue el aprendizaje? Considerémoslo desde una multiplicidad de miradas, comenzando por la de cada uno de nosotros.

Trabajo desde el hogar: ¿fue posible trabajar la jornada completa o, por el contrario, por el tipo de tarea/función, la dedicación fue parcial?

Aislamiento: ¿afectó la productividad o, por el contrario, permitió ser más productivo? ¿Afectó el estado de ánimo? Sí. No. Un poco. Días sí, días no.

El uso intensivo de la tecnología: ¿cómo fue? ¿Fue integrada con naturalidad o, por el contrario, se anhelaba volver a la situación anterior?

La estadía en el hogar teletrabajando: ¿cómo fue? ¿Encontró la tranquilidad necesaria?

---

1 MAI – Martha Alles International.

Cada persona tiene distintos intereses personales. Antes de la Pandemia 2020… ¿cómo consideraba su conciliación de intereses, es decir, entre su vida profesional y personal? Durante la Pandemia 2020 ¿esta conciliación se vio afectada al adoptar la modalidad *home office*?

Como número 1, directivo, jefe: ¿en qué grado cumplió con los roles de jefe? ¿En qué grado se cumplieron premisas tales como tener en cuenta las capacidades de los colaboradores antes de delegar una tarea, entrenarlos para que las realicen adecuadamente, etc.?

Desde su rol de colaborador, aun siendo al mismo tiempo directivo o jefe, en relación con sus superiores: ¿sintió por parte de sus jefes apoyo al inicio del período de teletrabajo? ¿Se interesaron por conocer si disponía de los recursos necesarios (equipos, conexión a Internet, etc.) y de los conocimientos y competencias necesarios para desempeñar adecuadamente sus tareas en la modalidad de teletrabajo?

Si trabaja en Recursos Humanos, en cualquier nivel dentro del área: ¿sintió que por esta razón –trabajar en RR.HH.– sus jefes esperaban un comportamiento superior al de otros? ¿Sintió que por trabajar en RR.HH. personas de otras áreas le demandaban por asuntos que excedían su marco de actuación o que se encontraban más allá de sus posibilidades concretas de respuesta?

Podría agregar más preguntas… Imagino que el lector tendrá las propias. Preguntas y vivencias. Sentimientos y experiencias de todo tipo. Buenas y malas.

Pensar en estas preguntas y sus respuestas, y haber formulado estas preguntas a muchas personas me ha dado una visión más o menos completa de un gran número de cuestiones relacionadas.

Aspectos a tener en cuenta

Como ya lo expresáramos, los *tips* tratados aquí son para números 1, directivos y jefes, colaboradores de todas las áreas y, también, especialistas de Recursos Humanos.

En el *Apartado 3 - Cuestiones a tener en cuenta para trabajar a distancia* analizamos cuestiones casi "personales" –por ejemplo, si trabajar desde el hogar podría atentar contra la intimidad–, así como las ventajas de la rutina, considerando a la rutina como un aspecto positivo, casi un "desbloqueador" de la creatividad, liberándola.

Luego, hicimos un pequeño recorrido por algunas buenas prácticas casi olvidadas o no recordadas debidamente, como la *adecuación persona-puesto,* que es, ni más ni menos, la base de toda organización eficiente del capital humano, incluso cuando se realiza *home office.*

También se analizó una cuestión relevante no siempre percibida como tal, que es la motivación: el motor que nos permite, o no, desplegar positivamente conocimientos y competencias.

Le propongo pensar el *home office* desde la mirada de todos y cada uno de los involucrados. Si bien en algún caso identificaré una sugerencia como dirigida al jefe, quien no lo sea también debe sentirse incluido, quizá desde *el otro lado*.

Con frecuencia utilizo la expresión "dar vuelta el escritorio" aludiendo a una situación imaginaria en la cual dos personas sentadas *frente a frente* sienten, viven, experimentan –de algún modo– aspectos encontrados de un mismo tema. Clásicos ejemplos: "vendedor-comprador", "profesor-alumno", "médico-paciente", dos personas en una mesa de negociación intentando llegar a un acuerdo... También, el dúo "jefe-colaborador". En cualquiera de los ejemplos dados se podrían identificar posiciones, de algún modo, encontradas.

En resumen, la expresión "dar vuelta el escritorio" significa pensar, analizar, desde la posición del otro.

En el mencionado Apartado 3 se describía un concepto a tener en cuenta, la diferenciación entre *privado-público* y *privado-privado*.

Cuando se trabaja en el hogar se debe separar el ámbito *privado-privado* de las actividades laborales, las cuales se podrían categorizar como del *ámbito privado-público*. Es decir, en *home office* las actividades laborales se desempeñan en un ámbito considerado como privado, como es el hogar. Sin embargo, por su índole son del ámbito *privado-público* y por ejemplo, al participar en una vídeoconferencia, no deberían invadir el ámbito *privado-privado* del hogar.

Entre los principales *tips para todos*, esta separación será fundamental, desde cualquier ángulo que el lector analice la situación.

A la persona que adopte la modalidad *home office*, separar *privado-público* y *privado-privado* será relevante para alcanzar una adecuada relación entre lo familiar y lo laboral. Le permitirá, también, lograr una confortable relación de trabajo con superiores, pares, compañeros y, eventualmente, colaboradores y equipo de trabajo.

Hice referencia a la experiencia vivida durante la Pandemia 2020 en párrafos previos. Cada uno de nosotros tendrá a mano anécdotas propias y/o de conocidos y amigos sobre pequeños fallos por intromisión de la vida *privada-privada* en las actividades de teletrabajo, durante una videoconferencia u otras circunstancias. Entre los ejemplos frecuentes, una mascota o un niño que produce algún inconveniente de menor importancia. También, en menor medida, anécdotas o situaciones de mayor gravedad y repercusión en las actividades realizadas. Desde ya, lo descrito sucedió durante una etapa no planeada ni deseada, se generó como efecto de una *emergencia*.

Cuando *home office* es una opción y su implementación ha sido planeada, la delimitación entre lo público y lo privado será un aspecto importante a tener en cuenta.

Definir espacios, horarios, ambientes –en la medida de las posibilidades– para crear un ámbito *privado-público* donde trabajar confortablemente es esencial. Entre otras cuestiones, en el apartado anterior se les sugirió a los directivos y jefes fijar un cierto *código de etiqueta* para reuniones virtuales, entre otros aspectos relacionados con este tema.

Virtualidad y ámbito laboral

En varias oportunidades he utilizado la expresión "código de etiqueta". El término "etiqueta" hace referencia a normas de conducta para el comportamiento social, de acuerdo con las normas convencionales que existen dentro de una sociedad, una clase social o un grupo determinado.

Por su parte, los usos y costumbres alrededor del mundo se han flexibilizado, las personas se tratan entre sí con menor formalismo, aunque esto varía según las diferentes culturas. Al mismo tiempo, trabajar a distancia no implica desatender las relaciones laborales en sus diferentes aspectos. Se trata de una relación laboral, realizada desde el hogar.

La forma de comunicarnos, el respeto, el mayor/menor grado de familiaridad en el trato no debiera modificarse solo porque se ha pasado de un ámbito laboral presencial a uno virtual. Si hasta hoy una persona no tuteaba a su jefe, la situación se mantendrá del mismo modo, solo por poner un ejemplo.

Muchas personas, no habituadas a mantener reuniones a la distancia, ingresaron de un día para el otro a este –para ellos– nuevo mundo. Por lo tanto, fue posible participar en conferencias y también ver en programas de televisión a participantes a distancia que aún hoy desatienden los aspectos básicos de la presentación en público.

En resumen, debemos considerar que, para trabajar desde el hogar, se deberían seguir las mismas pautas de comportamiento social que en un trabajo presencial.

Cómo prepararse para una reunión virtual

Como una sugerencia general, toda reunión –presencial o virtual– debería prepararse.

Hay que conocer con anticipación el tema a tratar, considerar los antecedentes de la cuestión que se va a discutir, analizar cuál será nuestra posición al respecto, si uno será el único participante del área, y si eventualmente deberá tomar una decisión, presentar una propuesta, etc.

En el mundo virtual, todo lo anterior cobra mayor relevancia. La tecnología puede llegar a ser una suerte de barrera invisible, que demanda mayor precisión en el lenguaje, hablar pausado, hacer pequeños silencios de manera oportuna para dar espacio a otros para responder, utilizar un menor número de palabras para expresar una idea; el tiempo es –con frecuencia– más escaso, y los tonos de voz y las miradas son menos elocuentes.

En consecuencia, la preparación previa será fundamental.

Cada uno de los participantes de una reunión virtual tendrá un mayor o menor manejo de la herramienta a través de la cual se realiza. Usualmente estas son muy sencillas; no obstante, el temor, la falta de confianza en cuanto a las habilidades tecnológicas, pueden jugar –en algunos casos– una mala pasada.

En la preparación previa de una reunión virtual hay que considerar, también, las distintas variantes posibles, por ejemplo:

- La proporción de tiempo que deberá exponer/escuchar.

- Su rol en la reunión, si liderará el encuentro o será un participante más dentro del grupo.

- Si deberá responder preguntas.

- Si deberá exponer y no lo hace con frecuencia, una buena idea sería preparar un esquema que le sirva de guía.

- En las reuniones virtuales, habitualmente, se tratan los temas de manera directa y concreta, evitando el diálogo circunstancial.

- Otras no enumeradas aquí e importantes en su organización y el ambiente en el cual se desempeña.

Aspectos a tener en cuenta para una reunión virtual

En reuniones presenciales de todo tipo, entre otras cuestiones, se recomienda llegar unos pocos minutos antes, no muy temprano. Desde ya, no llegar tarde, ni siquiera unos pocos minutos, en ningún caso.

Del mismo modo, ser respetuoso en todo momento. La vestimenta debe ser acorde a los usos y costumbres para ese tipo de reuniones.

No demostrar demasiada familiaridad con otros asistentes aunque estos sean amigos, dado que esta situación podría molestar a otras personas, que pueden sentirse fuera de un círculo al cual no pertenecen. Considerar si corresponde tutear a un jefe en ámbitos formales, donde esto pueda no ser bien visto, entre otras cuestiones de un manejo social que debe ser adecuado a cada contexto y circunstancias.

Todas estas características se deben considerar, también, en una reunión virtual. Algunas cuestiones a tener en cuenta:

- Su aspecto en una reunión virtual debe lucir similar a si fuese presencial, en cuanto a vestimenta y otras cuestiones relacionadas.

- Tener en cuenta qué es lo que podrá verse detrás suyo. Idealmente, se recomienda sentarse de espaldas a una pared, con luz de frente. El ordenador/tablet/teléfono debe colocarse un poco más alto que lo habitual. Una buena sugerencia será tomarse una *selfie* para controlar, antes de la reunión virtual, cómo lo verán a través de la cámara.

- Ubicar su ordenador/tablet/teléfono de modo tal que quede fijo en una posición.

- Utilizar auriculares será también conveniente para lograr una mejor calidad en la reunión virtual. En especial si esta será, por algún motivo, grabada. Los auriculares nos permiten saber exactamente cómo nos escuchan los demás.

- Antes de iniciar la reunión, pregunte sobre las siguientes cuestiones, para una mejor inserción y participación grupal: si la cámara deberá estar encendida en forma permanente, si debe silenciar su micrófono cuando otra persona está usando la palabra, y todo otro detalle que considere pertinente.

Por último, tenga en cuenta que durante una reunión virtual lo está "viendo" un conjunto de personas, quizá con mayor atención aún que en una reunión presencial. Si bien es cierto que solo podrán ver aquello que se proyecta a través del encuadre de la cámara, una expresión de aburrimiento, un cierto adormecimiento o un bostezo quedarán a la vista de manera mucho más evidente.

Frente a la opción *home office*; ¿qué hacer?

En la figura de la página siguiente y a través de un esquema, se ofrece al lector una serie de pasos para analizar la opción *home office.*

En páginas previas y a modo de preguntas, se incluyeron aspectos que se podrían considerar para una evaluación personal del *home office.* Por ello, este gráfico inicia con "analizar los beneficios y desventajas". Dicho análisis es personalísimo. ¿Qué quiero decir con esto? Utilizo el término "personalísimo" quizá de una manera exagerada, con intencionalidad. Las personas tienen una tendencia marcada a proyectar sus propios gustos y preferencias en los demás. Una

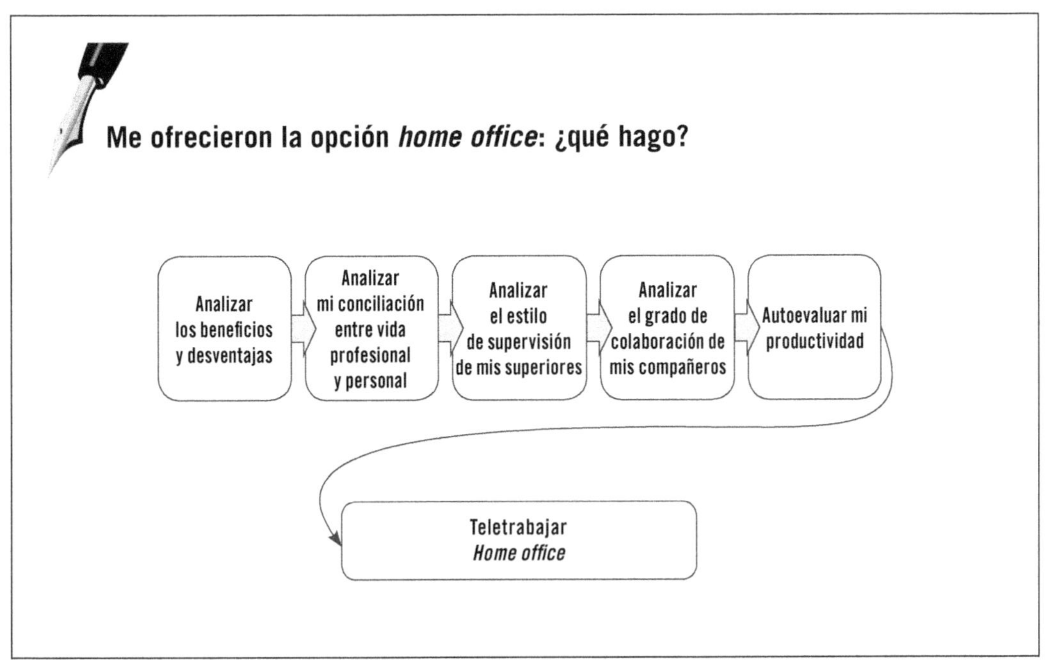

cuestión que puede considerarse como altamente positiva, no siempre será así considerada desde la mirada del otro. Cada persona sabrá si *home office* es, en su caso, la mejor opción. Las ventajas y desventajas para unos serán diferentes y quizá opuestas para otros.

Continuando con la figura, el segundo recuadro se relaciona de alguna manera con el primero. En algunos casos, *home office* podrá ser de ayuda para una mejor conciliación de la vida profesional y personal. Pero no siempre será así.

Si una persona ha organizado sus diferentes intereses personales en torno a su lugar de trabajo presencial (por ejemplo, ir al gimnasio cercano, clases de idioma, rutina de compras en comercios de la zona, vida social, etc.), en este caso trabajar desde el hogar, en especial si está alejado, podrá traer aparejada una situación no deseada. En un caso opuesto, en un hogar con niños pequeños u otra circunstancia, la opción de trabajar desde la casa podrá mejorar dicha conciliación.

Continuando con el gráfico que estamos analizando, los aspectos siguientes se relacionan con el trabajo en sí mismo: el estilo de supervisión de su jefe o sus superiores, un análisis del grado de colaboración de sus pares/compañeros, junto con otros aspectos adicionales, como la relación con clientes y proveedores, en caso que corresponda. Igualmente, de ser pertinente, se considera la relación con entes de control, auditores, asesores, etc.

En el último de los recuadros se hace mención a un aspecto que, al igual que el primero, es de índole "personal". Cómo se autoevalúa cada uno en relación con su productividad. Si es una persona que se distrae o, por el contrario, cuando trabaja posee una muy buena concentración, etc.

Muchas personas me han comentado, durante el aislamiento/confinamiento obligatorio de la Pandemia 2020, que estar en su hogar era una fuente de distracción permanente, por causas diversas. Desde aquellos que comentaban que saber que sus niños estaban a pocos metros les generaba un impulso irrefrenable de ir a verlos, de jugar con ellos o solamente de saludarlos. Otros que relataban que tener cerca un televisor gigante (o no tanto), con la posibilidad de ver series o películas todo el día, era un obstáculo con el cual tenían que luchar. También aquellos otros que manifestaban que tener la heladera cerca les hizo aumentar mucho su peso.

En gran cantidad de casos, opuestos a los del último párrafo, la modalidad *home office* les permitió incrementar la productividad, de diversas formas.

La productividad es una característica personal. Una competencia.

Al trabajar desde el hogar, no se requiere destinar tiempo a traslados. En muchas organizaciones, los horarios se cortan al mediodía, alargando la jornada. La organización de los horarios de trabajo, en este aspecto, será beneficiosa para el teletrabajador.

En contraposición a los ejemplos de personas "que se distraen" en sus domicilios, en otros casos trabajar desde el hogar incrementa la concentración.

Además, y como se ha expresado, las reuniones virtuales son más concretas, se evita la charla intrascendente, mejorando así también la productividad.

Por último, en algunas organizaciones las distracciones son bastante frecuentes: pequeños comentarios entre compañeros, momentos para tomar un café… Muchos teletrabajadores manifiestan que la inexistencia de estos factores incrementa su capacidad de trabajo.

Si debe responder a la siguiente pregunta: *Me ofrecieron la opción* home office: *¿qué hago?*, la respuesta dependerá de cada uno, y en ella habrá tantos matices como personas consultadas al respecto.

Home office. Una misma cuestión desde distintas miradas

A modo de cierre del apartado ofrezco algunas consideraciones sobre una misma cuestión, la cual podrá ser analizada desde distintos ángulos.

Una mirada global o de conjunto

Directivos, jefes y especialistas de Recursos Humanos deberán asegurarse de que cada teletrabajador disponga de los elementos necesarios para realizar sus tareas a distancia, por ejemplo, ordenador, conexión a Internet, teléfono inteligente, documentación/información indispensable, según corresponda.

En el caso de que alguno de estos elementos no estuviese disponible, se debe analizar si está dentro de su marco de actuación/responsabilidad resolver dicha cuestión. Si no está entre sus atribuciones, debe buscar la ayuda pertinente.

En el caso de que se cuente con recursos escasos o insuficientes, como problemas de conexión y similares, habrá que determinar horarios u otras opciones que faciliten la gestión del teletrabajador y de su grupo de trabajo.

Desde la máxima conducción, directivos y responsables de Recursos Humanos, habrá que considerar un aspecto central: las personas deben evidenciar una razonable *adecuación persona-puesto*. Esta cuestión debería estar presente en cualquier esquema de trabajo. Cuando se analiza la opción *home office*, es un aspecto crucial. Si una persona no posee las capacidades mínimas necesarias para llevar a cabo las tareas y responsabilidades de su cargo, el teletrabajo profundizará esta problemática.

Relación "jefe-colaborador" desde la mirada del jefe

Determinar puestos y personas factibles para el teletrabajo. A partir de esta primera evaluación:

- Revisar indicaciones e instrucciones en relación con las tareas que se realizarán a distancia.

- Analizar, determinar, resolver cómo hacer un seguimiento de las tareas delegadas.

- Si corresponde, definir horarios, plazos, tipos de informes, planillas, etc.

- Fijar, establecer, coordinar reuniones virtuales.

- El jefe podrá ser el primero que detecte problemas de conciliación entre vida profesional y personal de un colaborador. Podrá ofrecer ayuda, dentro de sus posibilidades. Estar atento a las necesidades e implementar algún mecanismo de colaboración y apoyo, cuando esto sea posible.

- Analizar, apoyar a los colaboradores a su cargo, para que cada uno incremente su productividad. Esta circunstancia será favorable para el colaborador, le permitirá mejorar la conciliación de sus distintos intereses.

- El jefe podrá apoyar a los colaboradores a su cargo respecto de la mejor forma de organizar rutinas y establecer su espacio de trabajo en el hogar, en especial cuando no se dispone de ambientes suficientes.

- Otros aspectos podrán influir en la relación del jefe con el colaborador, ajenos a los temas laborales propiamente dichos, por ejemplo:

  - Cuando en su hogar el colaborador no es el único teletrabajador y por esta razón debe compartir con otros espacio, recursos, conexión a Internet...

  - Cuando en su hogar el teletrabajador debe convivir con niños pequeños y/o alguna otra/s persona/s que requiera/n algún tipo de asistencia a cargo del teletrabajador.

Relación "jefe-colaborador" desde la mirada del colaborador

- Revisar, analizar, estudiar, las indicaciones e instrucciones recibidas por parte de sus superiores, con relación a todas las tareas y responsabilidades que realizará a distancia.

- Analizar, determinar, confirmar, desde la mirada del colaborador, cómo el jefe/superior hará un seguimiento de las tareas delegadas que han quedado a cargo del colaborador.

- Si corresponde, definir horarios de entrega, cómo prefiere/necesita recibir la información, las planillas, etc. La tarea finalizada podrá ser entregada al jefe, a un par de otra área, a un compañero, etc.

- Ser proactivo al planear dificultades, problemas, cuestiones que le preocupan a su propio jefe. También, dentro de sus posibilidades, ofrecer algún tipo de solución, otra forma de hacer las cosas, etc.

- Proponer a su jefe o al área de Recursos Humanos, según corresponda, sus necesidades de formación sobre algún tema, conocimiento o competencia, explicando las razones por las cuales piensa que dicha capacitación es necesaria, y cómo ayudaría a mejorar su desempeño individual o grupal.

Desde todas las miradas

Ser teletrabajador no es ni bueno ni malo. Es una forma de trabajar. Cada persona deberá analizar sus propias circunstancias y motivaciones frente a la modalidad.

Trabajar desde el hogar implica una serie de circunstancias, personales y laborales. Realizar un análisis objetivo será, en todos los casos, la mejor sugerencia. Dicho análisis debe incluir, entre otros aspectos, el nivel de productividad que piensa lograr.

Cada uno deberá negociar, de algún modo, con su propia familia y/o personas con las cuales conviva, espacios, horarios, etc. La mayoría de las veces la solución a muchos de los problemas comienza con una pequeña negociación en el ámbito más cercano.

Se sugiere pensar/definir/proponer acciones que pueda llevar a cabo el teletrabajador para neutralizar eventuales aspectos negativos del teletrabajo. Usualmente se denominan "paliativos", un término que hace referencia a aquellas acciones que se podrían llevar a cabo para neutralizar los eventuales aspectos negativos del teletrabajo. Se retoma este tema en el *Apartado 14 - Tips para Recursos Humanos*.

Elabore sus propios *tips*

Con seguridad, al leer este apartado le han surgido ideas de todo tipo. Construya sus propias sugerencias, para sí mismo y también para su equipo.

Por último, los *tips para todos* se complementan con los expuestos en los *apartados 11 - Tips para números 1 y dueños; 12 - Tips para directivos y jefes*, y *14 - Tips para Recursos Humanos*.

Mis tips

Leer +++

☞ *Rol del jefe.* Ediciones Granica, Buenos Aires, 2019.

☞ *Diccionario de competencias. La trilogía. Tomo 1.* Ediciones Granica, Buenos Aires, 2015.

☞ *Diccionario de comportamientos. La trilogía. Tomo 2.* Ediciones Granica, Buenos Aires, 2015.

☞ *Comportamiento organizacional,* Ediciones Granica, Buenos Aires, 2017

☞ *Las 50 herramientas de Recursos Humanos que todo profesional debe conocer.* Ediciones Granica, Buenos Aires, 2017.

Diccionario de términos de Recursos Humanos. Ediciones Granica, Buenos Aires, 2011.

Conciliar vida profesional y personal. Ediciones Granica, Buenos Aires, 2016.

12 pasos para conciliar vida profesional y personal. Ediciones Granica, Buenos Aires, 2013.

Tips *para Recursos Humanos*

Tips. Ideas. Consejos. Sugerencias. Recomendaciones

En esta obra hemos destinado los últimos cuatro apartados a compartir *tips*, ideas, consejos y sugerencias. En este se hará un recorrido similar, orientado al área de Recursos Humanos.

En muchos aspectos, la mirada de RR.HH. será similar a la del número 1 de la organización. Este es uno de los roles de los profesionales y especialistas del área: colaborar con la máxima dirección en la consecución de la visión y la estrategia, junto con la implementación de los cambios necesarios para alcanzar una nueva cultura, cuando esto sea necesario.

Al igual que comentara en apartados previos, los *tips* expuestos no serán todos los posibles. Del mismo modo, en algunas circunstancias, las ideas, los consejos y sugerencias ofrecidos podrán no ser pertinentes.

La lectura de este apartado podrá realizarse desde varios ángulos, siempre dentro de la mirada de Recursos Humanos.

- El número 1 del área de Recursos Humanos encontrará lineamientos a seguir, proponer y/o implementar, tanto para la organización en su conjunto como también específicos, para algunas áreas o sectores..

✓ Tips, *ideas, consejos, sugerencias y recomendaciones, para que cada uno considere los apropiados a sus circunstancias.*

Adicionalmente, podrá incorporar al listado sus propias ideas y experiencias, para mejorar.

- El profesional especialista del área tendrá en estas líneas un recordatorio de las buenas prácticas, junto con otros aspectos puntuales de la temática tratada.

- Para el profesional que se desempeña como asesor o consultor se ofrece un conjunto de sugerencias que podrá proponer e implementar en organizaciones de todo tipo.

- Para profesores y alumnos, este apartado será una suerte de guía sobre temas que, no siendo nuevos, requieren una nueva forma de ser tratados y analizados.

A todos me permito recordarles que, a partir de los últimos años del siglo XX y, con fuerza, al inicio del siglo XXI, cambiaron muchas cosas, en un sinnúmero de aspectos. En relación con la disciplina que nos ocupa, cambiaron los comportamientos de las personas. Por esta razón ha cambiado la disciplina en sí misma: Recursos Humanos.

No es posible atender los problemas y situaciones de un mundo por venir utilizando métodos y procedimientos diseñados en el pasado, fuera del contexto actual y proyectado.

El reto es considerar el mundo virtual e incluirlo en la disciplina, pero no desde las aplicaciones tecnológicas en sí mismas, como habitualmente se hace. Muy por el contrario, es clave analizar la cuestión con eje en las personas y sus comportamientos, derivados estos del uso de la tecnología y el mundo virtual. Con una mirada positiva y realista, a la vez.

Por dónde comenzar. Aspectos a tener en cuenta

En el *Apartado 3 - Cuestiones a tener en cuenta para trabajar a distancia*, hemos visto un conjunto de temas, la mayoría de los cuales se relacionan directamente con el área de Recursos Humanos. A modo de inicio de las sugerencias y los consejos que brindamos aquí, es importante hacer un repaso de roles y responsabilidades.

Recursos Humanos y sus roles

El área de Recursos Humanos debe asumir algunos roles específicos, aspectos que conforman, al mismo tiempo, el perfil del profesional que se desempeña en el área, tanto dentro de una organización como en el rol de consultor o asesor externo.

Las funciones del área de Recursos Humanos se relacionan con la organización en su conjunto. Los especialistas de Recursos Humanos deben cumplir una serie de funciones inherentes a sus respectivos puestos de trabajo. En adición a ello, por el

---

Roles y perfil de los profesionales de RR.HH.

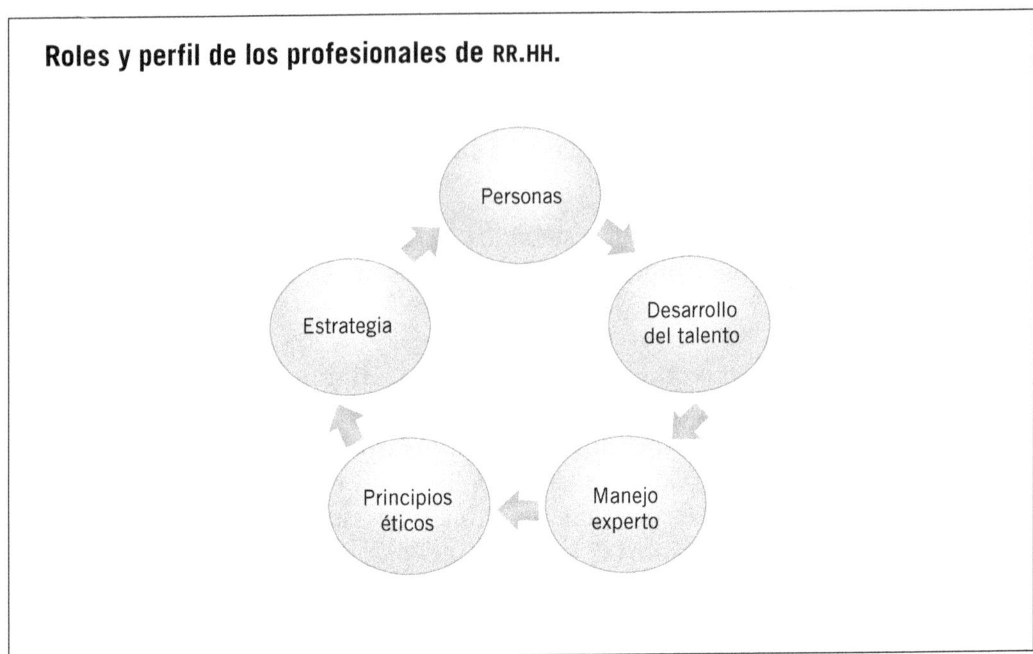

---

hecho de ser profesionales del área, deben asumir roles específicos para que esta cumpla con el cometido que se espera de ella en el contexto actual.

Los roles del profesional de Recursos Humanos son:[1]

- *Estrategia.* El directivo de Recursos Humanos primero debe comprender la estrategia organizacional, para luego llevar adelante planes de acción a fin de que esa estrategia se concrete.

- *Personas.* El directivo de Recursos Humanos debe interpretar a los colaboradores dentro del marco organizacional. Interesarse por sus inquietudes y proyectos, analizar la satisfacción laboral y cómo compatibilizar los diferentes intereses individuales con los planes de la organización.

- *Desarrollo del talento.* Con un enfoque *ganar-ganar,* el desarrollo del talento de las personas es al mismo tiempo positivo para ellas (aumenta su autoestima, permite su autorrealización) y para la organización (que de esa manera contará con colaboradores altamente calificados, en conocimientos y com-

---

1 Según el *Diccionario de términos de Recursos Humanos,* Ediciones Granica, Buenos Aires, 2011.

petencias, en relación con el puesto que cada uno ocupa en la actualidad y/o que ocupará en el futuro).

- *Principios éticos.* La ética debe integrar tanto la tarea diaria de todos los profesionales que trabajan en el área como el diseño de los distintos subsistemas de Recursos Humanos.

- *Manejo experto.* Implica no solo conocer sobre Recursos Humanos sino ir un paso más allá: identificar las diferentes herramientas y buenas prácticas para luego determinar cuáles de ellas son las adecuadas para la organización y las que permitirán alcanzar la estrategia.

Para alcanzar los resultados esperados y sus objetivos estratégicos la organización cuenta con *todas* las personas que la integran (directivos y empleados). Un manejo experto de los recursos humanos implica, en todos los casos, considerarlos con un enfoque *ganar-ganar.*

¿Cómo leer los roles expuestos en párrafos previos? De varias maneras.

El número 1 de la organización comenzará por el primero de los mencionados, ya que le requerirá al área de RR.HH. que colabore con él –y con la organización– en la consecución de la estrategia. Luego le solicitará concretar los dos roles siguientes: *Personas* y *Desarrollo del talento.*

Si el mismo número 1 preguntara qué debería mirar primero en los ocupantes de los distintos puestos, podríamos decir que dentro del área de RR.HH. debería comenzar por analizar sus comportamientos éticos y su manejo experto.

Por esta lectura de los roles, circular de algún modo, es que los he representado como un círculo o una rueda.

Los roles del área de Recursos Humanos desde la perspectiva del número 1 del área

En el Apartado 11 vimos consejos y sugerencias para el número 1 de la organización. En cuanto a los roles de RR.HH., también se expuso, con un criterio amplio, qué debería hacer el número 1, desde cuál sería el enfoque más adecuado sobre las funciones del área hasta cómo seleccionar al gerente a cargo.

Las mismas ideas y los mismos conceptos veámoslos ahora desde la mirada del número 1 del área de Recursos Humanos. En resumen, qué debería hacer el responsable del área:

- Comprender su rol, en toda su magnitud y complejidad, y autoevaluarse al respecto.

- Integrar responsablemente la mesa de las decisiones. No con visión sectorial de RR.HH. o, lo que es peor aún, tomando partido por las personas "en contra" de la gerencia o de la empresa.

- Proponer al número 1 de la organización programas de RR.HH. de mediano y largo plazo que permitan –al mismo tiempo– alcanzar la visión considerando a las personas.

- Hacer una revisión crítica de los procedimientos y herramientas actuales: ¿son los adecuados? Si no fuese así, proponer un plan de acción con plazos concretos y metas intermedias para cambiar esa situación.

- Tener en cuenta que una persona, cualquiera sea su nivel, para alcanzar el éxito en su puesto de trabajo deberá combinar de manera adecuada y al mismo tiempo los siguientes factores:

  – Conocimientos, competencias, experiencia.

  – Motivación y proyectos personales.

- Evaluar/analizar los procedimientos de RR.HH. desde la mirada del otro.

Hemos visto las dos miradas, la del número 1 de la organización (Apartado 11) y la del número 1 del área de Recursos Humanos. El resultado en el área debería ser, en un breve resumen, el siguiente:

- Un área de RR.HH. alineada con la estrategia organizacional.

- Imagen de prestigio dentro de la propia organización, sobre la base de la alta calidad y pertinencia de los servicios prestados. A esta realidad altamente positiva, la denominamos concepto de marca. Lograr un alto valor de la "Marca RR.HH.".[2]

- Servicios –productos/herramientas– diseñados en función de las necesidades del otro.

- Calidad y atención de las necesidades de cada uno de los receptores de los servicios prestados.

- Resultados satisfactorios en los indicadores de gestión de RR.HH.

Los roles descritos son necesarios en esquemas de trabajo presencial o a distancia.

---

2 *La marca Recursos Humanos.* Ediciones Granica, Buenos Aires, 2014.

Recursos Humanos y *home office*

¿Qué rol debería asumir el área de Recursos Humanos frente al trabajo a distancia? ¿Proponerlo a la alta gerencia? ¿Buscar asesoramiento?

Aprender de la experiencia

En el *Apartado 13 -* Tips *para todos*, podrá encontrar una serie de preguntas. En base a estas y otras similares, se podrá analizar la experiencia vivida durante la Pandemia 2020. Esta etapa fue excepcional. No se podrá generalizar a partir de ella. Pero sí podremos obtener muchas enseñanzas.

Comparta la experiencia con colegas. Las vivencias de otras empresas, de organizaciones emplazadas en ámbitos diferentes al propio, podrán adicionar una casuística interesante.

Adicionalmente, investigue sobre las distintas modalidades de teletrabajo. En muchas organizaciones, y por períodos largos de tiempo, se ha practicado el teletrabajo, usualmente parcial, para algunos puestos, para algunas personas. También allí podrá encontrar información útil para analizar.

La Pandemia 2020 nos afectó a todos

Todas las personas, de diferente modo, se han visto afectadas por esta circunstancia excepcional. Ahora, las reacciones frente a la opción *home office* no obligatorio serán diversas y diferentes.

Sin emitir ningún juicio de valor, habrá personas con un gran entusiasmo por regresar a la situación anterior a la Pandemia 2020, deseando volver a aquel estado de "normalidad", y otras con miedo. Aun cuando una organización ofrezca un ambiente seguro, cumpliendo protocolos de resguardo, en algunos casos las personas de todos modos podrán sentir miedo.

El miedo ha jugado un rol determinante en el comportamiento de las personas durante la Pandemia 2020.

Desde Recursos Humanos habrá que informarse acerca de las normativas vigentes y las buenas prácticas en materia de resguardo del bienestar. Adicionalmente, habrá que estar atentos a circunstancias especiales. Trabajar con los jefes directos será de gran ayuda frente a estas circunstancias.

No afectar el rol de profesional de Recursos Humanos con las miradas personales sobre una cuestión

Las personas, todos nosotros, podemos tener dos miradas sobre una cuestión, la organizacional y la individual.

Muchos directivos y jefes, incluso los profesionales de Recursos Humanos, podrán teñir con su propia mirada la valoración de una determinada situación.

Un responsable de Recursos Humanos que desee trabajar bajo un esquema de *home office* seguramente pensará que esa opción es lo mejor para todos, y viceversa.

En toda ocasión, el profesional de Recursos Humanos deberá analizar cada uno de los temas en juego desde la mirada del otro. Solo utilizará su mirada individual con relación a las decisiones relacionadas con sí mismo.

Como profesional de Recursos Humanos deberá cuestionarse permanentemente su rol y su interpretación de roles y responsabilidades.

- ¿Conozco realmente la visión y los planes estratégicos de la organización?

- ¿Estoy informado de las herramientas de Recursos Humanos que permitirían a la organización en la cual me desempeño alcanzar la visión/estrategia, o cambiar la cultura organizacional, cuando esto sea necesario?

- ¿Estoy informado acerca de si esas herramientas de Recursos Humanos contemplan a las personas? ¿Y qué se puede decir de las que hoy están en uso, o que eventualmente se está considerando incorporar?

- Reflexionar sobre cómo actualizarse en materia de Recursos Humanos y las herramientas para lograr un manejo experto.

- Tener en cuenta que todas las personas, independientemente de su edad y entorno familiar, buscan conciliar los distintos aspectos de su vida. Analizar métodos destinados a alcanzar la conciliación mencionada. Recordar, además, que dicha conciliación cambia, no es perdurable y definitiva.

- En el plano individual, ¿la actividad que realiza cada persona responde a sus motivaciones y proyectos propios?

Al analizar el *home office*:

- ¿Se están aplicando las buenas prácticas?

- La máxima conducción/alta gerencia, que está analizando el tema, ¿considera solo los aspectos tecnológicos necesarios o, por el contrario, contempla a las personas, sus capacidades, necesidades y motivación?

- En materia de brechas y formación, ¿se están considerando todas las brechas, tanto en conocimientos como en competencias?

- Al evaluar eventuales teletrabajadores, ¿se consideró la motivación de cada uno de ellos?

- ¿Cuál es realmente el rol del área de Recursos Humanos frente a todas las cuestiones mencionadas? ¿Proactivo? ¿Reactivo?

A modo de resumen, una reflexión acerca de… ¿por dónde comenzar? La respuesta es: recordando los roles del profesional de Recursos Humanos, haciendo especial foco en ayudar a la consecución de la estrategia organizacional y velar por las personas que integran la organización. Al mismo tiempo.

En el contexto de este libro, sugerimos comenzar leyendo el Apartado 11, donde se describen algunos *tips* para el número 1 o dueño de la organización. Esas sugerencias deberían ser, también, consideradas por los responsables de RR.HH.

Adicionalmente, habrá que recordar algunos conceptos fundamentales, que se describen a continuación.

Las buenas prácticas deben estar presentes en todo momento

Con frecuencia, enfatizo en el desarrollo de diversos temas realzando la importancia de considerar las "buenas prácticas". Como todo, tiene una razón. La experiencia como profesional, como consultora, me ha permitido comprobar que la implementación de métodos y procedimientos de trabajo adecuados produce los resultados esperados. También he visto lo contrario.

La expresión *buenas prácticas* hace referencia a aquellas que son consideradas un parámetro o estándar a alcanzar según la opinión de un experto.

En diversos ámbitos, como los académicos, se diferencia adecuadamente la teoría de la práctica, para, en la primera de ellas, brindar conceptos y definiciones, y ejercitación en la segunda. En la materia que nos convoca (Recursos Humanos) es más adecuado explicar y referirse a las buenas prácticas que a la teoría, dado que este último término, en algunos casos, hace referencia a *conceptos no probados* y las organizaciones desean conocer prácticas y conceptos debidamente probados y con alta eficacia en cada uno de los aspectos a los que se refieren.

Las buenas prácticas definen conceptos probados en la vida real por un gran número de organizaciones.

En resumen, se pretende acompañar la teoría y la investigación académica con la experiencia práctica en el ámbito de las organizaciones, para dar como resultado métodos de trabajo fiables que otras organizaciones de todo tipo puedan implementar.

La expresión *buenas prácticas en Recursos Humanos* hace referencia a aquellas prácticas que son consideradas un parámetro o estándar a alcanzar según la opinión de un experto en la temática en cuestión. Por lo tanto, describen métodos de trabajo que las empresas han implantado y que se consideran "deseables", es decir, que sería bueno implementar o adoptar en aquellas organizaciones que no lo han hecho aún.

En resumen, las buenas prácticas no implican conceptos de tipo teórico, sino que describen los métodos de trabajo que representan la mejor manera de hacer las cosas en lo que respecta a un determinado tema o aspecto de la organización: *métodos de trabajo reales llevados a la práctica por organizaciones reales*, modelos de gestión que han sido exitosos en algunas o muchas organizaciones.

Un directivo preocupado por el factor humano deberá conocer, al actuar en su área, todas las variantes de prácticas disponibles a fin de identificar las más convenientes para lograr un buen desempeño general, así como también deberá hacerlo un experto en Recursos Humanos.

Las cuestiones descritas en los párrafos precedentes se complementan con el siguiente concepto: "ganar-ganar" (*win-win*, en inglés) es una expresión ampliamente difundida en relación con las buenas prácticas en negociación. Implica que el resultado obtenido es bueno para ambas partes involucradas. Sin embargo, el concepto va mucho más allá del resultado concreto de una negociación…

En la disciplina de Recursos Humanos se considera que se alcanza un nivel *ganar-ganar* cuando, por ejemplo, un procedimiento se ha implementado de acuerdo con las buenas prácticas, siendo el resultado, en consecuencia, bueno tanto para la organización como para el colaborador, los jefes y, también, los pares del colaborador (compañeros de trabajo), así como para otras áreas internas relacionadas y, en adición a lo anterior, externos vinculados, como clientes y proveedores, según corresponda en cada caso.

Un manejo experto del área le permitirá al profesional de Recursos Humanos alcanzar un resultado *ganar-ganar* en su gestión.

Un jefe que lleva adelante de manera adecuada sus roles de jefe logrará una relación con sus colaboradores del tipo *ganar-ganar*, y, por extensión, también con sus propios jefes o con los accionistas, según corresponda.

Cuestiones a tener en cuenta para alcanzar una cultura organizacional orientada al trabajo a distancia

Una cultura orientada al trabajo a distancia para la organización en su conjunto

Retomaré a continuación algunos conceptos que se vieron en el *Apartado 1 - Gestionar. Dirigir proyectos. Tomar decisiones.*

En relación con el *home office* o teletrabajo, en muy pocas actividades y escasos negocios será factible adoptarlo para la organización en su conjunto. Por esta razón, en el ámbito de una misma organización deberán coexistir el trabajo presencial y el trabajo a distancia.

El esquema más frecuente se conforma por áreas que realizan sus labores de manera presencial y otras en las cuales es factible realizar el trabajo a distancia. Veamos la figura al pie (también expuesta en el Apartado 1, ya mencionado).

Podríamos identificar áreas de trabajo presencial en fábricas, talleres y negocios de venta minorista de todo tipo de productos, solo por citar unos pocos ejemplos.

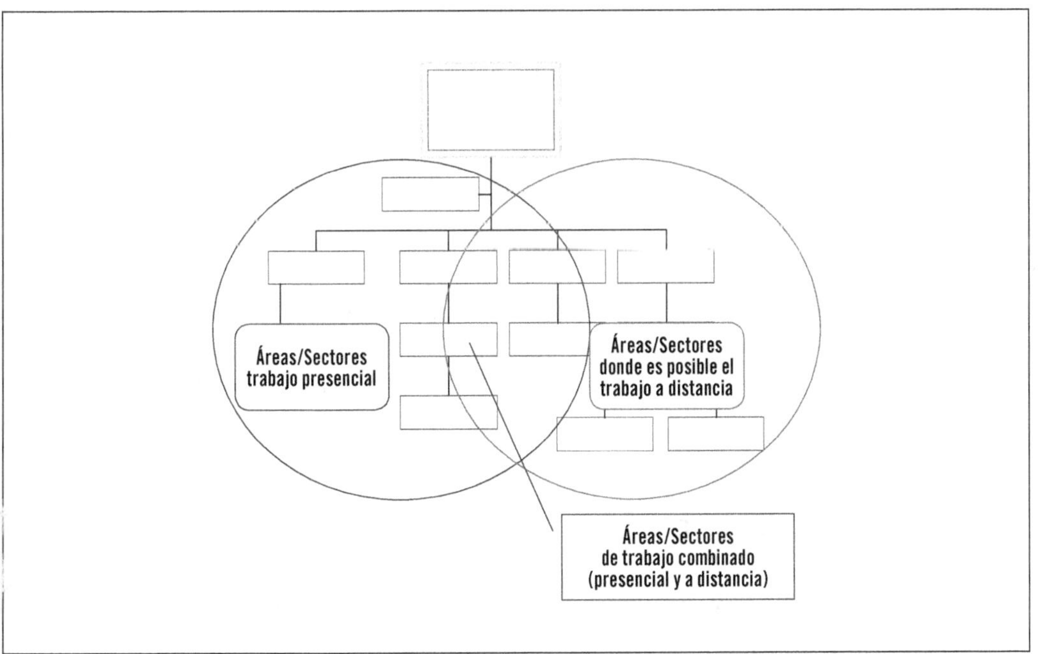

Al mismo tiempo, en la misma organización, otras áreas podrían realizar sus tareas a distancia. Entre unos y otros, señalamos la posibilidad de que ciertas áreas o determinados sectores implementen una combinación de ambas modalidades.

Frente a un esquema como el expuesto en el gráfico de la página anterior, será conveniente que la organización en su conjunto, no solo los que están incluidos en las áreas donde es factible el trabajo a distancia, adopte y comprenda la filosofía que hemos denominado *gestionar sin estar.*

Solo para el análisis de la cuestión planteada, imaginemos un sector dentro de una fábrica que, por la índole de las tareas que allí se realizan, se desempeña de manera presencial. Los jefes podrán dirigir a sus equipos aplicando las buenas prácticas descritas para el trabajo a distancia en los apartados previos. Sus colaboradores, en el esquema presencial, se verán beneficiados por un jefe que delega y entrena. Al mismo tiempo, estos colaboradores comprenderán que sus colegas que realizan *home office* comparten los mismos principios, solo que en otra modalidad de trabajo (a distancia).

Aunar la organización en una nueva filosofía de trabajo será beneficioso para todos los involucrados.

Gestionar sin estar como un concepto organizacional

¿Por qué incluir nuevamente este aspecto tratado en el Apartado 1 dentro de los *tips* para el área de Recursos Humanos?

Será muy importante considerar que *gestionar sin estar* es una filosofía de trabajo que trasciende a las áreas que adopten el teletrabajo. De algún modo, este concepto debería reflejarse también en la formación de directivos y jefes de las áreas que realicen trabajo presencial.

Las buenas prácticas señaladas para jefes de todos los niveles harán más efectivo el accionar de los directivos o jefes que se desempeñen tanto en áreas que adopten *home office* como en las que realicen labores presenciales.

Habrá que considerar lo antedicho en los temas que veremos a continuación.

Aplicar las buenas prácticas

Decíamos en párrafos previos que los *tips* dirigidos al número 1 valen también para el área de Recursos Humanos. Veamos alguno de ellos.

Un cambio cultural para alcanzar una alta orientación al trabajo a distancia

Uno de los desafíos fundamentales será modificar la cultura organizacional, para pasar de una cultura baja en materia de trabajo a distancia a una cultura con alta orientación al trabajo a distancia. Como se ha expuesto previamente, en muchas organizaciones la cultura de trabajo a distancia era no solo "baja" o escasa, sino que en algunos casos podríamos calificarla como inexistente. No necesariamente se evidenciaba una posición contraria a esta modalidad, solo que no se aplicaba en ningún grado.

Para alcanzar este cambio cultural, como cualquier otro de este tipo, será necesario identificar qué aspectos modificar, cuáles son las características necesarias en las personas que integran dicha organización para que el cambio deseado sea posible. Estas características integrarán o modificarán, según corresponda, el modelo de competencias. Así, sobre esa base se elegirá a los nuevos colaboradores, se evaluará su desempeño y se diseñarán los planes de formación, para alcanzar la nueva cultura organizacional.

Cuando se diseña un modelo de competencias, o se modifica uno ya existente, las competencias deben integrar los descriptivos de puestos.

Home office. Descriptivos de puestos y nuevas competencias

Las buenas prácticas indican que los descriptivos de puestos[3] deben ser la base de los distintos subsistemas de Recursos Humanos. Estos descriptivos incluyen, también, la asignación de competencias a puestos.[4]

Las competencias identificadas como necesarias para alcanzar una cultura con alta orientación al trabajo a distancia integrarán los descriptivos de puestos junto con las responsabilidades y tareas de cada posición. También los conocimientos necesarios y los recursos que serán requeridos para su adecuado desempeño.

A continuación veremos un gráfico que se expuso, también, en el *Apartado 11 - Tips para números 1 y dueños.*

Analizando la figura de la página siguiente, el primer paso a realizar será la modificación de los descriptivos de puestos para que estos consideren –en su descripción– que las tareas y responsabilidades serán realizadas a distancia e incluir, si corresponde, algún tipo de actividad presencial.

---

3 *Descriptivo de puesto* es la herramienta N° 10 en la obra *Las 50 herramientas de Recursos Humanos que todo profesional debe conocer.* Ediciones Granica, Buenos Aires, 2017.
4 *Asignación de competencias a puestos* es la herramienta N° 2 en la obra *Las 50 herramientas de Recursos Humanos que todo profesional debe conocer.* Ediciones Granica, Buenos Aires, 2017.

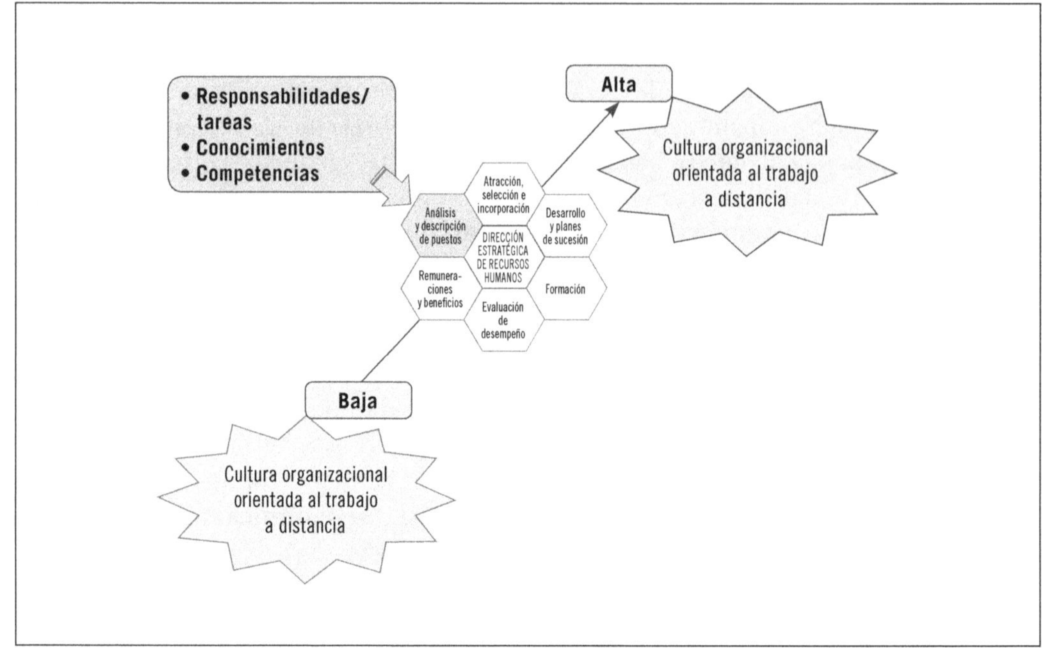

El cambio de modalidad presencial a trabajo a distancia quizá podrá implicar la modificación de algunas funciones, los elementos necesarios para concretar las tareas y responsabilidades que el puesto requiere y, fundamentalmente, nuevos conocimientos y competencias.

Si, como se sugiere en el Apartado 11, se ha modificado el modelo de competencias incluyendo aquellas necesarias para un efectivo trabajo a distancia, serán estas las que habrá que considerar.

Un aspecto complementario, que se describe en otras partes del libro, será el diagnóstico acerca de la *adecuación persona-puesto*.[5] Esta cuestión se ha analizado especialmente desde el rol del jefe, en varios apartados.

En el caso de que no se haya modificado el modelo de competencias o que dicho plan de mejora esté en curso, en los apartados 7, 8, 9 y 10 se describieron algunas competencias que podrán ser de aplicación, tanto para la organización en su conjunto –competencias cardinales– como para ciertos colectivos específicos, como directivos y jefes u otros que cada organización identifique como relevantes para implementar el trabajo a distancia. Así como en los Anexos publicados hacia el final

---

5 *Adecuación persona-puesto* es la herramienta Nº 1 en la obra *Las 50 herramientas de Recursos Humanos que todo profesional debe conocer*. Ediciones Granica, Buenos Aires, 2017.

de la obra, en los apartados mencionados se han identificado otras competencias adicionales, de interés en relación con los temas tratados en cada uno de ellos.

Una cultura organizacional orientada al trabajo a distancia también para las áreas que realicen trabajo presencial

En las organizaciones, como decíamos, la situación más frecuente será aquella en la cual pueda implementarse una modalidad de trabajo a distancia para una o varias áreas y, también, ofrecer dicha modalidad de manera parcial en el tiempo, uno o dos días por semana, según cuáles se considere como las mejores variantes en cada situación en particular.

Hasta hace relativamente poco tiempo, solo un número reducido de organizaciones practicaban teletrabajo como eje principal de su forma de gestionar. Entre ellas, las denominadas empresas del conocimiento o industrias del conocimiento. En las restantes, y con un despliegue dispar, el teletrabajo solo se aplicaba de manera excepcional y/o parcial.

Como decíamos en páginas previas, si la organización adopta *home office* para algunas áreas, la cuestión en sí misma deberá ser considerada con un enfoque amplio,

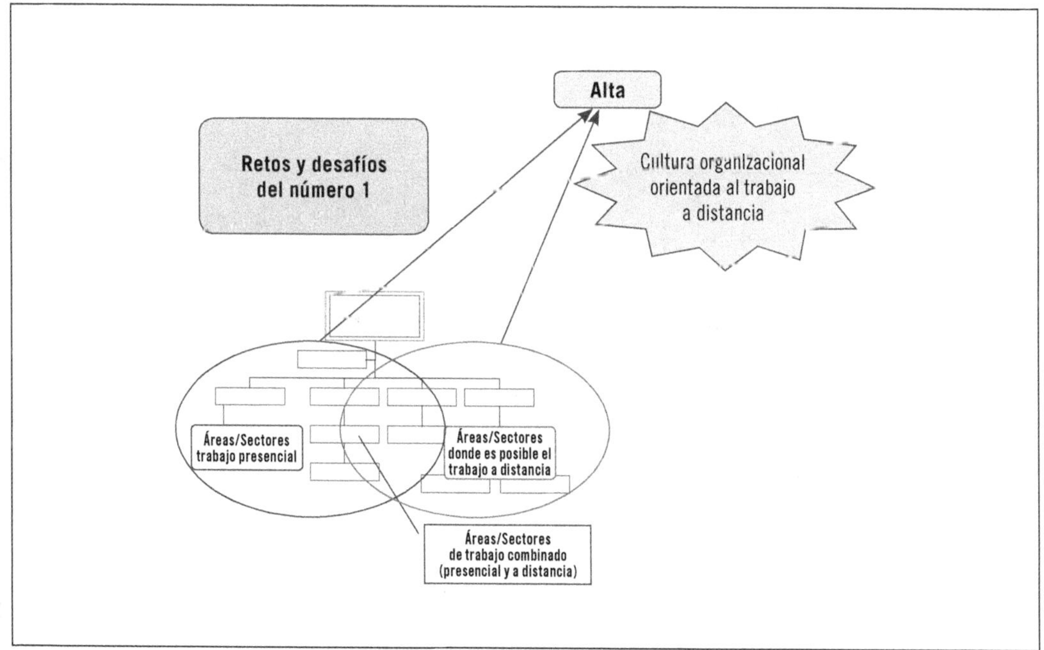

no solo como inherente a los involucrados en el trabajo a distancia, sino abarcando a la organización en su conjunto.

En resumen, el reto será llevar todas las áreas de la organización a una cultura de trabajo a distancia, contemplando una nueva filosofía de hacer las cosas: *gestionar sin estar.*

Diseño de un modelo de competencias que permita alcanzar una cultura organizacional con alta orientación al trabajo a distancia

En el *Apartado 11 -* Tips *para números 1 y dueños,* se ha mencionado un conjunto de competencias que podrían integrar un modelo de competencias orientado a alcanzar una cultura con alta orientación al trabajo a distancia.

Estas competencias deberán analizarse a la luz de la visión y la estrategia organizacionales, la cual será particular según las actividades y propósitos que se planteen, aspecto no incluido en dicha referencia. Solo se analiza en esta obra el trabajo a distancia y sus implicancias.

En apartados previos se han mencionado numerosas competencias.[6] Todas las mencionadas podrán ser utilizadas para alcanzar una cultura altamente orientada al trabajo a distancia. Entre ellas he seleccionado algunas para una mejor exposición de temas en este apartado.

Competencias cardinales

Nombre de la competencia[7]	Sugerida como	Apartado en el cual es mencionada
Adaptabilidad a los cambios del entorno	Competencia cardinal. Aplicable a todos los integrantes de la organización. Se la identificó como relevante para números 1 y dueños	*Apartado 7. Los líderes. Competencias necesarias*
Colaboración	Competencia cardinal. Aplicable a todos los integrantes de la organización	*Apartado 9. Colaboradores. Competencias necesarias*

---

6 Ver Anexos al final de la obra.
7 Todas las competencias mencionadas forman parte de *La trilogía.*

Nombre de la competencia[7]	Sugerida como	Apartado en el cual es mencionada
Perseverancia en la consecución de objetivos	Competencia cardinal. Aplicable a todos los integrantes de la organización	*Apartado 1. Gestionar. Dirigir proyectos. Tomar decisiones*
Responsabilidad	Competencia cardinal. Aplicable a todos los integrantes de la organización. Competencia específica gerencial. Aplicable a todos aquellos que tengan personas a su cargo	*Apartado 8. Directivos y jefes. Competencias necesarias*

Competencias específicas gerenciales, para todos los niveles de conducción

Nombre de la competencia[8]	Sugerida como	Apartado en el cual es mencionada
Accountability	Competencia específica gerencial. Aplicable a todos aquellos que tengan personas a su cargo	*Apartado 8. Directivos y jefes. Competencias necesarias*
Conducción de personas	Competencia específica gerencial. Aplicable a todos aquellos que tengan personas a su cargo	*Apartado 2. Ser jefe a la distancia*
Justicia	Competencia cardinal. Aplicable a todos los integrantes de la organización. Competencia específica gerencial. Aplicable a todos aquellos que tengan personas a su cargo	*Apartado 8. Directivos y jefes. Competencias necesarias*
Liderar con el ejemplo	Competencia específica gerencial. Aplicable a todos aquellos que tengan personas a su cargo	*Apartado 7. Los líderes. Competencias necesarias Se retoma en apartado 12. Tips para directivos y jefes*

Competencias específicas por área o grupo de puestos

Competencias específicas para los colaboradores que se desempeñen en la modalidad *home office,* también para jefes que trabajen a distancia y, si corresponde, para aquellos otros colaboradores o jefes que deban interactuar con ellos.

---

8 Todas las competencias mencionadas forman parte de *La trilogía.*

Nombre de la competencia[9]	Sugerida como	Apartado en el cual es mencionada
Capacidad de planificación y organización	Competencia específica por área o grupos de puestos	*Apartado 4. Tareas y responsabilidades al trabajar desde el hogar*
Conocimientos digitales[10]	Competencia cardinal. Aplicable a todos los integrantes de la organización. También podrá considerarse como una competencia específica, para un conjunto de puestos y personas	*Apartado 1. Gestionar. Dirigir proyectos. Tomar decisiones*

Modelo de competencias. Un esquema posible

En el armado de un modelo de competencias se definen competencias cardinales, competencias específicas gerenciales (para todos los niveles de conducción) y competencias específicas por área o grupo de puestos, de acuerdo con las características propias de cada organización.

Los tres grupos de competencias integrarán los distintos descriptivos de puestos organizacionales, según las tareas y responsabilidades de cada uno de ellos.

Como parte del diseño se confecciona un *Esquema del modelo de competencias.* El resultante sería similar al de la página siguiente.

En el esquema no se reflejan otras competencias necesarias según el *core business* de cada organización, ya sea una empresa privada o un organismo público. Adicionalmente, en la tabla precedente podríamos imaginar, a modo de ejemplo:

Área 1: Ventas, Mercadeo.

Área 2: Operaciones, Producción, Logística, Mantenimiento.

Área 3: Administración, Finanzas, Tecnología informática, Recursos Humanos.

Si en algunas de estas áreas no se realizara ningún tipo de trabajo a distancia, podrían identificarse otras competencias como prioritarias.

La elección realizada no implica un juicio de valor. Las competencias mencionadas, al igual que las que no lo han sido, podrán ser las más adecuadas según las circunstancias de cada organización.

---

9 Todas las competencias mencionadas forman parte de *La trilogía.*

10 Para la apertura en grados de la competencia *Conocimientos digitales* su definición se puede asimilar a la de la competencia *Conocimientos técnicos.* Esta última forma parte de *La Trilogía.*

Competencias cardinales		
Adaptabilidad a los cambios del entorno		
Colaboración		
Perseverancia en la consecución de objetivos		
Responsabilidad		
Competencias específicas gerenciales		
Accountability		
Conducción de personas		
Justicia		
Liderar con el ejemplo		
Competencias específicas Área 1	**Competencias específicas Área 2**	**Competencias específicas Área 3**
Capacidad de planificación y organización	Capacidad de planificación y organización	Capacidad de planificación y organización
Conocimientos digitales	Conocimientos digitales	Conocimientos digitales
Otras competencias necesarias según el área	Otras competencias necesarias según el área	Otras competencias necesarias según el área

Formación y desarrollo tendientes a alcanzar una cultura organizacional orientada al trabajo a distancia

Una vez definidos los puestos de trabajo y los colaboradores que se desempeñarán a distancia, podrán determinarse brechas entre lo requerido para asumir esas tareas y la medición de las distintas capacidades de los colaboradores. Luego de la identificación de estas brechas se diseñarán actividades de formación, que permitirán alcanzar la cultura deseada. Ver la figura de la página siguiente.

Como se dijera, en el caso de no contar con un modelo de competencias, o de que este estuviera desactualizado, siempre se podrá tomar como guía *La trilogía* y las diversas competencias mencionadas en esta obra. En el teletrabajo, como se ha analizado en apartados previos, un aspecto clave son las competencias de los distintos niveles organizacionales.

Si el modelo de competencias está vigente y responde a las necesidades actuales, habrá que poner el foco en las brechas de los colaboradores, para la implementación de acciones tanto grupales como individuales.

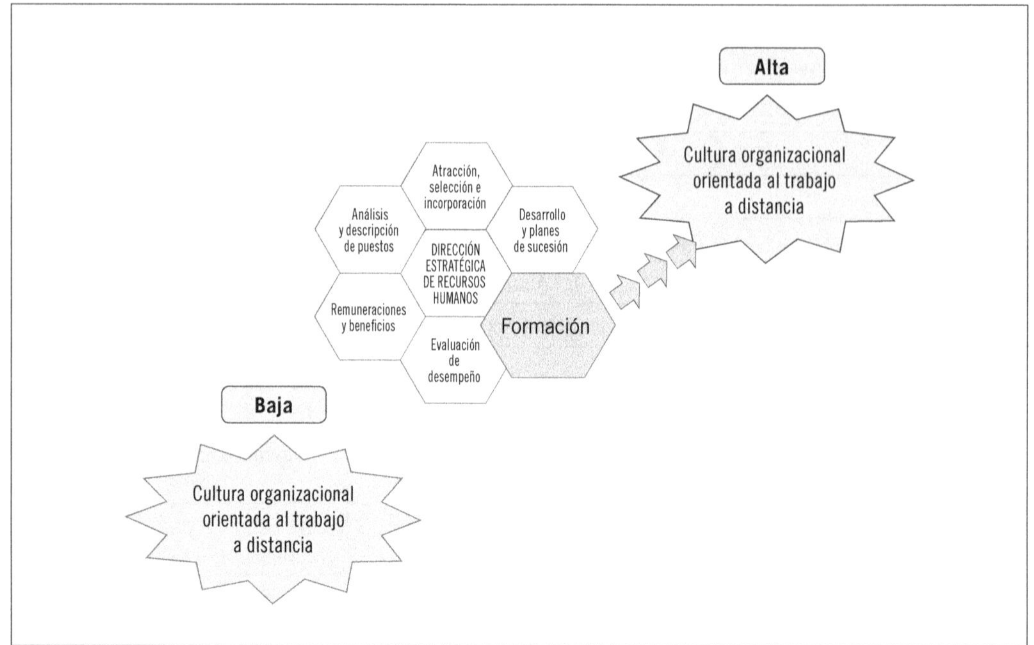

En materia de formación, hay que recordar entre las buenas prácticas el denominado *autodesarrollo*.

Autodesarrollo. Acciones que realiza una persona, por su propia iniciativa, para mejorar.

Autodesarrollo dirigido. La organización ofrece a su personal una serie de "ideas" para el autodesarrollo de competencias y/o conocimientos. Usualmente se realiza a través de las guías de desarrollo que se difunden en la intranet de la organización.

Autodesarrollo dentro del trabajo. Acciones que realiza una persona, por su propia iniciativa, para mejorar dentro del ámbito laboral y en relación con su puesto de trabajo.

Autodesarrollo fuera del trabajo. Acciones que realiza una persona, por su propia iniciativa, para mejorar fuera del ámbito laboral y sin relación alguna ni con su puesto de trabajo ni con actividades laborales.

Para las acciones de desarrollo, es importante recordar a los responsables de Recursos Humanos y también a jefes y colaboradores que no todo el material disponible en la Web será útil, sino que se debe discernir entre lo bueno y lo malo, entre lo consistente y lo engañoso, entre lo pertinente y lo que no lo es. La excesiva cantidad y oferta de material puede inducir a error.

Si la organización dispone de material en la intranet, si cuenta con guías de desarrollo,[11] será el momento de promover su utilización.

Buenas prácticas. Programas para jefes

Los programas para jefes también los hemos incluido como *tips* para los números 1. Como se ha dicho en otras oportunidades, la relación jefe-colaborador es clave, también en *home office*.

Dada la importancia de dicha relación, se la ha analizado desde distintas perspectivas y miradas.

Formación es una de las funciones tradicionales del área de Recursos Humanos. Sin embargo, no siempre los programas para jefes son vistos como tales, es decir, como programas organizacionales, incluso en aquellas organizaciones que invierten en la formación de sus directivos y gerentes.

Nuestra sugerencia para el área de Recursos Humanos será considerar la formación para jefes como un programa organizacional, en el cual participen jefes de todos los niveles, a partir del número 1, realizando a su vez un seguimiento detallado del grado de cumplimiento de las distintas etapas y acciones realizadas.

Como se ha expuesto, el término "jefe" es utilizado como un concepto y de este modo es considerado en los distintos libros en los cuales nos referimos al tema.

Fortalecer los roles de directivos y jefes

Como decíamos en el Apartado 11, directivos y jefes cumplen un rol relevante en organizaciones de todo tipo y tamaño. En esta obra nos hemos referido a esta cuestión de manera detallada, concentrándonos en la modalidad a distancia, en todo lo que implica *gestionar sin estar.*

La razón de incluir los programas para jefes entre los *tips* del número 1 y, también, del área de Recursos Humanos, es enfatizar la importancia de fortalecer los roles de los jefes, de todos los niveles.

La denominación "programas para jefes" la utilizamos para hacer referencia al conjunto de programas dirigidos a todos los jefes, usualmente a partir del número 1 de la organización, con el propósito de fortalecer sus competencias y difundir las

---

11 *Guías de desarrollo dentro del trabajo* y *Guías de desarrollo fuera del trabajo* son, respectivamente, las herramientas N° 30 y 32 en la obra *Las 50 herramientas de Recursos Humanos que todo profesional debe conocer.* Ediciones Granica, Buenos Aires, 2017.

obligaciones adicionales que todo jefe debe asumir, inherentes a su rol específico de conductor de colaboradores.

Los programas específicos para jefes pueden ser de índole diversa; entre las temáticas que consideramos "imprescindibles" podría mencionar –por orden alfabético y para jefes de todos los niveles– las siguientes.

- Cómo llevarme bien con mi jefe.

- Conciliar vida profesional y personal.

- Delegación.

- Jefe entrenador.

- Rol del jefe.

Todas ellas son importantes. Desde la mirada de Recursos Humanos y para la implementación de *home office* deseo señalar una cuestión usualmente considerada de manera parcial, y muy rara vez incluida como un tema en el cual se debiera estar formado y preparado, a partir del número 1, continuando con la alta gerencia y demás niveles organizacionales: *Conciliar vida profesional y personal*. Usualmente, no

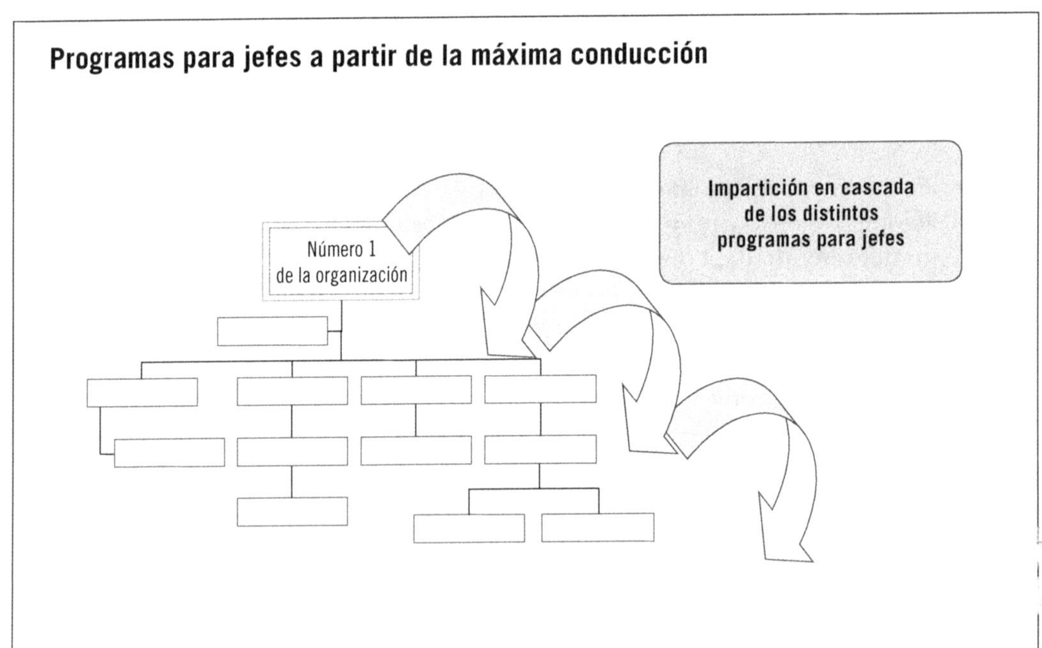

es considerado un tema para "la Dirección", pero sus consecuencias pueden afectar diversos aspectos relevantes para la organización.

Continuando con la enumeración precedente, también deseo señalar como prioritario, como el primero a impartir, el programa que denominamos "Rol del jefe".

En apartados previos, se han mencionado casi todas las temáticas. Se podrán incorporar otras, desde cómo manejar las diversas generaciones en el ámbito laboral hasta diversidad y responsabilidad social, entre otras.

En todos los casos, se recomienda la impartición de las diferentes temáticas para jefes comenzando por el número 1 de la organización. La idea se expresa en la figura de la página anterior.

La temática de Recursos Humanos, tal como se la concibe en la actualidad, es vasta y diversa. Sin embargo, no es esa su característica más importante. Recursos Humanos no es una disciplina que importa solo a los especialistas. Por el contrario, involucra a *todos*.

Las entrevistas en tiempos de *home office.* Cuestiones a tener en cuenta. Buenas prácticas

Realizar entrevistas virtuales no es una modalidad nueva. Se aplica desde hace tiempo. En nuestra firma hemos entrenado, para empresas clientes, a selectores que, por algún motivo, debían entrevistar de esa manera.

Como ocurre con otros temas, si un selector es buen entrevistador presencial, será un buen entrevistador virtual.

¿Cómo evaluar competencias en una entrevista de selección?

Si un selector es un experto entrevistador por competencias en una entrevista presencial, también lo será de manera virtual.

Para una entrevista por competencias se deberá partir del perfil del puesto, el cual deberá incluir las competencias necesarias, mencionadas en páginas previas, en este mismo apartado.

Una vez que haya identificado las competencias, el entrevistador podrá preparar las preguntas a formular. Se podrá disponer de un diccionario de preguntas organizacional o bien utilizar uno de tipo estándar.[12]

---

12 *Diccionario de preguntas. La trilogía. Tomo 3.* Ediciones Granica, Buenos Aires, 2015.

Durante la entrevista se formularán las preguntas y se observarán comportamientos en el relato del entrevistado. Luego de finalizada la entrevista, para una mejor evaluación de las competencias, se podrá utilizar el diccionario de comportamientos organizacional o uno de tipo estándar.[13]

En resumen, una entrevista virtual se llevará a cabo del mismo modo que las entrevistas por competencias presenciales; será clave la forma de preguntar, y aprender a observar comportamientos en el relato del entrevistado.

Tips adicionales para una entrevista de selección virtual

La mayoría de los *tips* incluidos en el Apartado 13, para reuniones virtuales, serán aplicables también para entrevistadores y entrevistados.

Una entrevista de selección será entre dos personas, entrevistador y entrevistado. Para una mejor observación, será necesario que la entrevista sea con la utilización de cámara, sin silenciar micrófonos en ningún momento. El entrevistador necesita ver y escuchar al entrevistado durante el transcurso de toda la entrevista.

También se ha mencionado la cuestión de la etiqueta como un elemento a tener en cuenta. El entrevistador deberá estar especialmente atento a esta cuestión.

El entrevistador deberá ser cuidadoso en el cumplimiento del horario pautado para el inicio de la entrevista. También será una buena idea estimar un horario de finalización, e informárselo al entrevistado.

El cuidado que usualmente se sugiere tener en las entrevistas presenciales deberá también ser considerado. La distancia, la tecnología, de alguna manera implican una cierta barrera entre el entrevistador y el entrevistado, por lo cual el primero deberá esforzarse por utilizar un lenguaje claro, sencillo, directo. Idealmente, empleando frases cortas. También, pequeños silencios para alentar al entrevistador a hablar.

El entrevistador deberá evitar al máximo cualquier tipo de distracción en su propio accionar, por ejemplo, los sonidos de una llamada en el celular, una interrupción por parte de otra persona, etc. También debe evitarse que haya elementos que puedan ser vistos por el entrevistado a la distancia, como algo que se mueva por detrás de su imagen, etc. Los elementos que puedan ser un factor de distracción deben ser evitados en todo tipo de entrevistas.

---

13 *Diccionario de comportamientos. La trilogía. Tomo 2.* Ediciones Granica, Buenos Aires, 2015.

Otras cuestiones a tener en cuenta

Desde la mirada de Recursos Humanos, sugerimos considerar los distintos aspectos que se han desarrollado en los apartados previos, en especial en el *Apartado 13* - Tips *para todos*.

Nos hemos referido a algunos consejos sobre reuniones virtuales y otras cuestiones relacionadas. Desde el área de Recursos Humanos se podría preparar una guía al respecto. Primero, para uso interno dentro del área. Luego, podría extenderse a la organización en general. Si bien no será una buena idea escribir instructivos y manuales extensos, se sugiere elaborar una guía sintética y, al mismo tiempo, completa sobre esta cuestión.

El teletrabajo prolongado puede acarrear, en algunas personas, algunas consecuencias negativas. Veamos el punto siguiente.

Paliativos del trabajo a distancia

El término "paliativos" hace referencia a aquellas acciones que podrían llevarse a cabo para neutralizar los eventuales aspectos negativos del teletrabajo.

Un paliativo posible, en algunas circunstancias, será el teletrabajo parcial. Combinar días o semanas de teletrabajo con períodos de desempeño presencial en las oficinas podría ser una buena opción. Analicemos la figura de la página siguiente.

En el gráfico se muestran dos esquemas de *home office*/teletrabajo parcial, diseñado como un paliativo de los efectos no positivos para el teletrabajador, en especial durante períodos prolongados de cierto aislamiento respecto de otros integrantes de la organización.

En algunos casos y como un beneficio para los colaboradores, se definen días específicos, por ejemplo, *home office* los viernes u otro día que pueda ser conveniente a una persona en particular.

En otro orden de cosas, el área de Recursos Humanos podría diseñar guías para teletrabajadores, con algunas ideas sencillas para poner en práctica, por ejemplo:

- Antes de comenzar a trabajar, caminar unas cuadras como si "entrara" a su lugar de trabajo.

- Luego de finalizar la jornada, continuando con la idea anterior, caminar unas cuadras como si "saliera" de su trabajo y se encaminara a su hogar.

- Sugerencias para establecer rutinas, cómo crear pequeños espacios de descanso sin afectar la productividad, etc.

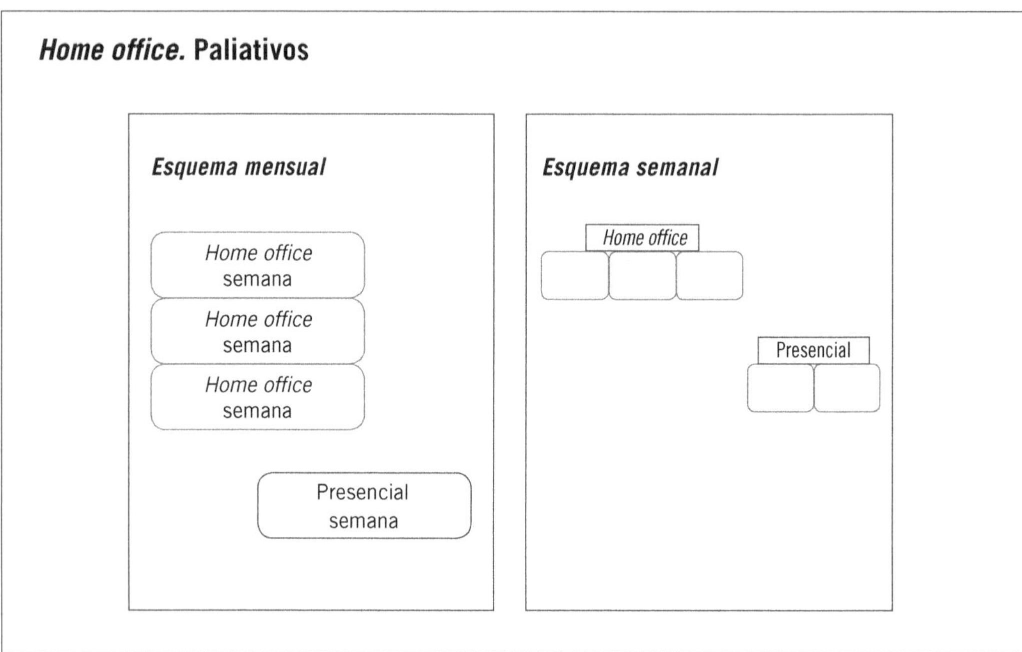

En el apartado *4 - Tareas y responsabilidades al trabajar desde el hogar*, se identificó a la sensación de aislamiento y pérdida de la socialización que provee el trabajo como uno de los inconvenientes del *home office*. Muchas personas temen perder el apoyo de sus jefes y compañeros de trabajo bajo esta modalidad, tanto en la realización de las tareas habituales como en relación con su proyección de carrera.

Una forma de neutralizar estos temores será incrementar la interacción entre jefes y pares. Desde Recursos Humanos se podrá fomentar dicha interacción a través de diferentes acciones. Por ejemplo:

- Proponer temas de discusión dirigidos a grupos específicos, vendedores, administrativos, ingenieros de producción, etc.

- Realizar comunicaciones a todos los colaboradores, con una cierta frecuencia, para promover la comunicación entre directivos y otros niveles organizacionales, explicando diversas formas de llevarla a cabo, sus ventajas y otros aspectos similares, según la cultura organizacional.

- Ofrecer ayuda y entrenamiento a los colaboradores en general, y muy especialmente a los jefes, en el uso de herramientas para la comunicación grupal e individual, proponiendo diferentes formas y aplicaciones para las comunicaciones virtuales.

- Considerar si la falta de interacción –entre distintos niveles organizacionales, entre jefes y colaboradores, entre pares, etc.– es una consecuencia de la falta de un manejo fluido de la tecnología disponible para las comunicaciones virtuales, o de niveles no desarrollados o menores a lo requerido de la competencia *Comunicación eficaz*.[14]

- Incluir en las herramientas tecnológicas organizacionales, en la medida en que los respectivos diseños lo permitan, espacios destinados a la comunicación y la participación de los colaboradores.

Elabore sus propios *tips*

Con seguridad, al leer este apartado le han surgido ideas de todo tipo. Construya sus propias sugerencias para sí mismo, y también para su equipo.

Por último, los *tips* para el número 1 del área de Recursos Humanos y todos los integrantes del sector se complementan con los expuestos en los *apartados 11* - Tips *para números 1 y dueños; 12* - Tips *para directivos y jefes*, y *13* - Tips *para todos*.

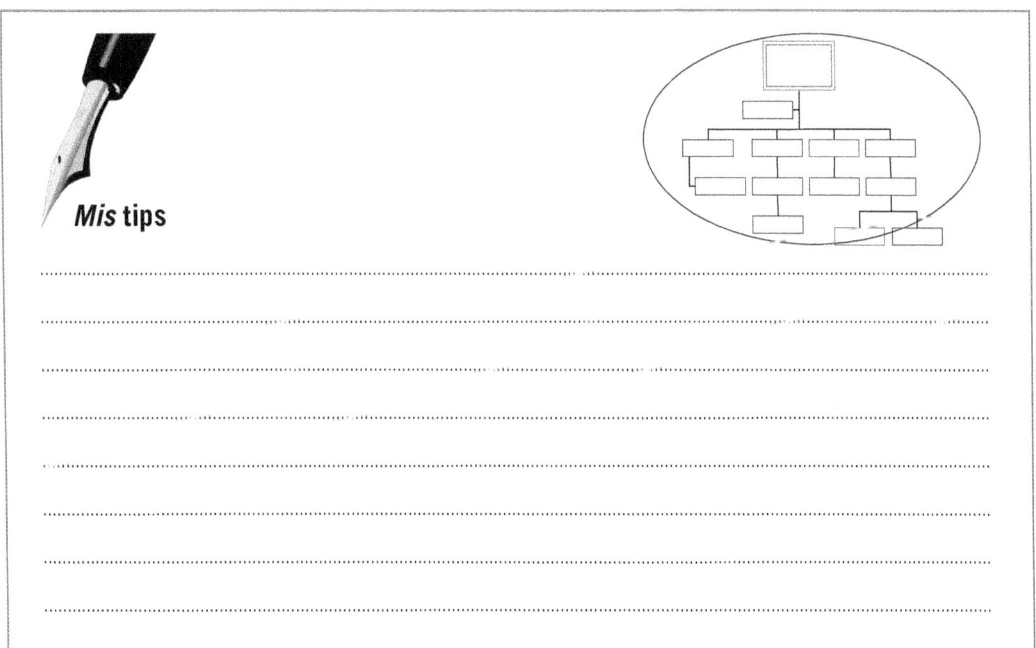

---

14 Para medir el grado de desarrollo de la competencia *Comunicación eficaz* podrá utilizar la obra *Diccionario de comportamientos. La trilogía. Tomo 2*. Ediciones Granica, Buenos Aires, 2015.

Leer +++

☞ *La marca Recursos Humanos.* Ediciones Granica, Buenos Aires, 2014.

☞ *Rol del jefe.* Ediciones Granica, Buenos Aires, 2019.

☞ *Diccionario de competencias. La trilogía. Tomo 1.* Ediciones Granica, Buenos Aires, 2015.

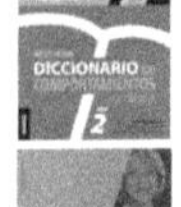

☞ *Diccionario de comportamientos. La trilogía. Tomo 2.* Ediciones Granica, Buenos Aires, 2015.

☞ *Diccionario de preguntas. La trilogía. Tomo 3.* Ediciones Granica, Buenos Aires, 2015.

☞ *Elija al mejor.* Ediciones Granica, Buenos Aires, 2017.

☞ *Comportamiento organizacional.* Ediciones Granica, Buenos Aires, 2017.

☞ *Las 50 herramientas de Recursos Humanos que todo profesional debe conocer.* Ediciones Granica, Buenos Aires, 2017.

☞ *Diccionario de términos de Recursos Humanos.* Ediciones Granica, Buenos Aires, 2011.

☞ *Conciliar vida profesional y personal.* Ediciones Granica, Buenos Aires, 2016.

☞ *12 pasos para conciliar vida profesional y personal.* Ediciones Granica, Buenos Aires, 2013.

ANEXO I

Gestionar sin estar.
Competencias necesarias
por orden alfabético

A continuación ofrecemos un listado alfabético de las competencias necesarias para *gestionar sin estar,* con la identificación de los apartados en los cuales han sido citadas.

Para la preparación de la tabla hemos considerado aquellas competencias que han sido incluidas en el texto con su definición y/o se ha realizado de ellas un análisis destacado.

Adicionalmente, en algunos apartados se mencionaron otras competencias, que no se han incluido en la preparación de este Anexo. Con el mismo criterio se han preparado los Anexos II, III y IV.

Nombre de la competencia[1]	Sugerida como	Apartado en el cual es mencionada
Accountability	Competencia específica gerencial. Aplicable a todos aquellos que tengan personas a su cargo	*Apartado 8. Directivos y jefes. Competencias necesarias*
Adaptabilidad a los cambios del entorno	Competencia cardinal. Aplicable a todos los integrantes de la organización	*Apartado 7. Los líderes. Competencias necesarias*
Capacidad de planificación y organización	Competencia específica por área o grupos de puestos	*Apartado 4. Tareas y responsabilidades al trabajar desde el hogar*
Colaboración	Competencia cardinal. Aplicable a todos los integrantes de la organización	*Apartado 9. Colaboradores. Competencias necesarias*
Conducción de personas	Competencia específica gerencial. Aplicable a todos aquellos que tengan personas a su cargo	*Apartado 2. Ser jefe a la distancia*
Conocimientos digitales[2]	Competencia cardinal. Aplicable a todos los integrantes de la organización. También podrá considerarse como una competencia específica, para un conjunto de puestos y personas	*Apartado 1. Gestionar. Dirigir proyectos. Tomar decisiones.*
Ética	Competencia cardinal. Aplicable a todos los integrantes de la organización	*Apartado 10. Todos nosotros. Competencias necesarias*

---

1 Todas las competencias mencionadas forman parte de *La trilogía.*
2 Para la apertura en grados de la competencia *Conocimientos digitales* su definición se puede asimilar a la competencia *Conocimientos técnicos.* Esta última forma parte de *La Trilogía.*

Nombre de la competencia[1]	Sugerida como	Apartado en el cual es mencionada
Fortaleza	Competencia cardinal. Aplicable a todos los integrantes de la organización	*Apartado 9. Colaboradores. Competencias necesarias*
Justicia	Competencia cardinal. Aplicable a todos los integrantes de la organización. Competencia específica gerencial. Aplicable a todos aquellos que tengan personas a su cargo	*Apartado 8. Directivos y jefes. Competencias necesarias*
Liderar con el ejemplo	Competencia específica gerencial. Aplicable a todos aquellos que tengan personas a su cargo	*Apartado 7. Los líderes. Competencias necesarias Se retoma en Apartado 12.* Tips *para directivos y jefes*
Perseverancia en la consecución de objetivos	Competencia cardinal. Aplicable a todos los integrantes de la organización	*Apartado 1. Gestionar. Dirigir proyectos. Tomar decisiones*
Prudencia	Competencia cardinal. Aplicable a todos los integrantes de la organización	*Apartado 7. Los líderes. Competencias necesarias*
Respeto	Competencia cardinal. Aplicable a todos los integrantes de la organización	*Apartado 10. Todos nosotros. Competencias necesarias*
Responsabilidad	Competencia cardinal. Aplicable a todos los integrantes de la organización. Competencia específica gerencial. Aplicable a todos aquellos que tengan personas a su cargo	*Apartado 8. Directivos y jefes. Competencias necesarias*
Temple	Competencia cardinal. Aplicable a todos los integrantes de la organización	*Apartado 10. Todos nosotros. Competencias necesarias*
Tolerancia a la presión de trabajo	Competencia cardinal. Aplicable a todos los integrantes de la organización	*Apartado 10. Todos nosotros. Competencias necesarias*
Toma de decisiones	Competencia específica. Aplicable a ciertos colectivos de personas	*Apartado 1. Gestionar. Dirigir proyectos. Tomar decisiones*

Todas las competencias se abren en grados o niveles. La apertura en grados de cada una de las competencias la encontrará en la obra *Diccionario de competencias. La trilogía. Tomo 1.*

Asimismo, para cada competencia que conforma un modelo de competencias deben elaborarse ejemplos de comportamientos observables, siguiendo la misma apertura en grados o niveles utilizados en el diseño del diccionario de competencias. Ejemplos de comportamientos en relación con esta competencia los encontrará en la obra *Diccionario de comportamientos. La trilogía. Tomo 2.*

Por último, para todas las competencias del modelo se sugiere la preparación de preguntas para una entrevista de selección, por ejemplo. Ejemplos de preguntas en relación con esta competencia los podrá encontrar en la obra *Diccionario de preguntas. La trilogía. Tomo 3.*

Competencias sugeridas para todos los integrantes de la organización

A continuación se ofrece un listado de competencias mencionadas en esta obra, aplicables a todos los integrantes de una organización (es decir, podrán ser consideradas como *competencias cardinales*).

Según el diseño que se realice del modelo de competencias organizacional, alguna de ellas podría ser asignada solo a algunos grupos de puestos o áreas.

Como se expusiera en el Anexo I, las competencias se abren en grados. El grado correspondiente se asigna según las tareas y responsabilidades de cada puesto.

Nombre de la competencia[1]	Sugerida como	Apartado en el cual es mencionada
Adaptabilidad a los cambios del entorno	Competencia cardinal. Aplicable a todos los integrantes de la organización. Se la identificó como relevante para números 1 y dueños	*Apartado 7. Los líderes. Competencias necesarias*
Capacidad de planificación y organización	Competencia específica por área o grupos de puestos	*Apartado 4. Tareas y responsabilidades al trabajar desde el hogar*
Colaboración	Competencia cardinal. Aplicable a todos los integrantes de la organización	*Apartado 9. Colaboradores. Competencias necesarias*
Conocimientos digitales[2]	Competencia cardinal. Aplicable a todos los integrantes de la organización. También podrá considerarse como una competencia específica, para un conjunto de puestos y personas	*Apartado 1. Gestionar. Dirigir proyectos. Tomar decisiones*
Ética	Competencia cardinal. Aplicable a todos los integrantes de la organización	*Apartado 10. Todos nosotros. Competencias necesarias*
Fortaleza	Competencia cardinal. Aplicable a todos los integrantes de la organización	*Apartado 9. Colaboradores. Competencias necesarias*
Justicia	Competencia cardinal. Aplicable a todos los integrantes de la organización. Competencia específica gerencial. Aplicable a todos aquellos que tengan personas a su cargo	*Apartado 8. Directivos y jefes. Competencias necesarias*

---

1 Todas las competencias mencionadas forman parte de *La trilogía*.
2 Para la apertura en grados de la competencia *Conocimientos digitales* su definición se puede asimilar a la competencia *Conocimientos técnicos*. Esta última forma parte de *La Trilogía*.

Nombre de la competencia[1]	Sugerida como	Apartado en el cual es mencionada
Perseverancia en la consecución de objetivos	Competencia cardinal. Aplicable a todos los integrantes de la organización	*Apartado 1. Gestionar. Dirigir proyectos. Tomar decisiones*
Prudencia	Competencia cardinal. Aplicable a todos los integrantes de la organización. Se la identificó como relevante para números 1 y dueños	*Apartado 7. Los líderes. Competencias necesarias*
Respeto	Competencia cardinal. Aplicable a todos los integrantes de la organización	*Apartado 10. Todos nosotros. Competencias necesarias*
Responsabilidad	Competencia cardinal. Aplicable a todos los integrantes de la organización. Competencia específica gerencial. Aplicable a todos aquellos que tengan personas a su cargo	*Apartado 8. Directivos y jefes. Competencias necesarias*
Temple	Competencia cardinal. Aplicable a todos los integrantes de la organización	*Apartado 10. Todos nosotros. Competencias necesarias*
Tolerancia a la presión de trabajo	Competencia cardinal. Aplicable a todos los integrantes de la organización	*Apartado 10. Todos nosotros. Competencias necesarias*
Toma de decisiones	Competencia específica. Aplicable a ciertos colectivos de personas	*Apartado 1. Gestionar. Dirigir proyectos. Tomar decisiones*

Competencias específicas para niveles de conducción: números 1 y dueños, directivos, jefes

A continuación ofrecemos un listado de competencias mencionadas en esta obra, sugeridas para los distintos niveles de conducción de una organización. En cada caso se indican los apartados en los cuales han sido citadas.

Como se expusiera en el Anexo I, las competencias se abren en grados. El grado correspondiente se asigna según las tareas y responsabilidades de cada puesto.

Nombre de la competencia[1]	Sugerida como	Apartado en el cual es mencionada
Accountability	Competencia específica gerencial. Aplicable a todos aquellos que tengan personas a su cargo	*Apartado 8. Directivos y jefes. Competencias necesarias*
Adaptabilidad a los cambios del entorno	Competencia cardinal. Aplicable a todos los integrantes de la organización. Se la identificó como relevante para números 1 y dueños	*Apartado 7. Los líderes. Competencias necesarias*
Conducción de personas	Competencia específica gerencial. Aplicable a todos aquellos que tengan personas a su cargo	*Apartado 2. Ser jefe a la distancia*
Justicia	Competencia cardinal. Aplicable a todos los integrantes de la organización. Competencia específica gerencial. Aplicable a todos aquellos que tengan personas a su cargo	*Apartado 8. Directivos y jefes. Competencias necesarias*
Liderar con el ejemplo	Competencia específica gerencial. Aplicable a todos aquellos que tengan personas a su cargo	*Apartado 7. Los líderes. Competencias necesarias Se retoma en Apartado 12. Tips para directivos y jefes*
Prudencia	Competencia cardinal. Aplicable a todos los integrantes de la organización. Se la identificó como relevante para números 1 y dueños	*Apartado 7. Los líderes. Competencias necesarias*
Respeto	Competencia cardinal. Aplicable a todos los integrantes de la organización	*Apartado 10. Todos nosotros. Competencias necesarias*
Responsabilidad	Competencia cardinal. Aplicable a todos los integrantes de la organización. Competencia específica gerencial. Aplicable a todos aquellos que tengan personas a su cargo	*Apartado 8. Directivos y jefes. Competencias necesarias*

---

1 Todas las competencias mencionadas forman parte de *La trilogía*.

ANEXO IV

**Gestionar sin estar.
Competencias mencionadas
en cada uno de los apartados**

A continuación realizamos un recorrido, apartado por apartado, de las competencias necesarias para *gestionar sin estar*.

Para la preparación de la tabla hemos considerado aquellas competencias que han sido incluidas en el texto con su definición y/o de las cuales se ha realizado un análisis destacado. En algunos apartados se mencionaron otras competencias, que no se han incluido en la preparación de este Anexo.

Apartado	Nombre de la competencia[1]	Sugerida como
1. Gestionar. Dirigir proyectos. Tomar decisiones	Conocimientos digitales[2]	Competencia cardinal. Aplicable a todos los integrantes de la organización. También podrá considerarse como una competencia específica, para un conjunto de puestos y personas
	Perseverancia en la consecución de objetivos	Competencia cardinal. Aplicable a todos los integrantes de la organización
	Toma de decisiones	Competencia específica. Aplicable a ciertos colectivos de personas
2. Ser jefe a la distancia	Conducción de personas	Competencia específica gerencial. Aplicable a todos aquellos que tengan personas a su cargo
4. Tareas y responsabilidades al trabajar desde el hogar	Capacidad de planificación y organización	Competencia específica por área o grupos de puestos
7. Los líderes. Competencias necesarias	Adaptabilidad a los cambios del entorno	Competencia cardinal. Aplicable a todos los integrantes de la organización. Se la identificó como relevante para números 1 y dueños
	Liderar con el ejemplo	Competencia específica gerencial. Aplicable a todos aquellos que tengan personas a su cargo
	Prudencia	Competencia cardinal. Aplicable a todos los integrantes de la organización. Se la identificó como relevante para números 1 y dueños

1 Todas las competencias mencionadas forman parte de *La trilogía*.
2 Para la apertura en grados de la competencia *Conocimientos digitales* su definición se puede asimilar a la competencia *Conocimientos técnicos*. Esta última forma parte de *La Trilogía*.

Apartado	Nombre de la competencia[1]	Sugerida como
8. *Directivos y jefes. Competencias necesarias*	*Accountability*	Competencia específica gerencial. Aplicable a todos aquellos que tengan personas a su cargo
	Justicia	Competencia cardinal. Aplicable a todos los integrantes de la organización. Competencia específica gerencial. Aplicable a todos aquellos que tengan personas a su cargo
	Responsabilidad	Competencia cardinal. Aplicable a todos los integrantes de la organización. Competencia específica gerencial. Aplicable a todos aquellos que tengan personas a su cargo
9. *Colaboradores. Competencias necesarias*	Colaboración	Competencia cardinal. Aplicable a todos los integrantes de la organización
	Fortaleza	Competencia cardinal. Aplicable a todos los integrantes de la organización
10. *Todos nosotros. Competencias necesarias*	Ética	Competencia cardinal. Aplicable a todos los integrantes de la organización
	Respeto	Competencia cardinal. Aplicable a todos los integrantes de la organización
	Temple	Competencia cardinal. Aplicable a todos los integrantes de la organización
	Tolerancia a la presión de trabajo	Competencia cardinal. Aplicable a todos los integrantes de la organización

Unas palabras sobre la autora

Martha Alicia Alles es Doctora por la Universidad de Buenos Aires, área Administración. Su tesis doctoral se presentó bajo el título *La incidencia de las competencias en la empleabilidad de profesionales.* Su primer título de grado es Contadora Pública Nacional (UBA). Posee una amplia experiencia como docente universitaria, en diversos posgrados tanto de la Argentina como del exterior.

Con más de cuarenta títulos publicados hasta el presente, es la autora argentina que ha escrito la mayor cantidad de obras sobre su especialidad. Cuenta con colecciones de libros de texto sobre Recursos Humanos, Liderazgo y Management Personal, que se comercializan en toda Hispanoamérica.

De su colección sobre **Recursos Humanos** ha publicado:

* Temas generales de Recursos Humanos y Comportamiento Organizacional:
  - *Dirección estratégica de Recursos Humanos. Volumen 1. Gestión por competencias* (nueva edición revisada, 2015).
  - *Dirección estratégica de Recursos Humanos. Volumen 2. Casos* (nueva edición revisada, 2016).
  - *5 pasos para transformar una oficina de personal en un área de Recursos Humanos.* Nuevo libro (2018).
  - *Comportamiento organizacional* (2017).
* Específicos sobre modelos de competencias:
  - *Gestión por competencias. El diccionario* (2002, y 2ª edición revisada, 2005).
  - *Diccionario de comportamientos. Gestión por competencias* (2004).
  - *Diccionario de preguntas. Gestión por competencias* (2005).
* Nuevas obras preparadas sobre la base de un enfoque diferente de la metodología de Gestión por competencias:
  - *Diccionario de competencias. La trilogía. Tomo 1* (2015).
  - *Diccionario de comportamientos. La trilogía. Tomo 2* (2015).
  - *Diccionario de preguntas. La trilogía. Tomo 3* (2015).
* Sobre selección:
  - *Empleo: el proceso de selección* (1998, y nueva edición revisada, 2001).
  - *Empleo: discriminación, teletrabajo y otras temáticas* (1999).
  - *Elija al mejor. La entrevista en selección de personas. La entrevista por competencias.* Nuevo libro (2017).
  - *Selección por competencias. Atracción y reclutamiento en las redes sociales. Entrevista y medición de competencias.* Nuevo libro (2016).
* Sobre desempeño:
  - *Desempeño por competencias. Estrategia. Desarrollo de personas. Evaluación de 360°.* Nuevo libro (2017).
* Sobre desarrollo de personas:
  - *Desarrollo del talento humano. Basado en competencias* (2005, y nueva edición revisada y ampliada, 2017).
  - *Codesarrollo. Una nueva forma de aprendizaje* (2009).
  - *Construyendo talento* (2016).
  - *Formación. Capacitación. Desarrollo. Volumen 1* (2019).
  - *Formación. En la práctica* (2020).

* Sobre Recursos Humanos, Liderazgo y Management:
  – *Diccionario de términos de Recursos Humanos* (2011).
  – *Las 50 herramientas de Recursos Humanos que todo profesional debe conocer* (2017).
  – *Social media y Recursos Humanos* (2012).
  – *La Marca Recursos Humanos* (2014).
  – *Cuestiones sobre Gestión de Personas. Qué hacer para resolverlas* (2015).

De los siguientes títulos están disponibles solo en Internet (**www.marthaalles.com**), para profesores, una edición de *Casos* y otra edición de *Clases: Comportamiento organizacional, Codesarrollo, Construyendo talento, Dirección estratégica de Recursos Humanos* (nueva edición 2015), *Desempeño por competencias, Desarrollo del talento humano. Selección por competencias, La trilogía (Diccionario de competencias. La trilogía. Tomo 1; Diccionario de comportamientos. La trilogía. Tomo 2, y Diccionario de preguntas. La trilogía. Tomo 3), Formación. Capacitación. Gestionar sin estar. Desarrollo, 200 modelos de currículum,* y *Mitos y verdades en la búsqueda laboral.*

De la serie **Liderazgo** podemos mencionar:
  – *Rol del jefe* (2019).
  – *12 pasos para ser un buen jefe* (2008).
  – *Conciliar vida profesional y personal* (2016).
  – *12 pasos para transformarse en jefe entrenador* (2019).
  – *Cómo delegar efectivamente en 12 pasos* (2010).
  – *12 pasos para conciliar vida profesional y personal* (2013).
  – *Gestionar sin estar* (2020).

Su colección de libros destinados al **Management Personal** está compuesta por:
  – *Las puertas del trabajo* (1995).
  – *Mitos y verdades en la búsqueda laboral* (1997, y nueva edición revisada y ampliada, 2008).
  – *200 modelos de currículum* (1997, y nueva edición revisada y ampliada, 2008).
  – *Su primer currículum* (1997).
  – *Cómo manejar su carrera* (1998).
  – *La entrevista laboral* (1999).
  – *Mujeres, trabajo y autoempleo* (2000).

En la colección de **Bolsillo** se publicaron:
  – *La entrevista exitosa* (2005 y 2009).
  – *La mujer y el trabajo* (2005).
  – *Mi carrera* (2005 y 2009).
  – *Autoempleo* (2005).
  – *Mi búsqueda laboral* (2009).
  – *Mi currículum* (2009).
  – *Cómo llevarme bien con mi jefe y con mis compañeros de trabajo* (2009).
  – *Cómo buscar trabajo a través de Internet* (2009).

Martha Alles es habitual colaboradora en revistas y periódicos de negocios, programas radiales y televisivos de la Argentina y de otros países hispanoparlantes, y conferencista invitada por diferentes organizaciones empresariales y educativas, tanto locales como internacionales. En los últimos dos años ha dictado conferencias y seminarios en Bolivia, Colombia, Costa Rica, Chile, Ecuador, El Salvador, Estados Unidos, Guatemala, México, Nicaragua, Panamá, Paraguay, Perú, República Dominicana, Uruguay, Venezuela, entre otros, además de numerosos seminarios en su país, Argentina.

Es consultora internacional en Gestión por competencias y presidenta de Martha Alles International, firma regional que opera en toda Latinoamérica y Estados Unidos, lo que le permite unir sus amplios conocimientos técnicos con su práctica profesional diaria. Cuenta con una experiencia profesional de más de 30 años en su especialidad.

Es casada, tiene tres hijos, tres nietas y un nieto.

Martha Alles SA
Talcahuano 833 (Talcahuano Plaza), piso 2
Buenos Aires, Argentina
Teléfono: (54-11) 4815 4852
Twitter: marthaalles

Libros de la serie Recursos Humanos de Martha Alles, publicados por Ediciones Granica

Guía de lecturas: secuencia sugerida

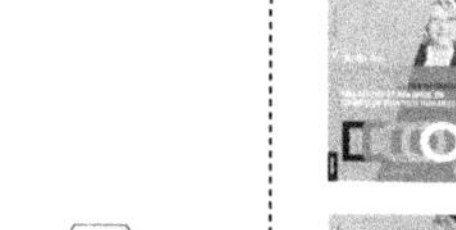

- Comportamiento organizacional

- 5 pasos para transformar una oficina de personal en un área de Recursos Humanos

- Dirección estratégica de Recursos Humanos. Volumen 1. Gestión por competencias
- Dirección estratégica de Recursos Humanos. Volumen 2. Casos.

Trilogía:
- Diccionario de competencias. Tomo 1
- Diccionario de comportamientos. Tomo 2
- Diccionario de preguntas. Tomo 3

Libros complementarios de la **Serie Management Personal**

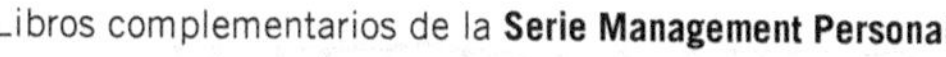

- Mitos y verdades en la búsqueda laboral
- 200 modelos de currículum

- Selección por competencias
- Elija al mejor. La entrevista en selección de personas. La entrevista por competencias

- Desempeño por competencias. Estrategia. Desarrollo de personas. Evaluación 360°

- Desarrollo del talento humano. Basado en competencias

- Construyendo talento
- Codesarrollo: una nueva forma de aprendizaje

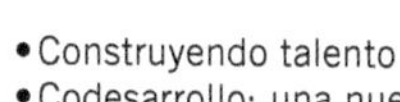
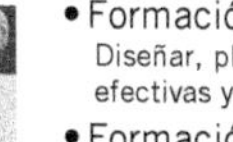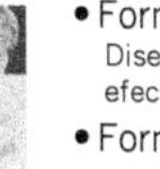

- Formación. Capacitación. Desarrollo.
  Diseñar, planificar e implementar actividades formativas efectivas y eficaces mirando al 2030/2040. Volumen 1
- Formación. En la práctica.
  Capacitación y desarrollo mirando un mundo por venir. Volumen 2

Libros de Martha Alles publicados por Ediciones Granica relacionados con Recursos Humanos y Liderazgo

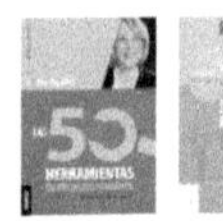

- Diccionario de términos de Recursos Humanos
- Las 50 Herramientas de Recursos Humanos que todo profesional debe conocer
- Social Media y Recursos Humanos
- La Marca Recursos Humanos
- Cuestiones sobre Gestión de personas. Qué hacer para resolverlas

Libros de la serie Liderazgo de Martha Alles publicados por Ediciones Granica

Guía de lecturas: secuencia sugerida

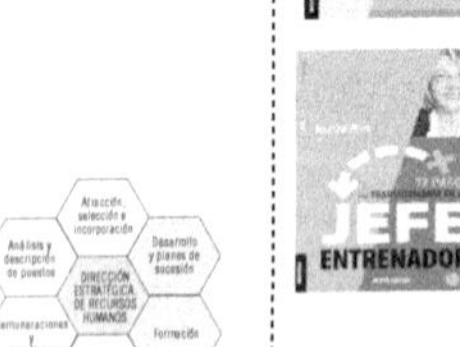

- Gestionar sin estar

- Rol del jefe

- 12 pasos para ser un buen jefe

- 12 pasos para transformarse en un jefe entrenador

- Cómo delegar efectivamente en 12 pasos

- Conciliar vida profesional y personal

- 12 Pasos para Conciliar vida profesional y personal

- Cómo llevarme bien con mi jefe y con mis compañeros de trabajo. Serie Bolsillo